公共关系学教程

（第二版）

主　编　黄昌年

副主编　龙雍生　蒋庆华

浙江大学出版社

内 容 简 介

本书根据"理论够用、突出技术训练"的要求,把公共关系的理论阐述与著名案例及实践操作紧密结合,具有应用性强的特点。本书的主要内容包括:公共关系的基本概念、公共关系的产生与发展、公共关系的主体与客体、传播与沟通、公共关系的职能与工作程序、公共关系的活动等,为读者全面而概要地介绍了当代公共关系的基本原理与实践方法。本书可作有关专业人员或社会自学者阅读。本书可作为普通高校相关专业使用教材。

目　　录

第一章　公共关系概述

现代意义上的公共关系产生于 20 世纪初的美国,是社会化大生产发展到一定历史阶段的产物。公共关系在为社会组织传播信息、协调关系、塑造形象等方面发挥了不可估量的巨大作用。因而,在国际交往与全球经济发展中,它受到了各国政府与社会各界人士的高度重视。

作为一门新兴的现代管理科学与艺术,公共关系学一经传入我国,就引起了公众广泛的兴趣与关注。改革开放和现代化建设的社会条件孕育了我国公共关系的诞生。毫无疑问,公共关系在我国的产生并逐渐走向成熟,这是时代的迫切要求与历史发展的必然。

在高校,公共关系学已成了整体素质教育的重要有机组成部分。一个当代大学生,如果不懂得公共关系的基本理论与实践,其思维方法与处世为人必定是有缺陷的,在今后的求职或创业中也可能会遇到种种阻碍。因此,掌握一定的公共关系知识,培养一定的公关能力,是当代大学生在人生道路上充分展现才华、实现人生价值的一个重要前提。

第一节　基础理论知识

公共关系是社会关系的一部分,要深刻地揭示其本质属性及社会意义,就必须准确理解公共关系的概念和公共关系的基本原则。在此基础上,还要掌握公共关系学与公关美学的具体内容。

一、公共关系的概念

(一)公共关系的定义

"公共关系"一词,是英语"Public Relations"的中文译称。"Public"一般有两种用法:一是作为形容词,解释为"公开的"、"公共的";二是作为名词,解释为"公众"。"Relations"为复数,中文译为"关系"。因此,在中文表述中既可译为"公共关系",也可译为"公众关系"。一些海外学者认为译为"公众关系"在涵义上更为直接,更为贴切。但在国内,"公共关系"一词已经广泛使用,为大多数人所接受,所以一般都采用"公共关系"这种译法。

1882年,美国律师、文官制度倡导者多尔曼·伊顿在耶鲁大学法学院作了题为《公共关系与法律职业的责任》的演讲,第一次使用了"公共关系"的概念。从那时起至今,正式发表的"公共关系"定义已近千种。"公共关系"的定义之所以难以形成一个比较统一的看法,原因大致有二:其一,现代意义上的公共关系也只有一百多年的历史,还在成长过程中,并不完全成熟;其二,由于公共关系运用的广泛性,国内外学者、各界人士、不同组织几乎都可以从自己的价值取向来理解和解释公共关系。因此,公共关系的定义众说纷纭,是并不奇怪的。

目前,较有影响、较有代表性的公共关系定义有以下几种。

1.公共关系是一种管理

如美国著名公关学者雷克斯·哈罗博士(Rex L. Harlow)提出的定义:"公共关系是一种独特的管理职能,它帮助一个组织和它的公众之间建立交流、理解、认可和合作关系;它参与各种问题和事件的处理;它帮助管理部门了解公众舆论,并对之作出反应;它明确并强调管理部门为公众利益服务的责任;它帮助管理部门掌握情况的变化,并监视这些变化,预测变化的趋势,以使组织与社会变化同步发展;它以良好的、符合职业道德的传播技术和研究方法作为基本的工具。"这个定义是哈罗博士受美国公共关系教育基金会的委托,在研究分析了472个不同的公共关系定义之后提出来的,被公众认为是一个最全面的定义。这个定义的缺点是过于细烦冗长,也不符合下定义的基本要求,但这个定义确实表达了公共关系的基本内涵。

2.公共关系是一种传播沟通

如英国著名公关学者弗兰克·杰夫金斯(Frank Jefkins)提出的定义:"公共关系就是一个组织为了达到与它的公众之间相互了解的确定目标,而有计划地采用一切向内和向外的传播沟通方式的总和。"

3.公共关系是一种传播管理

如当代美国公关界权威、马里兰大学教授詹姆斯·格鲁尼格(James E. Grunig, ph.D)提出的定义:"公共关系是一个组织与其相关公众之间的传播管理,其目的是建立一种与这些公众相互信任的关系。"这是把"管理论"与"传播沟通论"结合起来的一种定义。

4.公共关系是一种活动与关系

如美国普林斯顿大学资深的公关教授蔡尔兹(H. L. chils)提出的定义:"公共关系是我们所从事的各种活动、所发生的各种关系的通称,这些活动与关系都是公众性的,并且都有其社会意义。"这种定义强调活动与关系的公众性与社会性,突出公共关系是社会关系的一部分。

5.公共关系是一种艺术与科学

如国际公共关系协会于1978年8月发表的《墨西哥宣言》中提出的定义:"公共关系是一门艺术和社会科学。它分析趋势,预测结果,向机构领导人提供意见,履行一系列有计划的行动,以服务于本机构和公众的共同利益。"这个定义目前在国际上有一定的代表性和权威性,算得上是各国公关人士对公共关系的一个共识。

6.公共关系的核心就是塑造组织形象

从这一角度下定义的,多见于国内学者。如熊源伟主编的《公共关系学》提出的定义:"公共关系是社会组织为了塑造组织形象,通过传播、沟通手段来影响公众的科学与艺术。"余明阳主编的《公共关系学》称:"组织形象是公共关系理论的核心概念。"国内16所高等院校教师合编的《公共关系学》称:"组织形象问题是公共关系理论的核心问题。"他们对公共关系定义的表述是一致的。

以上这些公共关系定义都是从不同的角度去揭示公共关系的本质属性,都有其存在的合理性。实际上这些定义之间并不矛盾,只是突出的侧重点不同而已。相对而言,目前在国内外公关界,以"管理论"、"传播沟通论"、"组织形象塑造论"三种说法影响最大。本教材赞成把"管理论"与"传播沟通论"结合起来的"传播管理论"的定义,即"公共关系是一个组织与其相关公众之间的传播管理",因为这一定义准确地揭示了公共关系的基本要素与本质特征。

(二)公共关系的基本特征

公共关系是一个社会组织运用传播沟通的方式使自己与相关公众相互了解、相互适应、共同发展的一种活动或职能。它具有三个基本特征。

1.公共关系是一种"公众关系"

在社会关系中,公共关系是专指社会组织与公众之间的关系。公众是因面临某个共同问题而形成的社会群体。公众因面临某个共同问题而具有同质性,因共同问题与某个社会组织发生利益关系而具有相关性。因此,凡是公众,都因具有同质性及利益关系而与某个社会组织相关。比如,某家化工厂因废水排放污染了环境,造成化工厂周围庄稼枯黄、河塘鱼死的结果。当地的农民、渔民因废水污染这一共同问题而与化工厂交涉,这些农民、渔民就成了化工厂的公众。对于化工厂这一组织来说,处理好与农民、渔民这些特定公众的关系,就成了一定时期内的一项重要工作。

公共关系的具体工作就是处理各种各样的公众关系,其实际内容即是采取各种有效的手段和措施来维护与发展组织与公众之间的良好关系。对任何组织来说,公共关系工作的唯一对象就是公众。公共关系也可以说是一种以塑造组织形象为宗旨的传播管理艺术,但组织形象的优劣,是由公众来评定的。因此,无论是从英文"Public"一词本身的涵义,还是从公共关系的实际工作情况来看,公共关系在本质上就是一种"公众关系"。

2. 公共关系是一种传播沟通活动

作为一种社会关系,公共关系不仅指社会组织与公众之间的关系,而且特指社会组织与公众之间的传播沟通关系,即社会组织与公众之间的信息交流关系。

任何组织与公众之间存在着各种性质不同的关系,如政治关系、经济关系、文化关系、行政关系、法律关系等等,但都不是公共关系。由此产生的政治行为、经济行为、文化行为、行政行为或法律行为,也都不是公共关系活动。只有社会组织与公众之间的传播沟通关系,即通过传播沟通活动去建立社会组织与公众之间双向的信息交流,促进社会组织与公众相互之间的了解与理解,达成相互之间的共识与认同,增进彼此的好感与信任,这才是公共关系。

公共关系虽然不同于其他具体的社会关系,但又会渗透其中,与社会组织的各种具体的社会关系紧密相伴。社会组织的政治活动、经济活动、文化活动等等,都存在着与公众进行传播与沟通的问题,都需要争取公众的理解与支持。因此,无论何种组织开展何种性质的组织活动,都存在着公共关系的问题。比如,前面列举的那家造成环境污染的化工厂,在事情发生后,他们处分了事故的责任人,又要求保险公司依法赔偿工厂和周围农民、渔民的损失,那只能说化工厂采取的是行政行为与法律行为,并不是公共关系活动。但是,如果那家化工厂在处分事故责任人与要求保险公司依法赔偿的过程中,能与公众进行充分的信息交流,在与公众的传播沟通中,获得公众的谅解,重塑化工厂的新形象,又取得公众的信任与支持,那就是公共关系活动了。

3. 公共关系是一种管理职能

随着信息社会的到来,各种社会组织,特别是经济组织,在结构和功能上发生了很大的变化:组织的规模越来越大,组织的结构越来越复杂,组织决策的非人格化倾向越来越明显。过去那种一人拍板的独断管理方式已经很难取得成功了。现代社会组织的决策,绝不是靠个人的直觉判断或魄力,而是靠对信息的科学分析,对趋势的科学预见。公共关系作为一种管理职能,是对社会组织与公众之间传播沟通的目标、资源、对象、手段、过程和效果等基本要素的管理。简言之,公共关系的管理,也就是传播管理。这种管理是以交流信息、协调关系、树立组织良好形象为宗旨的。

一个组织的职能是多方面的,比如行政管理、人事管理、财务管理、生产管理、技术管理等等。公共关系作为一种管理职能当然有别于上述这些管理领域,它是对传播与沟通的管理。以一个经济组织为例,在管理对象上,公共关系不是管产品、资金、技术等有形资产,而是管信息、关系、舆论等无形资产;在管理手段上,公共关系不是使用行政、法律、经济等手段,而是使用大众传播、组织传播、人际沟通等手段;在管理目标上,公共关系不是直接追求增加产量、提高质量、促进销售、赚取利润,而是协调组织与公众的关系,建立良好形象,提升组织无形资产的价值从而使组织的整体资产增值。可见,公共关系作为一种传播管理,在组织的管理领域中有着独特的地位与作用。

如果抓住了公共关系是一种公众关系,是一种传播沟通活动,是一种管理职能这三点,也就是抓住了公共关系的本质属性。由此可以知道,公共关系不仅与拉关系、走后门、进行肮脏交易的庸俗关系有本质上的区别,而且与人际关系、人群关系也有明确的不同,是不可相互混淆的。

(三)公共关系三要素

社会组织、公众、传播沟通是构成公共关系现象和活动的三个最基本的要素,也是公共关系学中三个最基本的概念,对它们的准确理解与把握,具有全局性的意义。

1. 社会组织——公共关系的主体

社会组织是指人们有计划、有目的、有系统建立起来的一种社会机构。社会组织是公共关系的主体,是因为社会组织在公共关系活动中处于主导地位,是公共关系活动的策划者、实施者。任何公共关系活动,都是组织行为,而不是个人行为,它涉及组织的整体目标,追求的是组织的整体形象与整体的公关效应。在理解公共关系三要素时,首先要强调的是,社会组织是公共关系的行为主体。

公共关系学是把社会组织作为传播沟通行为的主体来进行研究的。任何组织都是一个传播沟通的主体,都具有传播沟通的功能。因此,从传播沟通主体的角度看,社会组织的公共关系活动是一个有目的、有计划、受控制的持久过程。组织要管理或控制自己的传播沟通行为,就必须建立一定的管理和控制系统,设置公关职能机构和配备公关专业人员。

2. 公众——公共关系的客体

公众是社会组织传播沟通的对象,是公共关系活动中的客体。换言之,公众总是与某一个特定的公共关系主体相关,与社会组织的传播沟通行为相关,是处在客体的位置上。公众关系是由组织运行过程中涉及的个体公众、群体公众、组织公众构成的,他们共同构成了社会组织的公众环境。例如,一个生产电视机的企业,它的公众就有:消费者、批发零售商、原材料供应单位、能源供应单位、交通运输部门、银行、保险部门、上级主管机关、行业协会、竞争对手、所在社区、政府职能部门、新闻单位、内部员工、股东等。组织的传播沟通活动,就是针对这个公众环境进行的。离开了公众,组织的传播沟通就无所指向,活动本身也就失去了意义。

公共关系的过程是社会组织与公众之间在传播沟通活动中相互影响、相互制约的过程。一方面，组织的目标、决策和行为会影响到公众的态度和行为；另一方面，公众的态度和行为也会影响到组织的目标、决策和行为。在这一过程中，公众虽然处在客体的位置上，是公共关系的对象，但并不完全被动，更不是随意受人摆布。社会组织越来越认识到自身的存在与发展离不开公众的认可与支持，公众是组织事业成功的决定性因素。因此，在公共关系三要素中，公众的权威性已日益受到重视。

3. 传播沟通——公共关系的介体

传播沟通是连接社会组织与公众的纽带与桥梁，是公共关系的介体。英语中"Communication"一词既可译为"传播"，也可译为"沟通"，有时就译为"传播沟通"，其涵义是人类社会中信息的传递、接收、交流与分享。传播沟通既是社会组织与公众的联结方式，又是公共关系基本特征的具体体现，离开了"传播沟通"，公共关系的概念就根本无法界定。

公共关系的运行机制与活动过程，就是运用各种传播媒介和沟通手段，在社会组织与公众之间建立起有效的双向联系和交流，分享信息，增进了解，形成共识，促成合作。运用现代信息社会的各种传播沟通手段去建立和完善组织与公众之间的良好关系，塑造符合公众理想的组织形象，就是公共关系活动的实质性内容。

(四)公共关系环境

环境，一般是指周围的情况和条件。公共关系环境是指影响和制约社会组织产生、生存与发展的各类公众和各种社会条件。关于各类公众的分析，详见本书第四章。此处的公共关系环境专指各种社会条件。任何社会组织都不是存在于真空，而是必须依存于一定的物质环境与精神环境，因此，环境也是公共关系的构成要素之一。

社会组织面临的环境具有可变性、复杂性和不确定性的特点。环境诸因素变化方向、速度、程度的不同，以及诸因素质量的差异，使组织的决策者很难确定环境中的哪些因素会对组织的生存与发展产生影响，在何种程度上会影响决策的成败。这样，环境就和组织目标实现之间产生了矛盾。公共关系便是社会组织与环境协调平衡的调节机制。

从一定意义上说，每个社会组织都是环境的产物，但反过来社会组织又会影响与改变环境。社会组织与环境是一种相互影响、相互制约、相互适应的关系。一方面，任何一个组织的生存与发展都必然要依赖于环境，必然要受到环境的支配与制约。环境为社会组织提供的物质资源、人力资源、信息资源在很大程度上规定了组织活动的性质和范围,环境中的文化因素更会影响到组织目标的制定。另一方面,社会组织又不能单纯地适应环境,无所作为。从公共关系角度看,社会组织是行为的主体,应该充分发挥主体的主观能动性,要按照自己的目标来策划各种旨在影响环境、改造环境的公共关系行动,这样,社会组织对环境才能有所制约,有所超越。

公共关系环境一般可以分为具体环境和特定环境。具体环境是指社会组织所在地的各种生存条件及其发展趋势;特定环境是指社会组织开展公共关系活动所面临的各种现实条件及其发展趋势。

公共关系具体环境主要有四种。

1. 政治环境

政治环境是指社会组织所在国家或地区的政治体制、政治形势及方针政策、法律法规等对实现组织目标、公关目标产生影响的各种因素的总和。一个国家的政治稳定程度与政治民主化、法制化进程要求社会组织的主体行为与之相互适应。社会组织要依靠法制规范,发挥公关软控制功能,使自己与国家政治的民主化、法制化建设保持同步发展。

2. 经济环境

经济环境是指社会组织所面临的社会经济结构,包括经济制度、经济管理体制、财政政策、国家预算、国民收入水平等因素。经济因素是人类社会发展的基础。在现代社会中,每个组织都在社会经济运行系统中扮演一定的角色,即使是不直接从事经济活动的组织也不能游离于社会经济生活之外。经济环境对公共关系工作的影响,首先表现在对公关目标的制约上。由于社会组织所面临的经济环境不同,组织运行管理的性质、任务、方法也就不同,最终会影响公共关系目标的确定与实现。其次,经济环境与公众需求有着直接的联系。在不同的经济环境下,公众的需求心理、需求水平及需求的满足程度都呈现出不同的特点。公众这种需求上的差异,最终也会影响到公共关系目标的确定、公共关系活动的实施及公共关系活动效果的实现。

市场经济是一种社会经济因素。我国市场经济体制的确立及市场的竞争给社会经济带来巨大的生机与活力,同时也给社会组织的公关意识、公关行为带来了新的要求。在市场经济环境下,社会组织要运用公关艺术,努力提高服务水平与组织信誉,建立为公众所信任的组织形象,与开放竞争、统一有序的市场运行机制保持一致。

3. 文化环境

文化环境是指社会组织所处的文化历史背景,包括知识内涵、宗教信仰、民族种族、文学艺术、道德观念、风俗习惯等因素。社会的先进文化是社会的主导文化,它必然会影响组织的价值取向、管理理念、职业道德、礼仪与行为规范,并进而影响到组织的稳定与发展。因此,社会组织必然适应文化环境的变化,充实组织文化的内涵,在高层次上塑造独特的文化形象,最终达到优化组织生存环境、推动组织发展的目的。

国际公共关系还应注意到不同国家、不同地区不同的文化环境。例如,在欧洲人的认识中,大象是又大又笨的动物,因此中国产的"白象"牌电池,虽然质量上乘、价格便宜,却在欧洲滞销。

4. 自然环境

自然环境是指社会组织所面临的自然界的一切天然条件,包括自然资源的种类、数量、质量及其可获得性、可使用性等因素。由于自然环境中的资源状况不同,造成了不同自然环境中的社会组织及其相关公众的生存状态有着较大的差别,并导致了公共关系工作的任务、方式和效果的不同。社会组织要清醒地认识自己生存的自然环境,并适应它,进而根据自然环境变化的规律,更好地利用它、开发它。卓有成效的公共关系工作的标准之一,就是社会组织在适应了自然环境的基础上获得了可持续的发展。

公共关系特定环境主要有三种。

1. 舆论环境

舆论环境是不同范围、不同层次、不同类型的具体舆论构成的集合体。不同的舆论此起彼伏、相互影响、相互渗透,形成了极其复杂的舆论状态。舆论环境本质上是一种具有相对独立性的社会心理系统,对社会组织的生存、发展及公共关系行为有着深刻的影响。正确、善意的舆论能团结和鼓舞人心,维护组织的美好形象;错误、恶意的舆论则具有极大的破坏性。因此,高度重视舆论,善于引导舆论,创造有利于组织形象的舆论环境,是公共关系工作的一项重要内容。

2. 信息环境

信息环境是由多种不同层次的具体信息构成的一个统一整体。信息是指用符号传递的、接收者预先不知道的事实。有人把信息比作是现代社会组织机体运行中的血液。没有信息,社会组织也就失去了生命。从公共关系角度来说,信息的沟通与传播,是公共关系的基本特征。公共关系工作的本质就是通过双向的传播与沟通,实现社会组织与公众之间的信息交流。因此,公共关系人员应尽力搜集和掌握与组织有关的各种信息,有效地控制和驾驭信息环境。在这一过程中,对信息要抓得快、抓得准,这是一个关键。

3. 人际环境

人际环境是由众多不同种类的具体人际关系构成的有机整体。人际关系是人与人之间各种社会关系与心理关系的总和。公共关系中的组织与公众的关系,往往表现为组织中的若干人与公众中若干人之间的关系,公共关系的实务工作经常要通过人际沟通的方式来进行。因此,人际环境的好坏对于社会组织的生存与发展来说,也是至关重要的。社会组织要不断完善人际环境,就要不断研究公众的需要、心理和行为,处理好各种社会关系和人际关系,要把创造一个"人和"的环境贯穿于公共关系活动的始终。

(五)公共关系的相关概念

除了"公共关系"这一基本概念,还有一些从这一基本概念派生出来的相关概念。这些相关概念在公共关系学中的使用频率很高,它们可以帮助我们从不同层面和不同角度去理解、去解释"公共关系"这一基本概念,因此掌握这些相关概念也非常重要。

1. 公共关系状态

公共关系状态是指一个社会组织与其公众环境之间存在的关系状态和舆论状况。

任何社会组织都处在一定的公共关系状态之中,这是一种不以人的意志为转移的客观存在。每个社会组织总是与公众环境客观上存在着某种特定的情形和状况。组织机构与其相关公众之间相互交往和共处的情形和状况,是一种"社会关系状态";社会公众对组织机构的认知和评价的情形和状况,是一种"社会舆论状态"。与社会组织相关的"社会关系状态"和"社会舆论状态"便构成了一个组织的公共关系状态,它们制约着组织的生存与发展,因此,每个组织都应该自觉地认识并认真研究自己所处的公共关系状态。

公共关系状态与公共关系活动有着密不可分的联系。一方面,任何一个组织总是在特定的公共关系状态之下开始公共关系活动的,必须以现存的关系状态与舆论状态为基础;另一方面,组织的公共关系活动又以形成、维持或改变特定的公共关系状态为目标,以适应和影响自己的公众环境为任务,公共关系活动的结果又必然会形成一种新的公共关系状态。因此可以说,公共关系状态既是组织公共关系活动的基础,也是组织公共关系活动的结果,公共关系状态的好坏总是与公共关系活动的成败联系在一起的。

2. 公共关系活动

公共关系活动是指社会组织运用传播沟通的方法与公众交流信息、协调关系、影响舆论、塑造形象、优化运作环境的一系列公共关系工作。

从一般意义上说,当一个组织采取任何实际行动去改善自己的公共关系状态的时候,就是在从事公共关系活动了。因此,一个组织在日常的行政工作或业务工作中,与公众沟通能做到热情待人、彬彬有礼,也算是一种公共关系活动。但现代组织的公共关系活动则是专指规范性、专业性很强的传播沟通业务,是组织的一种行政管理或经营管理的操作实务,需要制定专门的计划,运用专门的技术,动用一定的资源,由专门的职能机构和专业人员来实施。现代公共关系活动已成为在公共关系理论指导下的有目的、有计划、有系统的科学行为。

3. 公共关系意识

公共关系意识是一种影响和制约组织政策和价值取向的管理理念,是一种规范组织行为的准则。

公共关系意识的核心是社会组织必须"与自己的公众对象共同发展",因此公共关系意识包括公众意识、传播意识、协调意识、互惠意识、服务意识、公益意识、形象意识、效益意识等。公共关系意识的自觉与完善,是公共关系活动取得成效的前提与保证。

公共关系意识也是一种现代社会的文明观。不论是公关专业人员,还是一般的员工,都应该具有敏感的公共关系意识,这种全员公关意识,是组织获得事业成功的重要因素之一。

4. 公共关系职业

根据国家劳动和社会保障部审定的《公共关系人员国家职业标准》,公共关系的职业名称为:"公共关系人员(简称公关员)";职业定义为:"专门从事组织机构公众信息传播、关系协调与形象管理事务的调查、咨询、策划和实施的人员";职业等级为:"初级、中级和高级公关员";职业能力特征为:"具备较强的口头与书面语言表达能力,协调沟通组织内外公众关系的能力,调查、咨询、策划和组织公关活动的能力"。

公共关系公司是有偿提供公共关系服务的职业机构,公共关系部是社会组织开展公共关系工作的职业部门,公共关系人员是以公关工作为职业的社会成员。一般认为公共关系职业产生于1903年,美国人艾维·李创建了世界上第一家公共关系公司,被称为公共关系之父。我国港台地区的公共关系职业始于20世纪60年代,我国内地的公共关系职业开始于20世纪80年代改革开放之后。1999年1月4日,国家劳动和社会保障部正式批文,成立国家职业资格工作委员会公关专业委员会,同年5月出版发行的《国家职业分类大典》中,收入了公关职业的名称、公关职业定义及公关职业工作。这标志着国家正式承认了公共关系这一职业。

(六)公共关系的活动范畴

公共关系作为一门综合性、边缘性的应用学科,在履行职责的过程中经常会涉及一些外围的、相关的活动范畴。这些活动范畴与公共关系既有联系,又有区别,容易发生混淆,从而造成认识上和实践上的混乱。因此,有必要对这些活动范畴与公共关系概念作一个简要的辨析。

1. 交际

交际是指人与人之间面对面的直接交往,其交往的主体是个人,须借助于个人媒介进行相互沟通,也即"人际沟通"。公共关系也需要人际沟通,如公关人员接待投诉者,组织领导人宴请社会名流等。它是公共关系的传播沟通方式之一,但不是公共关系的主要手段,更不是唯一的手段。有人将公共关系就看成是应酬交际,这无疑是一种片面、肤浅的看法。实际上,公共关系工作面对的是不同类型的公众,要进行大范围、多侧面的沟通,更倚重于组织传播、公众传播与大众传播的手段。因此,交际仅仅是公关沟通的一种手段,不能等同于公共关系。

2. 宣传

宣传是一种单向的心理诱导、行为影响和舆论控制方式。在公共关系活动中需要做大量的宣传工作,要借助于各种宣传手段去吸引公众、影响公众。因此,宣传是公关人员执行公共关系计划时的一种重要手段。但宣传是一种单向的传播,公共关系活动则是双向的传播沟通,既有向外的信息传播,又有向内的信息输入和反馈,所以,宣传计划的完成并不等于公共关系活动的结束。另外,公共关系中的"传播沟通"是一个中性词,指的是"信息交流",要求客观、公正、全面、平等;而宣传则有鲜明的倾向性与强制性,要求通过灌输以控制公众,这两者的区别是非常显著的。

3. 新闻传播

新闻是新近发生事实的报道,它兼有报导和宣传的两重功能。公共关系与新闻传播有一种天然的联系。最早的公关人员多是记者出身。在国外,许多公关人员本身就是组织的"新闻代理人"。因此有公关专家说:"公共关系人员的第一要务,就是与新闻界充分合作。"在公共关系的实践发展过程中,事实上已经产生了一种介于客观的新闻报导与主观的宣传活动之间的"公共关系新闻传播"现象,即公共关系活动中的"发布新闻"和"制造新闻"。这两种新闻传播方式常常会产生巨大的轰动效应,是公共关系活动中的最重要、最有效的传播方式,但不是唯一的方式。实际上,过分依赖新闻传播方式也会产生负面效应。

4. 营销推广

营销推广是工商企业组织在市场交易中,以各种手段向消费者宣传产品或服务,激发其购买行为,以扩大销售量的一种经营活动。公共关系活动虽然本身不直接推销产品与服务,但它通过交流信息、观念、情感等,满足了公众要求与组织相互了解、理解、信任的需要,这无疑有助于市场的销售。因此,工商企业常常把公共关系作为一种推广的策略,让公关活动与营销活动结合在一起,使两者紧密配合,以期取得更好的效果。但公共关系与营销推广的区别也非常明显:营销推广活动只是工商企业组织的行为,而公共关系是现代各种类型组织的行为;营销推广满足的是消费者的物质需求,而公共关系满足的是消费者的情感需求;营销推广注重的是近期的经济效益,而公共关系注重的是社会效益,侧重考虑的是组织的长远发展。

5. 公共事务

公共事务是公共关系功能中的一部分。使用"公共事务"这一名称,往往有两种情况。第一种情况是,政府、社会团体、非营利机构的公共关系工作,常常称之为"公共事务",以示有别于营利组织的公关工作。第二种情况是,一个组织与政府部门、公共政策、公众利益、社区事务相关的活动,称之为"公共事务",用这一名称去涵盖非营利的公关工作。如一个企业从事的社会慈善事业、社区事务等,就可以称之为"公共事务"。可见,"公共事务"使用的是第一种情况,只适合于一部分组织;第二种情况,只适合于组织的一部分公关工作。不论哪种情况,都不是公共关系的全部,都不能等同于公共关系。

6. 论题处理

论题处理又称作"问题管理",主要是指公关人员对正在出现的问题以及这种问题对组织的直接或潜在的影响进行分析与预测,充分利用有利因素,避免不利因素,帮助组织制定应变的对策和措施。"论题处理"的出现表明现代公共关系作为组织的预警系统的管理功能日益突出,需要帮助组织对复杂的公众环境及其变化保持高度的敏感性,提高组织的适应力与应变力,维持组织与整个社会环境之间的动态平衡。

在实践中,以上这些活动范畴都可以看作是公共关系功能、实务或方法的一部分。在使用时,这些活动范畴不应与"公共关系"概念相混淆,更不可与"公共关系"概念相等同。

二、公共关系的基本原则

公共关系的基本原则是公共关系的基本理论问题。它们是公共关系本质属性的具体体现,是公共关系职能活动的规范化。正确认识并掌握公共关系的基本原则,对于指导公共关系的实践具有重大意义。

(一)尊重事实的原则

事实即客观存在。尊重事实就是一切从实际出发,按客观规律办事。无论是信息交流、关系协调还是形象塑造,公共关系工作都必须坚持实事求是地反映情况,真实地传递信息。这是公共关系活动的前提,也是每一个组织及公共关系人员都必须无条件遵循的法则。公关人员必须懂得一个简单的道理:客观事实在先,公共关系在后。公共关系是以事实为基础开展工作的,一切离开客观实际的公共关系活动都是毫无意义的。

在公共关系范畴中,事实不只是一种客观现象和状况,它还承载了一定的社会信息。组织在开展公共关系活动时,一方面要以事实为基础,客观、真实、公正、全面地传播信息;另一方面还要善于选择能够反映事物本质的信息,正确引导社会公众把握事物的客观发展规律,而不是仅仅停留在事物的表面现象上。

公共关系尊重事实的原则总是与活动公开、诚实守信紧密联系的。活动公开就是增强公关工作的透明度和民主化,让公众对组织行为有更多的知晓机会与参与机会。诚实守信是指在公关活动中不弄虚作假,言必信,行必果,珍重信誉。组织要把维护信誉作为立足之本,公关人员要把真诚待人作为工作信条。

(二)互惠互利的原则

互惠互利原则是指公共关系的主体与客体双方受益的原则。组织对公众"投之以桃",公众也会对组织"报之以李",这是公共关系互惠互利原则的必然结果。社会组织与其公众之间的相互适应、共同发展从根本上说就是组织与其公众间利益的相互兼顾、共同获取。

在商品经济社会,没有利益目标的公共关系是虚伪的,不存在的。参加公共关系活动的各方,不论是自觉的还是自发的,都带有强烈的功利色彩,只不过有的功利色彩明显和即时显现,有的功利色彩淡化和延缓显现。公共关系敢于承认、敢于公开各方利益目标的态度,只会使各方的利益目标更趋合理。

互惠互利具有大体平衡的特点。参与公共关系活动的各方为实现自己的利益需求,都会向对方进行物质的或精神的投入,其所得到的利益回报在质和量上也是大体相等的。可能也有些差别,但不可能太悬殊。在实现目标过程中,一旦发现利益的不平衡,就应该自我调节,使双方或多方都能获益,才能保证公共关系活动的成功。公共关系主体与客体在道德规范下的利益目标的实现,不存在"我赢你输"或"你赢我输"的问题。"大家都赢"才是公共关系互惠互利的生动写照。

公共关系之父艾维·李早就指出:凡是有益于公众的事业最终必将有益于企业和组织。同样,可以这样说:凡是有益于社会的事业最终必将有益于公众和组织。社会利益、公众利益、组织利益有时会有矛盾,在发生矛盾的时候也有一个孰先孰后的问题。但从根本上说,三者的利益是统一的。互惠互利原则就是三者统一的平衡机制。

(三)以情动人的原则

以情动人的原则是通过联络感情,满足公众心理、精神的需要,使公众与组织在价值观上趋于一致。一般来说,促成公众与组织合作的基本方式有四种:权力、金钱、赞助、劝服。以情动人的原则属于劝服方式。

公共关系工作的目的在于通过摆事实、讲道理,来改变公众的态度,引导公众的行为,争取公众的理解与支持。要达到这样的目的,自然需要有利益的趋同与协调,但仅仅凭利益的趋同与协调是远远不够的,还需要有情感的聚合与投入。"摆事实、讲道理"就需要"以情动人"。

组织的公共关系活动是不能强迫公众参加的,情感联络则是一种有效的手段和方式。公众总是倾向于信任言辞直率、态度诚恳、处事公正的公关人员,而厌恶神情诡秘、虚情假意、口是心非的传播者。因此,情感联络一定要真心实意、以情待人、以情感人,这样才能使公众产生情感上的共鸣,从而转变态度,改变行为。

以情动人的原则,是建立在"晓之以理"的基础上的。人都有理性的一面。通过晓以利害,引起对方理性的思考与情绪上的反应,再动之以情,就会取得意想不到的效果。但如果失去了"晓之以理"的基础,变成以情代理,不讲原则,那就违反了公共关系的职业道德,公共关系也就变成私人关系了。

(四)整体战略的原则

公共关系的整体战略原则是指组织在制定公关目标及策略、执行公关计划以及在公关活动中对人力、物力、财力的调度与监控,都必须从组织的全局出发,进行综合考虑与把握。

从系统论的角度分析,公关目标是根据组织的总体目标制定的,是为组织总体目标的实现服务的,是组织总体目标中的一个子目标。执行公关计划,进行公关活动,也必须与组织的各种构成要素保持有机的联系,与组织行为的方向取得一致。任何脱离了组织整体性、全局性的公关目标及公关计划都是无意义的,甚至是有害的。而且,除了公共关系这一子系统外,组织还有很多其他子系统。各子系统的相互联系及子目标的实现,都必须统一在组织的总体目标与整体利益之下。

整体战略的原则还体现在公关计划的执行与公关活动的开展必须依靠组织的综合力量。公共关系的特殊性在于,它渗透到日常的行政、业务工作的各个环节,必须从全局的和战略的角度加以协调管理。组织的公关活动绝不是单靠公关部门和公关人员就能完成的,还必须依靠组织整体力量的合理使用与人员配备的优化组合,提高组织所有成员公关行为的自觉性,加强整体协调,形成组织全员公关的浓厚氛围。

(五)坚持长久的原则

坚持长久的原则是指公共关系作为一种软性管理手段,必须作出积极的持久的努力,要具有长远的眼光。

公共关系追求的是组织与公众之间稳定而长久的良好关系状态,但这不是一蹴而就、一朝一夕能够建立起来的。由于组织及其社会环境的复杂性,都需要作出长期、艰苦的努力,只有持之以恒,日久才能见出功效。即使已经建立了良好的公众关系,也要不断调整,精心呵护,不可能一劳永逸。

在公众中树立良好的信誉和形象,维护组织的长远利益,更要高瞻远瞩,着眼未来,作出持久不懈的努力。有时为了长远的利益要舍得付出眼前的代价,通过平时的点滴积累,取得公众的信任。那种欺骗公众的"急功近利"的短期行为与"临渴掘井"的应急心态都不是本来意义上的公共关系。

公共关系作为一种管理职能,是对组织与社会公众之间传播沟通的目标、资源、对象、手段和效果等基本要素的管理,这是一种日常性、动态管理过程。对于一个社会组织来说,专题性的公共关系活动固然重要,但更多面对的还是日常的公共关系工作。公共关系管理职能的日常性也决定了公共关系工作的经常性与长久性。

以上分析的五个公共关系的基本原则不是孤立的,而是相互依赖、互为条件、相互补充又相互制约的。它们贯穿于公共关系工作的全过程,是实现公共关系目标的根本保证。

三、公共关系学与公共关系美学

(一)公共关系学

作为一门独立学科的公共关系学,起源于 20 世纪 20 年代的美国。1923年,美国著名学者爱德华·伯尼斯以教授的身份首先在纽约大学开设了公共关系课程,同年出版了第一部公共关系学专著《公众舆论的形成》。该书的出版被称为公共关系理论发展史上的"第一个里程碑"。这标志着公共关系学已成为一门独立的学科,屹立于世界学科之林。

1. 公共关系学的学科性质

公共关系学是研究社会组织与公众之间传播沟通的现象、规律和方法的学科,是一门新兴的综合性的社会应用学科。

公共关系学是现代传播学科与现代管理学科相结合的产物,它是传播学在组织管理中的应用和发展,专门研究组织在管理过程中与公众传播沟通的问题。

公共关系是一种传播沟通活动,它遵循传播规律,因此,公共关系学被认为是传播学的一个应用领域。就理论的相关程度而言,传播学甚至被看作是公共关系学的母体学科。传播学的基本理论和方法贯串于公共关系的理论和实务,决定了公共关系学的专业性质和学科性质。

公共关系具有管理职能,公共关系属于管理学的范畴,因此,公共关系学又被认为是管理学的一部分。管理学把公共关系视为一种管理行为、管理过程和管理方法,视作组织整体管理职能的有机组成部分。现代管理学高度重视管理活动中与公众的传播沟通问题,所以在组织管理中形成了特定的"信息管理"、"传播管理"的专门领域。

也有人认为,公共关系既然是一种社会关系,本质上是一种社会组织的行为,因而,把公共关系学看成是社会学或组织行为学的分支学科。这种观点与以上两种观点都有一定的合理性。三种观点的差异,恰恰说明公共关系学是一门综合性、交叉性的边缘学科。

2.公共关系学的学科特点

人们对公共关系学的学科性质的认识,目前虽然尚无完全统一的看法,但公共关系学毕竟是一门独立的学科,它具有两个明显的特点。

(1)公共关系学具有强烈的应用性

公共关系学是一门实践性、应用性很强的学科。公共关系实践是公共关系学产生和发展的前提和基础。公共关系理论在实践活动中产生出来后用以指导实践活动,目的是要使公共关系工作取得更大的成效。公共关系学的理论应用贯穿于公共关系的整个过程,从获取信息、确立目标、制定方案、选择媒介到实施计划、评估效果等,都是公共关系学应用的内容与范围。只有理论而没有实践的公共关系是毫无意义的。现在国外的一些公共关系学著作常冠以"实用"、"实效"、"实务"二字,即是突出其应用性,强调公共关系理论对公共关系实践的指导意义。

(2)公共关系学具有高度的综合性

公共关系学是多学科综合发展的产物,是一门交叉性的边缘学科。公共关系学的学科科学性是建立在多种学科理论高度综合、高度渗透基础上的,因而对公共关系学必须进行多学科、多角度、多侧面的综合研究,需要具有广博的知识。但这里必须强调的是,公共关系学虽然是一门综合性、交叉性的学科,但绝不是各门学科的杂糅。大凡正在发展中的新兴边缘性学科,其理论研究大多具有跨学科的特点,公共关系学也不例外。公共关系学的综合性,并不妨碍它成为一门完全独立的学科,其独特的内容与核心,即浓缩在它的定义与本质属性中。

3.公共关系学的研究范围

公共关系学如同其他应用性学科一样,其研究范围一般可以分为公共关系理论、公共关系实务和公共关系史三大部分。

(1)公共关系理论

公共关系学的理论知识体系包括基础理论和核心理论两部分。基础理论涉及哲学、社会学、心理学、新闻学、传播学、管理学、舆论学、广告学、市场学、经济学等学科。这些学科的许多理论都不是公共关系理论的本身,但作为一门综合性的边缘应用学科,公共关系学与这些学科有密切的联系,必须吸收这些学科的最新研究成果来充实自己的理论体系。核心理论反映了该学科的质的规定性。公共关系学的内核就存在于公共关系的定义之中,这一内核及围绕这一内核展开的许多问题,诸如公共关系的构成要素、基本原则、一般过程等,都是公共关系学的核心理论。

(2)公共关系实务

公共关系学是一门应用性学科。因此,对公共关系实务的研究,成了公共关系学研究的重要部分。公共关系实务包括的内容十分广泛,主要有:确定组织的公共关系目标、收集信息、制定公关方案与工作程序、组织传播与沟通活动、评价公关活动的效果等。此外,还有公关机构的设置与建设、公关人员的配备与培训等。公共关系实务因组织性质的不同而呈现出很大的差异,这种差异使公共关系实务变得更加丰富、更加精彩。

(3)公共关系史

古代社会只有盲目的、原始的公共关系,这方面的研究说明公共关系的出现经历了一个极其漫长的史前阶段。公共关系的真正历史肇始于19世纪的美国,并于20世纪初开始发展起来。公共关系史的研究重点是近代,特别是现代部分。公共关系发展史的研究,主要是探讨公共关系的历史渊源,展示其历史轨迹,研究其产生与发展的历史原因,寻求其历史发展的规律,为现实的公共关系理论与实践提供经验与借鉴。

从目前的状况来看,公共关系学三部分的研究并不平衡。一般说来,公共关系理论的研究相对薄弱;公共关系实务的发展迅速,研究成果颇丰;公共关系史的研究比较落后,至今还没有一部系统完整的公共关系史专著。

(二)公共关系美学

美是人的本质力量的感性显现。人们在创造性活动中所显示出来的智慧、才能、气度,在追求新生活中所形成的理想、情感、精神,都是人的本质力量的具体显现。

美的根源在社会实践。由于人们的社会实践活动使客观事物对象的感性形象显示了人的本质力量,体现了真与善相统一的审美价值,使人产生了符合自身主观愿望的愉悦感受,从而产生了美与美感。

真是美的基础,善是美的灵魂,美是真与善的表现形式。真、善、美是客观对象对于人和社会的三大价值。人类的一切实践活动,都在不断地追求真、善、美的统一。公共关系也不例外。公共关系的实践活动就是在不断地追求真、善、美的和谐统一。

公共关系美学是美学的基本原理在公共关系实践活动中的具体应用。这种应用主要表现在三个方面。

1. 公共关系主体的美学要求

广义的公共关系主体，是指执行公共关系任务、实现公共关系功能的载体和行为者，即各类社会组织。对于社会组织的美学要求，表现在组织的宗旨与目标、产品形象、组织标志、象征图案、服务水平、精神风貌、环境与设施等都应该是美的，这样一个组织的形象才是美的。例如，四川长虹集团推出"以产业报国，民族昌盛为己任"的组织宗旨，其形象是高大美好的；相反，一个组织以利己为目的，经常损害国家与消费者的利益，其形象必定是丑陋的。

狭义的公共关系主体，主要是指专门执行公共关系职能的公共关系机构及人员。对于公共关系人员的美学要求，表现在公关人员应具有心灵美、语言美、行为美、服饰美、礼仪美，成为组织美好形象的有机组成部分。

2. 公共关系客体的美学要求

公共关系的客体——公众，即公共关系传播与沟通的对象。公共关系客体的美学要求，表现在两个方面，一是要满足公众的审美需求，二是要提高公众的审美能力。

在公共关系活动中，只有符合公众审美需求、审美理想、审美趣味、审美情感的组织形象和组织行为，才能使公众产生美感，获得公众的认同，从而形成美誉。因此，公关美学必须高度重视研究公众的审美意识，把握公众的审美心理，满足公众的审美需求。须知，任何不能满足公众审美需求的公关活动，公众都是不会接受的，也不会产生任何成效的。

但另一方面，就公众的审美需求而言，由于公众文化层次、心理素质及政治、经济背景的不同，在审美兴趣、审美情感、审美理想上存在着很大的差异。因此，公关美学要研究公众审美需求和审美标准的共同性和差异性，不断提高公众的审美能力。例如，有的公众对于一些低级趣味的广告津津乐道，正说明了提高公众审美能力的重要性。

3. 公共关系介体的美学要求

传播与沟通，是公共关系的介体。对公共关系介体的美学要求有两个：其一，要求传播沟通的内容与形式都是美的；其二，要求传播沟通讲究技巧性，具有艺术感染力。

真则向善，善则为美。公共关系的传播沟通从内容到形式都要追求真、善、美的和谐统一。传播沟通中的弄虚作假、污言秽行，都是违背公关美学要求的。例如，某企业为推销净水机，将小便与洗脚水倒入净水机中，过滤出来的水倒入茶杯，然后对围观的公众说："谁能把杯子里的水喝下去，就奖谁500元。"这样的传播，美感荡然无存，留下的只有恶心。

公共关系的传播沟通还应有高度的技巧性与艺术性。没有技巧性与艺术性的传播，即使内容再好，也很难使公众产生好感与美感。公关美学要求，对传播沟通艺术技巧的把握，必须以真善美为出发点与归宿点，充分运用美的形象性、新颖性、感染性、创造性、和谐性的特点，获得最佳的效果。

公共关系美学告诉我们：公共关系的实践活动产生了美，美又使公共关系实践活动更具魅力、更有成效。

第二节　阅读资料

一、众说纷纭的公共关系定义

一、国外关于公共关系的种种定义

1. 美国公共关系协会："首先，公共关系是一个人或一个组织为获取大众的信任和好感，借以迎合大众的兴趣来调整其政策与服务方针的一种经常不断的工作。其次，公共关系是将这种已调整的政策与服务方针加以说明，以获取大众了解和欢迎的一种工作。"

2. 英国公共关系协会："公共关系的实施是一种积极的有计划的以及持久的努力，以建立及维护一个机构与其公众之间的相互了解。"

3.《大英百科全书》："公共关系是旨在传递关于个人、公司、政府机构或者其他组织的信息，以改善公众对他们的态度的一种政策和活动。"

4. 美国著名公关学者卡特利普和森特："公共关系是这样一种管理功能：它确定、建立和维持一个组织与决定其成败的各类公众之间的互益关系。"

二、国内关于公共关系的种种定义

1. 居延安："公共关系是一个社会组织用传播的手段使自己与公众相互了解和相互适应的一种活动或职能。"

2. 明安香："公共关系是用传播手段塑造组织自身良好形象的艺术。"

3. 李健荣："公共关系是组织运用传播手段、协调公众关系、改善发展环境、树立良好形象的管理活动。"

4. 国家职业资格工作委员会组织编写的《公关员职业培训与鉴定教材》："公共关系是从事组织机构公众信息传播、关系协调与形象管理事务的调查、咨询、策划和实施的一种实践活动。"

三、简洁生动、突出某个特征的"一句话"定义

1. 公共关系是信与爱的运动。

2．公共关系就是促进善意。

3．公共关系是"人和"的学问。

4．公共关系就是争取对你有用的朋友。

5．公共关系就是内求团结、外求发展的管理艺术。

6．公共关系是说服和左右社会大众的技术。

7．公共关系是90%靠自己做得对，10%靠宣传。

8．公共关系是创造风气的技术。

9．广告是要大家买我，公共关系是要大家爱我。

10．PR(公共关系)＝P(自己行动)＋R(被人认识)。

点评

阅读各种不同的公共关系定义，有助于我们从整体上去理解与把握公共关系的本质属性。国内学者的公共关系定义，难免或多或少地受国外学者定义的影响，但仍有自己独立的思考与特色。"一句话"式的定义，简洁明了，便于记忆，生动形象，易于流传。但它们只涉及了公共关系内涵中的某一小点，并不全面、准确，严格地说，不是科学的定义。

二、施惠于人利于己

上海南海渔村酒店经理陈浩光先生读了《新民晚报》记者采访的通讯《我要去上学——残疾少女吴斐斐的心声》后，心情久久不能平静，一个帮残助残的计划逐步在他胸中酿成。

第二天一上班，他就与酒店的其他领导商量，决定以酒店的名义为斐斐送去温暖。

当天中午，陈先生与酒店财务部主任特地赶到新民晚报社详细地了解斐斐的情况及家庭住址，并向新民晚报社通报了酒店的助残计划。随后，又亲自登门拜访慰问斐斐姑娘，陈先生深情地对斐斐说，帮助残疾人是酒店全体员工的共同心愿，我们这个社会是不会抛弃残疾人的，并掏出了酒店员工给斐斐的1000元捐款。

当陈经理得知斐斐的父亲为了照顾她，留在上海靠打临工赚钱时，陈先生立即邀请他到酒店工作。

隔天上午，陈总又把吴家父女接到酒店，举行了一次不同寻常的员工会议。陈总郑重邀请老吴担任酒店保安工作，并向参加会议的记者表示，希望此举能促进社会关心残疾人的良好风气的形成。

这一举动，在社会上引起了强烈的反响，长宁区民政局和街道有关部门或派人或致电对酒店表示感谢。《新民晚报》又在"新闻追踪"栏目发表报道，对南海渔村酒店大加赞赏。连日来,南海渔村酒店顾客盈门,好多顾客都慕名而来。有些顾客说,这家酒店有良心,我们来这里吃饭、请客很放心。

（选自王丽丽、朱纳主编:《妇女实用公共关系学》,南海出版公司1993年版)

点评

上海南海渔村酒店的做法生动地说明了公共关系互惠互利的原则。从表面上看,是该酒店帮助了残疾少女吴斐斐父女两人,但实际上却引来了《新民晚报》的"追踪报道",树立了酒店的良好形象,赢得了公众的信任。这就证明了公共关系的一条颠扑不破的真理:"凡是有益于公众的事业最终必将有益于企业和组织。"

三、善解人意的"美食家"

一双筷子上写着这样两行字:"假如我的菜好吃,请告诉您的朋友;假如我的菜不好吃,请告诉我。"这两句富有浓厚情感的公关语言同"美食家"餐厅的名字一起传遍了整个杭州。

一次,一对新人在"美食家"餐厅举行婚礼,正赶上滂沱大雨下个不停。新人和客人们被大雨淋得很懊丧,使得婚礼气氛很不愉快。这时,餐厅经理来到100多位客人面前微笑着高声说:"老天不作美,赶来凑热闹。但是,这是入春以来的第一场好雨。好雨兆丰年,这象征着今天这对新人的未来是十分幸福的。雨过天晴是'艳阳天',象征着今天在座的所有客人都将迎来更加灿烂的明天。我提议,为了迎接雨过天晴的明天,大家干杯!"话音一落,整个餐厅的气氛发生了180度的转变。沉寂的婚礼场面气氛一下子变得热烈起来了。

凡是在"美食家"餐厅举行婚礼,餐厅经理再忙也要亲临现场予以祝贺;凡是到"美食家"餐厅举办生日宴会的老人,都能吃到一碗由餐厅经理亲自捧上的长寿面。顾客从中感受到的是"美食家"真挚的情感。

有一位工程师花200元在餐厅订了一桌菜。到了吃饭的时间,这位工程师对服务员说:"10位客人走了7位,一桌菜吃不了,你们看怎么办呢?"按常规,订好的饭菜是不能更改的,但他们还是从顾客的切身利益去考虑如何将这事处理得更妥善,于是便将配好的一桌菜分成两桌,工程师的桌上5菜1汤,另外7个菜恰好安排给了6位急于赶火车的客人。工程师没有受到丝毫损失,连连道谢。那6位急于上路的客人及时吃上了饭菜也谢声不断。

点评

公共关系要赢得公众,既不能靠欺骗,更不能靠强迫,靠的是以情动人。善解人意是最能打动人心,但也是最难做到的。杭州"美食家"餐厅在长寿面上表达的深情厚意,在新人婚礼上的美好祝福以及在筷子上刻着的公关语言,都能紧扣公众的情态心境,其公关策划颇有创造性。以情动人不是空泛抽象的口号,而是具体细致的工作,他们的做法值得借鉴。

四、对联与公关

20世纪30年代,我国上海鹤鸣鞋帽商店,在《新闻报》上推出一则广告,上面画着一只皮鞋,左右配以一副对联。上联写着:"皮张之厚,无以复加",下联写着:"利润之薄,无以复减",横批是"天下第一厚皮"。这则广告使得鹤鸣皮鞋名噪一时,顾客盈门,获利饶丰。这则广告是耐读的,"厚皮"本意是贬义词,用于皮鞋则是褒义词了。"第一厚皮",让人看了一愣,继而会心而笑。构思巧,风趣幽默地把鹤鸣皮鞋这个产品的主要优点突出出来,而且以对偶句方式突出了物美价廉的特点,起到了俗套广告所起不到的效果。

再一例,也是产生于20世纪30年代大上海的一则广告。金刚公司在报上登出一则征"对诗作料"的广告,还说,凡对诗上乘,成绩优秀,评比后在前三名以内者重奖。出题征诗中有一首是七言绝句,亮出前两句是:"市场一片萧条声,何故金刚客盈门。"待征下两句,应征者十分踊跃,中选者公司兑现给奖。此举使金刚之名蜚然。征对诗作是风雅之举,似乎并没有宣传自己的味道,实际上却融合进宣传公司的意图,起码加深了顾客对该公司的印象。

当代也有这方面的突出例子。1989年初,广东省石油气用具发展有限公司(产品用"万家乐"商标),以"万家乐用万家乐万家都乐"半片巧联向全国征另半片联。广告登出,应者云集。从春节花市在广州设擂台之日开始到5月20日截稿,征联数高达653578条,除电报电话外,信函达153000多封,几十元的快递件也不少。信件不但来自包括西藏、台湾等全国三十一个省、市、自治区,还有的来自美国、加拿大、法国和非洲,就是到5月20日截稿之后每天还有近千封来稿。这次参加征联活动的最年长者96岁,最年幼者6岁。最多者写来340条,来信最多者邮来52封。后来,广东省石油气用具发展有限公司聘请老学者、诗人刘逸生,老作家、诗人李汝伦,老书法家陈景舒主持评选,最后确认只有三联入围。即:江苏省许华的"寰海清歌寰海清寰海长清";四川张胜发的"一事雄夸'一事雄'一世高雄";广州常鸿伟的"八面通行'八面通'八面灵通"。其中许华联中以"寰海长清",对"万家都乐",含有"清平世界人同洁,普送温馨乐万家"之美意,正合厂家的"万家乐"热水器令环球人同洁,走向世界的愿望,被选为三联中的最佳之作。书法家陈景舒欣然命笔,将此联书写登报。端午节时征联开榜,更引人注目。而且就在此时,"万家乐"生产线上又有三种新产品问世,这就是国内首创的电脉冲点火单头燃气炉和双头燃气炉、附有全部淋浴器部件的电脉冲点火"万家乐"热水器。三种新产品投放市场,与征联胜利结束相呼应,将广东省石油气用具发展有限公司的知名度和美誉度空前提高。

(选自王丽丽、朱纳主编:《妇女实用公共关系学》,南海出版公司 1993 年版)

点评

对联是我国人民喜闻乐见的民族文学形式之一,与书法艺术结合在一起,又极具观赏性。这几个厂家,或者以构思精妙的对联吸引公众,或者以征联的方式让公众广泛参与,从而扩大了厂家及其产品的影响,这就是这几个厂家的高明之处。在公共关系的传播沟通中,能像这几个厂家一样,注意增强文化意蕴、情感交融及民族特色,其效果必佳。如今已有了发达的大众传播媒介,但对联的方式还在使用,关键是要有自己的特色,不断创造出新意。

第三节　案例与实践

【案例讨论】

小姐善讨债,公关能力强?

一、案例

S 公司欠了某制药厂 3 万元。制药厂厂长曾多次派会计老张去讨债,S 公司就是不还。后来药厂厂长从厂里挑了两个漂亮的女青年作为公关小姐,又在一宾馆设下宴会,请 S 公司经理赴宴。席间,由两位小姐陪 S 公司经理喝酒。饭后,又由两位小姐陪 S 公司经理去 KTV 包厢唱歌、跳舞。尽兴之后,两位小姐提出还款之事,S 公司经理便爽快地答应了。第二天,S 公司经理派人送来了 3 万元。药厂厂长很高兴,要给这两位小姐发奖金,并称赞她们"公关能力强"。

二、不同意见

1. 甲方:这不是公共关系,而是庸俗关系。这两位漂亮的女青年也不能算公关小姐,更说不上"公关能力强"。

2. 乙方:这种现象现在在社会上很普遍,大家都称之为"公关",不能说是"庸俗关系"。这两个小姐也只是陪 S 公司经理喝喝酒、唱唱歌、跳跳舞,又没做违法乱纪的事,为什么不可以? 何况公共关系活动中也有宴会、舞会,怎么能说"庸俗关系"呢? 如果不这样公关,你有什么办法把钱讨回来?

三、问题与讨论

1. 案例中的做法到底是公共关系,还是庸俗关系?

2. 公共关系与庸俗关系有何区别?

3. 如果不按案例中的做法,怎样才能把钱讨回来?

四、步骤

1. 分组讨论,时间约 30 分钟;

2. 选出持有不同意见的同学到班级交流,班级发言 10 分钟;

3. 老师总结 10 分钟。

【角色扮演】

"费先生,祝你演出成功!"

一、背景材料

钟守玉小姐是四川泸州曲酒厂的公关部部长。抓住一切时机对泸州老窖进行广泛的宣传,是钟守玉小姐的指导思想。当时,台湾歌星费翔应邀来成都演出。钟守玉小姐得知这一信息后,她立刻想到利用费翔在我国知名度高的这个特点,开展公关宣传活动。于是她马上与主办单位联系,求得同意之后在演出场内悬挂了一幅 24 米长的横标,上书:"祝贺泸州老窖特曲酒荣获香港第六届国际食品展'金鼎奖'"。而在舞台两侧打出大幅对联广告:"四百年泸州老窖飘香,七十年国际金牌不倒"。尔后,在演出中,又请费翔演唱泸州老窖酒歌,台上台下相互呼应,此起彼伏,形成了热烈的气氛,给数以万计的观众心里增添了美酒一样的感情。

演出结束后,钟守玉小姐又登台与费翔热烈握手,她献给费翔一束鲜花、两瓶老窖曲酒,亲切地说:"费先生,祝你演出成功,大陆之行圆满。"费翔接过花与酒十分高兴,握着钟小姐的手连声说:"谢谢您的鼓励和祝福。"并连连称赞道:"这个酒太珍贵了,我要把它带回台湾去,保存起来,慢慢地品尝。"泸州老窖的美名随着费翔的歌声飘扬四方。

二、指导

1. 布置演出场所,悬挂横标,张贴对联广告,形成浓厚的宣传泸州老窖的气氛。

2. 选一首现代流行歌曲,改填"泸州老窖酒歌"的歌词,用以演唱。要求歌词能表现泸州老窖的历史传统、现代风采,做到词曲和谐统一。

3. 挑选一位同学扮演费翔,一位同学扮演钟守玉。要求其服饰、举止、语言风貌符合人物身份。全班同学做观众。

三、目的

1. 体会公共关系活动的场景氛围、公共关系具体工作的细节安排;

2. 学习公共关系人员的言行规范,展示公关小姐的精神风采。

四、步骤

1. 可由几个人专门负责演出场所的布置,突出公关气氛;

2. 填写"泸州老窖酒歌"歌词,可用征文方式,选用其中的优秀者;

3. 表演地点在教室,表演时间 15 分钟左右;

4. 表演结束后,请全班同学评分;

5. 也可以小组为单位实施演示,进行评比。

裁评表如下:

项目＼得分	很好	好	一般	较差	差
场景布置					
酒歌歌词质量					
演唱水平与效果					
公关小姐演示水平					

【模拟训练】

今天,我面对公众

一、目的

通过片断训练,培养公关人员的业务能力,提高公关人员的整体素质。

二、要求

根据公关人员应具心灵美、语言美、行为美、服饰美、礼仪美的要求及具体场景,设计公关人员的言行。

三、场景及训练

场景 1:某百货大楼超市。有一位老大爷在货架上挑选了一支牙刷,插入自己的口袋,然后又在超市里兜了一圈,没有付款就走出门去。假如你是一个公关人员,发现了这一情况,追上了老大爷,你将对他怎么说,怎么做?

场景 2:某厂公关部。上午,公关人员正在忙碌,有的在看材料,有的在写计划。这时,有一个妇女突然推开公关部的门,怒气冲冲地叫道:"你们厂产品的质量这样差! 我只用了一次,这东西就坏了。我要退货!"假如你是公关人员,这时,你怎么办? 你怎么能平息她的怒气? 怎么让她满意而归?

场景 3:某单位会议室。某单位决定就本单位的服务质量、服务态度、服务水平召开一次公众座谈会。假如你是一个公关人员,主持这次会议,一开始,你准备怎么说? 请你拟一段开场白,并当众演说。

第二章 公共关系的产生与发展

第一节 基础理论知识

一、古代公共关系的论说与实践

公共关系是人类社会发展进步的一种必然现象,近现代的公共关系是伴随着商品经济的发展、政治民主化浪潮的日益高涨和大众传播对社会发展的促进而诞生的。20世纪初,公共关系才开始作为一个专门的职业;20世纪20年代,公共关系才形成为一门新的学科。但公共关系作为一种客观存在的状态,却有着悠久的历史,公共关系的思想和活动的渊源,可以追溯到古代社会,不管是中国还是外国古代历史上都可以找到大量类似于现代公共关系的思想和活动。

1. 中国古代公共关系萌芽

在中国古代社会,一些朴素的公共关系思想和活动在政治、经济、军事和人际关系等领域中均有表现。

政治　中国古代一些开明的统治者已经开始注重民意和舆论在国家政治生活中的重要性。在传说中的黄帝、尧、舜、禹及夏商时代,开明的君主就设有专门的地点听取大臣的谏议、百姓的议论。到了西周,一些有见识的人已认识到统治者强行压制舆论的危害。召公就提出了"防民之口,甚于防川","口之宣言也,善败于是乎兴"(《国语·国语上》),即统治者对待舆论的方法是国家兴衰成败的关键。春秋战国是社会变革时期,一些统治阶级改革家、思想家提倡顺民心、开言路的做法,顺应了当时的社会习俗和道德观念,从而得以治国平天下。管仲采取了"与民同好恶"的政策和措施,从而辅助齐桓公奠定了霸主地位;商鞅变法采用"城南之木"的方法,增强了国民的信任感,从而使商鞅变法"令出必行";还有齐国孟尝君的门客冯谖自荐去其封地收债,烧光了老百姓的债契,为孟尝君收买民心。

到封建社会,虽然一直实行专制统治,采取"民可由使之,不可使知之"的愚民政策来钳制舆论、管制思想，但中国历史上开明的皇帝也都善于听取不同的意见，把争取民意作为维护统治的重要手段。汉高祖刘邦占领咸阳后，采纳萧何的建议宣布废除秦朝的一切法律，并与关中父老"约法三章"，得到关中百姓的支持；唐太宗李世民认为"水能载舟，亦能覆舟"；清朝康熙、乾隆微服出巡，也是要体察民情。这些事实上都是公共关系注重舆论、沟通信息思想的表现。

经济　在中国古代的经济生活中也有许多公共关系的生动体现。例如，酒店为了招徕客人，在门前挂出一面写着"酒"字的旗。《元曲·后庭花》中就有"酒店门前三尺布，过来过往寻主顾"的描述。还有商店强调"真不贰价"、"童叟无欺"等信条，表明该店的诚实可靠，以赢得顾客的信赖。再有古代商店所追求的"和气生财"、"宾至如归"等也具有强烈的公共关系色彩。

军事　春秋时期著名兵法家孙子提出"知己知彼，百战不殆"。这种思想和公关中的搜集信息、分析趋势、预测未来的思想是一致的。

战国时期，各国开战，东周洛阳人苏秦游说魏、齐等六国采取合纵策略对抗秦国，而相传是苏秦同门师兄的魏人张仪，成为秦国丞相后则用连横策略去拆散各国的合纵关系，两位被合称为纵横家。他们进行的游说活动，可以说是古代的公共关系活动。蔺相如与廉颇传唱古今的将相和更是与现代公共关系中组织内部关系有异曲同工之妙。

秦末刘邦率军攻入咸阳时，便与关中父老"约法三章"，云："杀人者死，伤人及盗抵罪。"这样，既宣传了自己的政治主张，又赢得了人心，与以后楚霸王项羽在关中的行径相比较，刘邦这一活动可谓意义重大。

三国时期刘备的三顾茅庐、诸葛亮的七擒七纵孟获，与现代公关以诚相待、争取人心有许多相似之处。

人际关系　中国历史的主流思想是以孔孟为代表的儒家学说。孔子曾对其宣扬的"仁"作了高度概括："仁者，人也。"即认为"仁"是人际交往的最高道德原则。此外，孔子还主张"己所不欲，勿施于人"，"己欲立而立人，己欲达而达人"。孔子强调"言而有信"，认为"人无信不立"，"人而无信，不知其可也"，在人际交往中遵循诚实守信的原则。而孟子提出"天时不如地利，地利不如人和"，强调一个组织内部上下同心，团结一致，建设融洽协调的人际关系的重要性。因此，也有人把公共关系称为一种"人和"的艺术。

2. 外国古代公共关系萌芽

在人类文明的初期，就出现了利用各种艺术形式、宣传工具、演讲和人际交往等手段去影响公众的观点和行为。古希腊理论家早就论述了公众意见对国家的重要性，认为政治家与公众的联系是靠修辞沟通的。古希腊著名哲学家亚里士多德在《修辞学》一书中，详细论述了修辞的艺术，及如何运用语言来争取公众、影响公众的思想和行为。按其观点,一个人的修辞能力是参与政治活动的一个重要条件,否则,政治家的思想就无法有效地传递给民众,也就难以得到民众的理解和拥戴了。因此,西方公共关系学界对这本《修辞学》评价很高,认为它称得上是一本最早探讨公关理论的专著。

古罗马统治者认识到公众舆论的重要性,十分重视民意的反映,为此古罗马的统治者还使用了制造舆论的工具,公元前59年恺撒办了世界上第一份报纸《每日记闻》,并运用报纸引导舆论。这份报纸使用了当时的大众化语言——拉丁语,主要面向具有阅读能力的人,为恺撒歌功颂德。据说,恺撒最后能在政治上获得成功,与那本载述他的战绩的纪实著作《高卢战记》是分不开的。《高卢战记》现在被称为史前第一流的公共关系著作。

古雅典统治者曾在民众大会中实施过一种特殊的投票法——贝壳放逐法。即每年初召开民众大会时,公民可将他们认为有可能危害民主政治的人的名字记在贝壳上,如某人票数过半,则被放逐国外。这无疑表明了统治者对民众舆论的重视。

古代基督教在全世界卓有成效的传播,也被认为是古代公共关系的又一典范。

总之,公共关系的渊源可以追溯到古代文明社会,但严格说起来这些都与现代公共关系有质的区别。前者带有浓厚的功利性要求,是自发性的产物;后者则源自社会运行的内在要求,可说是自觉性的产物。那些类似现代公共关系的思想和行为主能称之为“准公共关系”或“类公共关系”。

二、公共关系产生的社会历史条件

任何一种思想、职业或学科的诞生都离不开特定的社会历史条件,公共关系也不例外。

现代公共关系的产生是资本主义社会的基本矛盾以及政治、经济、科学技术等各种条件综合作用的结果,是社会发展到一定阶段的必然产物,是社会文明进步的必然结果。

1. 公共关系发展的政治前提

民主政治取代封建专制政治是公共关系发展的政治前提。相对于资本主义社会来说,奴隶社会和封建社会的统治者在政治上施行专制独裁或强权高压,从来不把被统治阶级作为平等的对象来看待。自资产阶级革命以来,民主观念逐渐深入人心。尽管资产阶级政府也是少数人统治多数人,也存在其虚伪性和欺骗性的一面,但它对于封建专制却是深刻的历史进步。资产阶级民主政治的建立,把政府的合法性奠定在公民认可的基础上,从而迫使统治者不得不注重自己的施政方针能否被公众信任和支持。为此,政府和社会组织必须及时了解舆论民意,据此制定或调整自己的内外政策,并通过各种途径向公众宣传解释政策,争取公众的理解和支持。

2. 公共关系发展的现实土壤

商品经济的高度发展为公共关系的发展提供了现实的土壤。商品经济作为一个历史范畴,它是在社会分工和生产资料归不同所有者所有的经济条件下产生并发展起来的。社会分工,使生产者彼此都为他人、为社会而进行生产;生产资料归不同所有者所有,又使生产者只能通过产品的互相交换才能得到他人的产品。在商品经济条件下,整个生产活动都是社会化的,人们生产的产品主要用来交换以实现其价值。市场交换实现后,人们的产品和劳动才能得到社会的承认。

商品交换关系的通畅与稳定,对于一个社会组织而言生死攸关。客观上要求有良好的社会关系和条件来保护或改善这种关系。公共关系由此应运而生,为各种组织在与公众的沟通交流中建立相互信任、相互合作的良好关系。随着商品经济的发展,商品流通和交换由卖方市场向买方市场转变。为了适应这种变化,社会组织需要一种良好的公共关系作为保障,最大限度地争取广大消费者和公众的理解和支持。商品经济的高速发展,使供给大大丰富,竞争日趋激烈,社会组织需要通过公共关系在公众当中树立自己良好的形象。市场竞争越激烈,公共关系也就越重要。所以说,公共关系的产生和发展有赖于商品经济的高度发展,商品经济的进一步发展也同样需要公共关系作保障。

3. 公共关系发展的技术手段

传播手段和通讯技术的进步为大规模开展公共关系提供了技术手段。在农业社会中,生产规模极其狭小,人们几乎处在一种与世隔绝的自然状态中,并且落后的自然经济不要求人与人之间的相互沟通和联系。而在工业社会中,商品经济日益发展,科学技术日新月异,交通运输和信息传播手段也都飞速发展。从火车、汽车到飞机、人造卫星,从报纸、杂志到广播、电视,人们相互之间有着广泛的社会交往和经济交往。于是,社会组织开始运用现代化的传播手段通过对内协调、对外宣传,扩大组织的社会影响,提高组织的知名度和美誉度,完善组织在公众心目中的形象,为组织的生存和发展创造良好的舆论环境和社会环境。

三、公共关系的发展与传播

现代公共关系的发展可以分为三个阶段。第一阶段,我们称之为公共关系前史,美国在 18 世纪末已经出现了早期公共关系活动,主要是出于政治上的需要,并首先在许多重大的政治事件中应用。到 19 世纪 30 年代,报业在美国有了迅速的发展,公共关系的发展步伐也随之加快了。第二阶段是现代公共关系产生的阶段,在这一阶段,公共关系活动作为一种新职业在美国兴起,公共关系形成了系统的理论和完整的学科。第三阶段,公共关系飞速发展,并开始在全世界范围普及。

1787—1788年,亚历山大·汉密尔顿、詹姆斯·麦迪逊和约翰·杰伊等人为了争取宪法获得批准,曾发动了一场大规模的宣传活动,他们采取向报社写公开信和演讲等形式,向美国民众宣传宪法法案,要求美国民众接受宪法。他们的工作对社会舆论起到了很大的影响,并最终使宪法获得美国民众的接受和美国国会的批准。美国历史学家称这些宣传活动是"历史上最杰出的公共关系工作",汉密尔顿的工作则成为"良好公共关系的典范"。

随着美国政治民主化的发展,公众开始拥有选举权,公众的政治兴趣迅速提高,新闻界的作用也日益明显,能否取得公众舆论的支持,成为总统竞选成败的关键。1828年总统候选人杰克逊改变了早期总统选举的方式,以个人的英雄形象和平等态度取得了社会各界尤其是普通百姓的支持而获得选举的胜利。从此,全国规模的竞选活动产生,并促使了有组织的公共关系活动的出现。

随着蒸汽机开始广泛地应用于印刷行业,报纸的成本大幅度下降,报业得到迅速的发展。1833年9月,本杰明·戴伊首先创办了第一张面向人民大众的通俗化报纸《纽约太阳报》,从而掀起了一场"便士报运动"。此后,以普通老百姓为读者的通俗化报纸如雨后春笋般诞生,这是美国报业发展史上最具有重要意义的时期。由于"便士报"价格低廉,因此发行量迅速增长。一些社会组织为了宣传自己,不惜编造谎言、怪诞故事,为扩大自己的影响做夸大和虚伪的宣传。而报刊则为了迎合读者的心理,扩大发行量,也乐于采用这样的宣传。这个时期,各种组织以及报刊不择手段地为自己或自己代表的组织进行吹嘘、欺骗、制造"神话",全然不顾公众的利益,不顾职业道德,而是以愚弄公众为特点,完全违背现代公共关系宗旨,是公共关系史上不光彩的一页,这一时期被称为"公众被愚弄的时期"和"公共关系的黑暗时期"。但这个时期的报刊宣传活动也促进了传播业的发展和现代公共关系的出现。

1882年,美国律师多尔曼·伊顿在耶鲁大学首次使用了"公共关系"这一概念。1897年,美国铁路协会编的《铁路文献年鉴》也正式使用了"公共关系"这一名词。

19世纪末,美国商品经济以惊人的速度发展,生产的社会化程度大大提高,资本不断集聚并走向集中。垄断资本形成过程中的无情竞争,使整个社会的人际关系发生变化。当时美国约1%的人口占据了54%的财富。资本家无视工人和社会利益,如美国十大财团之一的杜邦公司,是依靠生产和销售炸药等战争武器发财起家的,由于当时生产工艺落后,经常发生爆炸事故,造成人身伤亡,人们称其为"杀人工厂"。这种现象很多,引起社会公众舆论的强烈不满。于是美国新闻界乘机掀起了一场"揭丑运动",又称"扒粪"运动。记者中出现了一批自诩为"扒粪斗士"的人,他们搜集工商寡头的丑行,用新闻、漫画揭露和抨击其不法行为。资本家这些不道德行为被揭露后,更加激起公众、社会舆论的谴责,企业与公众之间的矛盾更加尖锐。垄断资本家想用高额的广告费用来收买新闻界,但没有起到任何效果,于是,资本家又采用给高额酬金的方法,请新闻代理人为他们宣传,但新闻代理人写的都是隐瞒欺骗的文章,结果反而弄巧成拙。这时自由资本主义已经走向垄断资本主义,事实上就是以生产为中心走向以市场为中心。所以这些工商寡头面对社会舆论,开始认识到企业经营除了资金、设备、人力之外,还需要有一个良好的声誉和形象,改善企业与公众关系是企业生存的关键所在。于是,他们纷纷求助于新闻界,试图利用媒介力量与公众建立良好关系,宣传企业形象。就这样,一种新的既能代表公众利益,又能沟通企业与公众之间联系并从中获取劳务费的公关职业诞生了。

1903 年,美国《纽约时报》的记者艾维·李在纽约创立了世界上第一家"宣传顾问事务所",专门为企业提供传播与宣传服务,协助客户建立和维持与公众的联系。这标志着现代公共关系的诞生。

艾维·李因第一个向客户提供公共关系劳务并收取费用而成为开创公共关系行业的先驱,使公共关系工作在社会上产生了极大影响并获得承认,而且促成公共关系正式成为一门职业。正是由于艾维·李开创性的贡献,他被后人称为"现代公共关系之父"。

继艾维·李之后在美国早期公共关系活动中有重大贡献的是爱德华·伯尼斯。伯尼斯更注重公共关系的理论研究,并努力使之形成一个独立的学科体系。1923 年,爱德华·伯尼斯开始在纽约大学讲授"公共关系",成为在大学讲授公共关系的第一人。同年,他在实践基础上出版了第一本公关著作——《公众舆论的形成》。1952 年,他编撰了教材《公共关系学》,该书从理论上对 20 世纪美国的公共关系实践进行了概括与总结,并使之成果化。其公共关系思想对后来者有较大影响,并为之成为一门独立而又系统的学科奠定了基础。由此人们也将其视为公共关系先驱者之一。

自艾维·李创办第一家公共关系咨询事务所之后,公共关系事业开始在美国社会各行各业之中蓬勃发展起来。

20 世纪 20 年代末、30 年代初,随着商品经济的发展,卖方市场逐渐向买方市场转变,社会公众对商品有了更大的选择余地,以消费者为导向的市场观念日益为企业界所重视。企业的生存与发展有赖于良好的公众关系与社会舆论,企业的社会形象与社会声誉已经成为获取利润、推动企业发展的重要保证。在这种情况下,公共关系得到了飞速的发展。

1937 年,美国公关咨询公司 250 家,1960 年增至 1350 家,1983 年美国各公共关系公司有 2000 多家,业务遍及政治、经济、文化、科学等各个领域。据美国《企业周刊》统计:当今美国最热门的 25 个行业中,就有 8 个与公共关系有关。

各国的公共关系协会相继成立。1939 年,美国全国真实宣传者协会成立(1944 年改名为全国公共关系理事协会)。1939 年,美国公共关系理事会(ACPR)成立。1948 年美国公共关系理事会和全国公共关系理事协会合并,在纽约成立了美国公共关系协会(PRSA),哈罗德博士担任主席。1948 年,英国公共关系协会(IPR)在伦敦成立。1955 年,法国公共关系协会成立。1955 年,国际公共关系协会正式成立,总部设在瑞士日内瓦,标志着公关关系作为一种世界性的行业而独立存在了。

公共关系教育事业在同时期也得到长足的发展。1937 年美国斯坦福大学开设公共关系课程。1947 年,波士顿大学开办了第一所公共关系学院,并开始颁发公共关系学士和硕士学位。1955 年,美国有 28 所大学设置了公共关系专业,66 所大学开始公共关系课程,到 1970 年,分别达到 100 所和 300 所。1978 年,全美国已有 292 所大学开设公共关系课程,其中 10 所大学设有博士点,23 所大学设有它的硕士点,公共关系已经发展成为一门成熟的学科。

如今,公共关系无论是作为产业,还是作为学科,都已扩展到世界各主要国家和地区,其势头至今方兴未艾。有人预计,在未来的年代中,国际公共关系业将是发展最快的产业之一。

公共关系传入我国较晚。20 世纪 60 年代,台湾、香港经济迅速发展,美国、日本、西欧国家的一些跨国公司在我国台湾、香港地区设立子公司,这些子公司按照公司模式设立了公关部,公共关系开始流行。到了 20 世纪 80 年代,几乎所有的新闻传播机构、企业都设置了公关部。

1979 年,设置了深圳、珠海、汕头三个经济特区,出现一批合资企业。1981 年,一些中外合资企业中,设立了公关部,开展公关工作,聘请海外公关人员主持工作。1984 年 4 月 28 日,北京长城饭店在其美籍公关部经理的策划下,把美国总统访华的答谢宴从人民大会堂的宴会厅搬到了刚刚开业的北京长城饭店。来自全世界各地的 500 余名记者把里根连同长城饭店一起推销到了世界的每一个角落。1984 年,广州、佛山、北京等地合资企业也设立公关机构,开展公关活动。同年,广州的白云山制药厂率先挂出了国内第一块国有企业公共关系部的招牌。白云山制药厂的声名也随着其赞助的足球赛事和收购的歌舞团的南征北战而威名四播。许多国营、集体企业纷纷效仿。

1984 年,全球最早成立(1927 年)的世界第二大公关公司伟达公关(Hill & Knowlton) 在北京设立了办事处。该公司亚洲地区经理认为在中国首都没有公共关系机构是不可想像的。1985 年 8 月,世界上最大的公共关系公司——博雅公司与中国新闻发展公司达成一项协议,共同为在中国从事外贸的外国机构提供公关服务。后来,中国新闻发展公司于 1986 年 8 月在北京成立了大陆第一家公关公司——中国环球公共关系公司。自此以后,各类专业公关公司已达数百家。1991 年,伟达公关受中国政府所聘,负责在美国国会游说,争取美国给予中国最惠国待遇,成为第一家服务中国政府的外国公关公司。

1999 年 5 月国家劳动和社会保障部正式出版发行了《国家职业分类大典》(简称《职业大典》),公共关系正式列入《职业大典》之中。这标志着国家已正式承认公共关系这一行业。1999 年 9 月国家劳动和社会保障部出版《公关员职业培训与鉴定教材》,2000 年开展公关员的培训与考核工作。2000 年 12 月 3 日,首届全国公关员职业资格统一考试进行,24 个省、市、自治区的近 7000 人参加了初、中、高三个等级的公关员职业资格鉴定考试。公关作为一个专门职业被社会认可,公共关系也成为一个求职热点。

人事部将公关人员列入"高级经济师电脑测评系统"与决策人员、管理人员、营销人员并列为四个子系统。

公共关系作为一门新兴的学科,也受到我国教育界的重视。1985 年 9 月,深圳大学首先设立了公共关系专业,开设公关的必修和选修课程。从此公关进入高等学府的讲堂。到 1987 年,国家教委正式把公共关系列入行政管理、工业经济、新闻学等专业的必修课。1994 年中山大学开设公共关系本科,杭州大学开设公关策划方向的本科教育。1986 年 11 月,中国社科院新闻研究所公关课题组编著的我国大陆第一部公共关系专著《公共关系学概论》由科学普及出版社出版。目前,中国的公关教育教育已经正式走向正规化、系统化、多层次化。全国至少有 20 所大学设立了公共关系专业,已有 300 所大学开设了公共关系课程。不仅有较高层次的"公共关系"本、专科教育和研究公共关系方向的硕士、博士教育,也有成人、夜大、函授等自学考试形式。各种层次的公共关系教育为中国培养了大批公关人才,为中国公关事业的发展奠定了基础。

随着公共关系在中国大陆的迅速传播和普及,各种类型的公关组织纷纷成立。1986 年 11 月 6 日我国内地第一个公共关系协会——上海公关协会成立。1987 年 6 月,中国公关协会在北京成立;同年 8 月,浙江省公关协会成立,并创办了全国第一份公关专业报纸《公共关系报》。1989 年 1 月,全国第一家公开发行的公关杂志《公共关系》创刊;1989 年 4 月《公共关系导报》公开发行;1989 年 9 月《中国公共关系职业道德准则》在全国第二届公关组织联席会议上通过草案。1991年4月26日,中国国际公关协会在北京成立,前任美国大使钱泽民任会长,并提出了"让世界了解中国,让中国走向世界"的宗旨和"知道、协调、服务、监督"的工作方针。1993年起,由中国国际公关协会主办了中国最佳公共关系案例大赛,每两年举行一届,至今已举办了五届。2002年,中国申奥成功、国足出线、入世成功使该年度成为了世界的中国公关年。2003年的公关最高奖项"环球杯"授给了北京2008奥运会申办委员会;2003年,嘉利公关收购本土品牌博能公关,中国本土公关第一并购案诞生。中国公关业进入了一个新的整合时代。

公共关系自传入中国以来,走过了风风雨雨,有过成功,也有过低潮,还存在一些问题和不足,但中国公共关系得到了迅速的发展。成绩斐然,无论是理论研究、公关实务,还是公关教育,都令世界刮目相看。随着我国加入WTO和经济体制改革的深化,我们有理由相信:公共关系在我国必将进入一个更高的发展阶段。

第二节 阅读资料

一、愚弄公众的巴纳姆

费尼斯·巴纳姆(Phines Barnum,1810—1891)是一家马戏团的老板,以制造和杜撰"神话"而闻名于世。他所处的时代是公共关系的重要演变时期,其影响至今依然存在。巴纳姆最典型的宣传是制造了这样一个神话:马戏团有一名叫海斯的黑人女奴,在100年前曾经抚养过美国第一任总统乔治·华盛顿。这一消息发表后引起了轰动。巴纳姆乘机以各种笔名向报社寄去表明不同看法的"读者来信",引起一场争论,以使这一事件的影响越来越大。巴纳姆认为,只要报纸没有把他的名字拼错,随便怎么说也无妨。于是很多人抱着好奇心纷纷到马戏团要看个究竟,使马戏团票房收入猛增。海斯死后,尸体解剖表明,她才活了80多岁,根本不像巴纳姆宣传的那样活了160多岁,也根本不可能抚养过美国第一任总统华盛顿,可巴纳姆却宣称,他本人也是受骗者。实际上巴纳姆早已从这场他策划的争论中得到了好处。此外,巴纳姆还将马戏团的一个侏儒吹嘘成汤姆将军,说他当年曾率领一群小矮人,赶着矮种马拉的马车去拜见维多利亚女皇。如此等等,不一而足。巴纳姆恪守的信条是"公众要被愚弄"、"凡是宣传皆是好事"。凭着巴纳姆制造假新闻的能力,巴纳姆的马戏团一直是美国生意最好的马戏团。后来,巴纳姆的做法开始受到谴责,而巴纳姆时期也被后人称为黑暗的"公众受愚弄时期"。

(选自夏年喜编著:《世界上最迷人的公关大师》,工商出版社)

点评

巴纳姆是公共关系史上一个倍受争议的人物,以他为代表的时期被称为"公共关系的黑暗时期",这一时期报刊宣传活动有两个致命的弱点:一是宣传全然不顾公众利益;二是不择手段为自己编造神话,以欺骗的方式吸引公众。但这个时期,媒介受到广泛关注,促进了传播业的发展,为公共关系的出现提供了基础。

二、现代公关之父——艾维·李

艾维·李(Ivy‑Lee,1877—1934)生长在美国乔治亚洲的一个牧师家庭,大学毕业后曾在《华尔街日报》、《纽约日报》等几家报纸、杂志社任记者和编辑。1903年艾维·李创办了第一家公共关系事务所——"宣传顾问事务所",专门为企业提供传播与宣传服务,协助客户建立和维持与公众的联系,标志着现代公共关系的诞生。

艾维·李声称其工作是公开进行的,目的是提供新闻。首先,他经常向报社提供免费的新闻公报,并总是在公报后标明作者或他所代表的组织名称。这种做法使他在新闻界与公众中获得了好评。同时,他还反复向其客户灌输如下信条:凡是有益于公众的事业,最终必将有益于企业或组织。其次,艾维·李认为企业与公众关系紧张的主要原因是双方缺乏沟通,因而无法建立理解、同情和相互支持的关系,与以前的欺骗手段相反,他的指导思想是"说真话"、"公众必须被告知",认为只有企业或公司将本身的真情实况告诉公众方能赢得好声誉。如果披露真相对自身生存发展不利,那就应及时调整或改变自身的行为。

艾维·李事务所的第一个客户是深受"扒粪运动"之苦的洛克菲勒集团。当时洛克菲勒被人称为"强盗之王",企业内外的公众都怨恨他,罢工运动更使他一筹莫展。洛克菲勒向艾维咨询,要求改变"强盗大王"的形象,平息工人罢工的怒潮。艾维提出的措施是:聘请社会上有名望的劳资关系专家来核实与确定导致这次事故的具体原因,并公布于众,同时请一位工人领袖参与和解这次劳资纠纷。另一方面,他建议洛克菲勒向慈善事业捐款,增加工资,方便儿童度假,救济贫困。其后,洛克菲勒果然摆脱了窘境,改变了形象。事后,洛克菲勒说:"在科罗拉多州的大罢工中,艾维扮演了一个十分成功的角色,为洛克菲勒家族的历史增添了十分重要的一页。"艾维·李因此名声大噪,美国电话电报公司、铁路公司等企业也纷纷聘请他充任公关代理人。

宾夕法尼亚州铁路公司请艾维·李处理一次事故。在处理重大事件时,按惯例,本应对报界封锁一切消息,但艾维·李的做法正好相反。他请来了许多新闻记者参观事故现场,并且支付经费,还成立了新闻发布中心,报道事故过程,提供信息,协助收集有关事故的材料,公开事故真相,为受伤人员支付医疗费,向遇难者家属提供赔偿,向社会各方公开道歉。就在这时,纽约铁路公司也发生了一起事故,但其管理者却拒绝向报界透露消息。两种截然不同的处理方式形成鲜明对比。结果,宾夕法尼亚州铁路事故的处理方式大受欢迎,艾维·李的名声也由此大振。

1906年,艾维向新闻界发布了具有里程碑性质的《原则宣言》,在宣言中他写道:"这不是一个秘密的新闻机构,我们所做的一切都是公开的,我们旨在提供新闻。这也不是一个事务所,如果你认为我们的新闻只应该专门适合进入你的办公室,请别找我们。我们的新闻是准确的,我们对任何课题都迅速提供更为详尽的材料……简而言之,我们的计划是坦白和公开地代表企业单位及公众组织,对与公众有影响且为公众乐闻的课题向报界及公众提供迅速而准确的信息。"艾维所提出的这一处理公共关系的"公开管理原则",现在已成为人们开展公共关系活动的基本原则。

艾维·李依靠自己的努力,使公共关系工作在社会上产生了极大影响并获得承认,而且促成公关正式成为一门职业,其开创之功不可没。正是由于他开创性的贡献,艾维·李被后人称为"现代公共关系之父"。

点评

艾维·李因第一个向客户提供公共关系劳务并收取费用而成为开创公共关系行业的先驱,他将"公共利益与诚实"的基本原则带进了公共关系领域,使公共关系从对现实问题的探讨,提高到探求规律性的原则和方法,从单纯的经验性活动上升为一门现代管理科学,从而大大推进了公共关系理论与实务的发展。

三、理论家爱德华·伯尼斯

爱德华·伯尼斯(Edward Bernays)1891年出生于奥地利,次年随父母移居美国。相对艾维·李来说,他更注重公共关系的理论研究,并努力使之形成一个独立的科学体系。这一点据说是受其舅父影响,其舅父是著名的奥地利心理学家弗洛伊德。

1913年,伯尼斯被聘为美国福特汽车公司的公关部经理。他为该公司筹划并实施了一系列旨在发展公众的福利及社会服务的计划,大大提高了该公司在公众及社会中的影响,为促进福特公司的发展起了重大作用。1923年,他在实践基础上撰写了《公众舆论的形成》,这是有史以来的第一部公关著作。第一次世界大战爆发后,伯尼斯参加了"美国公共信息委员会",其具体工作是向国外的新闻界提供有关美国参战情况的背景及解释性材料。

战后,伯尼斯主要从事公共关系的理论研究及教学。1923年,他在纽约大学首次开设并主讲公关课程。1952年,他编撰了教材《公共关系学》,该书从理论上对 20 世纪美国的公共关系实践进行了概括与总结,并使之成果化。其公共关系思想对后来者有较大影响。

关于公关的信条,伯尼斯认为企业不仅要为社会及公众所了解,更重要的是必须获得公众的谅解与合作。并进而认为,企业只有获得公众的谅解与合作,方能得到稳定而持续的发展,不会被意外的打击击溃。

关于公共关系具体做法的策略,他的立足点是"投公众所好"。他主张,一个企业或组织在决策之前,应首先了解公众爱好什么,对企业有什么要求或期望,在确定公众价值取向与态度之后,再有目的地着手宣传工作,以迎合公众要求。

点评

伯尼斯正式将原先从属于新闻界的公共关系分离开来,为使之成为一门独立而又系统的学科奠定了基础;而且,他将 1897 年美国《铁路文献年鉴》中出现的"公共关系"一词与艾维·李的公关思想结合在一起,使这一词首次有了科学涵义,并很快流行开来。由此人们也很自然地将其视为公共关系先驱者之一。

四、博雅公司经典案例赏析

在世界众多公关公司中,美国的博雅公司是最具规模和最有影响的。博雅公关公司在全球有 1700 多名雇员。1985 年前后,它花费约 2000 万美元击败了几个竞争对手后而一跃成为世界头号公司,被称为"公关王国里的巨人"。

博雅公司拥有 8500 万美元的账单,在世界各地有 40 多个办事处,它所开展的各种公关业务活动遍及世界各地,其年收入达 1.4 亿美元。

博雅公司不但在西方各国开展业务,而且与发展中国家也有不少业务往来。例如,20 世纪 70 年代,罗马尼亚政府就成了该公司的大主顾,它委托该公司采取一切可能的公关手段帮助罗马尼亚增加对美国市场出口,并促使美国能通过决议,给予罗马尼亚最惠国待遇。在这笔业务中,博雅公司采取了两个成功的公关步骤:①帮助罗马尼亚制造厂商选好打入美国市场的突破口。具体做法是:让罗马尼亚的厂商了解美国消费者所偏爱的主要商品及其性能,并根据自己的实际选择和生产那些在美国市场上有潜力的产品。例如,该公司组织了一批美国第一流时装专家到罗马尼亚举办讲座,向有关厂商介绍美国时装的最新款式和质量标准。公司还在罗马尼亚举办了美国酒类展销会,让罗马尼亚的酒类厂商了解美国人对酒的品种和质量的要求。②帮助美国公司更多地了解罗马尼亚以及它的企业产品。例如,博雅公司争取了一家大公司的帮助,举办了一个"罗马尼亚周"展览会,专卖罗马尼亚的产品。公司还精心安排,在美国一个收视率很高的电视节目"TODAY"中,连续播出了一星期有关罗马尼亚的报道。结果在博雅公司的大力协助下,罗马尼亚政府较顺利地实现了预定目标。

博雅公司另一个引以为豪的公关活动是"奥林匹克火炬接力"。这个活动是博雅与美国电话电报公司共同举办的,原计划花费 500 万美元和一年半时间。博雅和该公司并肩工作,通力合作,共用了 500 个人使接力连续不断,接力进行了 82 天,全程 9000 英里,33 万多人看到了火炬。

　　　　　　　(选自夏年喜编著:《世界最迷人的公关大师》,工商出版社)

点评

公共关系是一门艺术,是一种需要智慧、组织艺术和集体精神的艺术。同时,它又非常严谨,一个公共关系活动的操作,每一步都是经过科学的分析之后得出的。成功的公共关系不仅能解决企业的各种问题,对后来者而言,案例的赏析也是一种享受。

第三节　案例与实践

【案例讨论】

专供高级知识分子阅读

一、案例

某图书馆管理员一天对馆长说:"馆长,这些书从来没有人借阅。"

馆长说:"这好办。把这些书集中起来,放到一个地位居中的书架上,并贴上醒目的纸条,上写:专供高级知识分子阅读。"

果然,这些书很快就被借光了。

二、问题与讨论

1. 案例中的行为是根据公关史上哪位人物的思想而进行的? 为什么?

2. 如果不按照案例中的做法,如何使图书被人借阅?

三、步骤

1. 分组讨论,时间为 20 分钟;

2. 选出三个代表不同人物思想的学生上台辩论,时间 15 分钟;

3. 老师总结 10 分钟。

【模拟操作】

我为我们自豪

一、案例

中国大酒店是广州市的涉外饭店。平时,他们就很注意培养员工的主人翁意识。中国大酒店内部公关工作中,有一个奇妙的构思,曾经得到多种公关报刊的介绍。在酒店员工手中，人人都拥有一张特殊的明信片，背面是一张全体员工的全家福。由70名员工组成，其中一部分员工头戴白帽、身穿白色工作制服，构成一个醒目的"中"字，在这个"中"字周边，身着红、绿、青、褐色制服的员工，构成背景，依傍和衬托着"中"字。

这张由70名员工组成的全家福，是中国大酒店开业庆典一周年时由公关部策划的。其目的就是激发员工的自豪感与集体感。同时，广为散发的明信片，也发布着这样的信息：中国大酒店是个团结的集体。

二、步骤

1. 全班同学分别设计能代表班级形象的文字或图案。

2. 将设计好的图案或文字粘贴在班级墙上，请同学们投票选出最能代表班级形象的图案或文字。

3. 当选的设计者负责组织全班同学按图案或文字列队并拍摄照片，有条件的可制成明信片。

三、目的

1. 体会公共关系活动的严谨性。

2. 增强团队凝聚力。

【角色扮演】

尼克松说："这是公关的失误。"

一、背景

1972年，美国爆出一个"水门事件"。传说，总统尼克松唆使手下对自己的政敌采用了耸人听闻的非法窃听手段。一时间，舆论哗然，包括《华盛顿邮报》在内的大小报纸纷纷登载与此有关的各种新闻。

白宫对此表示沉默，尼克松对他的两位高级助手说："我们对此少说为妙，传闻自会过去，不必为此忧虑。"

白宫的做法更引起人们对"水门事件"的强烈关注，《华盛顿邮报》的两位记者对此更是紧追不放，促使新闻媒介一致呼吁停止拒绝调查。白宫则开始了一系列拒绝调查、掩盖真相的活动：

——尼克松命令助手开列了一份记者中反政府人士的"敌对分子名单"。他认为，直接盯住这些特殊的人，就能瓦解他们揭开"水门事件"真相的团结努力。

——1973年初，参议院"水门事件"调查委员会请总统和他的助手出门接受调查，但尼克松政府用"行政特权"拒绝了委员会的调查，而这个委员会起着影响全国新闻报道的关键作用。

——在"水门事件"大陪审团和联邦调查局中，尼克松政府采取各种掩盖事实真相的做法,如作伪证、用巨额金钱收买被告等,并以"国家安全"为由进行自我辩护。

——1973年7月,最高法院作出决定,要尼克松交出他在办公室谈话的所有秘密录音带中可能有关于"水门事件"的证据。然而,尼克松再次拒绝了。10月,首席检查长理森迫于尼克松的压力辞职,副检察长拉克尔肖斯和特别检查官考克斯则被免职,这被人戏称为"周末夜残杀"。至此,"水门事件"重新燃烧起来。

1974年7月末,尼克松因"妨碍司法程序、滥用职权以及因不肯交出秘密录音带犯了藐视国会罪"被弹劾。8月8日,尼克松宣布辞职,第二天生效。于是,尼克松成了美国历史上第一位辞职的总统。

——尼克松在下台后,曾沉痛地总结了教训:"这是公共关系的失误。"

二、目的

1. 充分理解艾维·李的:"公众必须被告知"。

2. 学习公关人员或公众人物如何面对媒体。

三、步骤

1. 同学们可自由组合成若干组,分别策划应对策略。

2. 每一组选派一名代表上台扮演尼克松,发表演讲。演讲结束后回答其他组的提问。

3. 表演结束后,请全班同学评分。

裁评表如下:

项目 ＼ 得分	非常好	好	一般	差
策略策划				
演讲水平与效果				
回答技巧				

第三章　公共关系主体

第一节　基础理论知识

公共关系由三个要素构成,即公共关系主体要素、公共关系客体要素和连接主体要素与客体要素的中介要素构成。公共关系的主体要素是社会组织,客体要素是社会公众,中介要素是传播沟通。本章阐述的是公共关系的主体。

一、公共关系主体

(一)公共关系主体的概念

公共关系主体即社会组织。社会组织是按照一定的宗旨和系统建立起来的,为履行一定的社会职能、完成既定的社会目标而构成的一个独立的社会机构。社会组织在公共关系中处于主导地位,它决定着公共关系活动目标的实现、功能的发挥、活动的状态及发展的方向。从一般意义上说,社会组织是公共关系的主体,但在特定的时空范围内,一个组织相对也可以成为另一个社会组织的公众,即公共关系的对象。狭义的公共关系主体主要是指专门执行公共关系职能的公共关系机构及人员。社会组织作为公共关系的主体,是公共关系活动的出发点和归宿,在公共关系活动中,始终起着决定性作用。

(二)公共关系主体的类型

社会组织有多样性,因标准不同划分的类型也不同。在我国,根据具体属性的不同,可把社会组织划分为经济组织、政治组织、文化组织、教育组织、群众组织、宗教组织等。按行业和性质的不同,可划分为学校、军队、企业等。按获利与否可划分为营利性组织和非营利性组织。

从公共关系的角度对社会组织进行分类,主要有以下几种类型。

1.公益性组织

这类组织是以国家和社会整体利益为目标的社会组织,其公众对象是社会各界。如政府部门、军队、公共安全机关、检察机关、消防队等。

2.互益性组织

这类组织重视内部成员的利益和共同目标,重视内部成员对本组织自身的凝聚力和归属感,重视组织系统内部的沟通。如各种党派团体、职业团体、群众社团组织、宗教组织等。

3.营利性组织

这类组织以营利为目的,即以其所有者、经营者的利益为目标,通过公关活动加强与其所有者以及对其经营成败有决定性影响的公众建立良好关系来塑造良好的组织形象,增强竞争实力,增加经济效益。如工商企业、金融机构、旅游服务行业等组织。

4.服务性组织

这类组织以其特定的服务对象的需要为目标,追求社会效益,必须与其资助者、协助者保持稳定的良好关系。如学校、医院、慈善机构、社会福利机构等非营利组织。

(三)公共关系主体的特征

1.具有一定数量和相对稳定的人员队伍

作为公共关系主体的社会组织,必须有专门的从业人员,其内部成员与组织是密不可分的整体,要保持组织目标的实现,其人员的数量和质量是依据组织的目标、任务来确定的。这支人员队伍要相对稳定,其素质能适应组织实现其目标的实际需要,才能保障组织的各项工作顺利开展。

2.具有明确的组织目标

作为社会组织,其成员和部门是在共同目标基础上结合起来的,明确的组织目标是构成该组织的核心要素,这个要素要为全体成员所接受,全体成员才会齐心协力为完成目标而努力工作。

3.具有实现目标的结构

社会组织的内部结构是由明确规定的内部各部门的组合构成,它依据既定工作目标的需要设置并具体规定了各内部机构成员的分工和权力的分配,使每个内部机构有特定的工作目标,并为实现组织的总体目标服务。

4.具有实现目标的手段

在明确组织内部机构的设置和人员安排之后,还必须为实现其总体工作目标而制定一整套的管理办法,来达到控制、协调内部各机构的工作为统一目标的实现而共同努力的目的。如制定相应的章程、规章、制度、管理办法、行为规范等。这是为实现社会组织的既定目标服务的必要手段。

5.具有实现目标的功能

社会组织要实现其既定目标,需要必要的管理手段作保障,同时还必须依靠内部机构的协调运转,充分发挥各部门的功能,来确保总目标的实现。

作为公共关系主体,一切行为都应为实现自身的总体目标服务,但把握时机很关键。1990年2月25日,美国总统布什偕夫人访华。事前,美国大使馆为配合这次访问,印发了宣传册《布什在中国》,其中有一幅照片,是布什1975年任美国驻中国联络处主任期间,与夫人巴巴拉在天安门广场上手扶自行车的合影。布什夫妇喜欢骑自行车是众所周知的事。当有人提出"可否送给布什天津产的飞鸽牌自行车"这个想法时,天津自行车厂很快就知晓,他们非常乐意予以实施。赠车仪式于2月25日下午5点多钟,在布什下榻的钓鱼台国宾馆举行。李鹏总理和夫人朱琳分别把一辆男式飞鸽车和一辆女式飞鸽车赠予布什夫妇。布什夫妇喜形于色,布什说:"我要把它带回去,在白宫的草坪上骑。"新闻记者将赠车仪式的每一个细节,作为接待布什来访的一个组成部分记录下来。前前后后,国内、外100多家报刊和电视台报道了赠车情景。不久,一些国外客商便专程来到天津自行车看样订货,仅法国一家客商一次就订购3万辆。国内一些经销商也应顾客要求,提出要进"巴巴拉"女车。事情到此还未结束,布什总统返美后,果然在白宫草坪上骑飞鸽车,美国新闻媒介又作了报道。就这样,天津自行车厂仅馈赠了两辆自行车,就做了一次全球性的大广告,并且取得了巨大的经济效益。

二、公共关系机构

(一)公共关系机构的概念

公共关系机构亦称公共关系组织,是指在现代社会中,为实现一定的公共关系目标而设立的专门从事公共关系工作的组织机构。

(二)公共关系机构的类型

从公共关系产生、发展的历史和现状看,可以将公共关系组织机构分为三类。一是组织内部设置的公共关系部、公关广告部等组织机构;二是社会上的公共关系公司、公共关系咨询公司和公共关系传播公司等经济实体;三是社会上的公共关系协会、公共关系学会和公共关系研究会等社会组织。

1.组织内部的公共关系机构

组织内部的公共关系机构是针对一定的目标,为开展组织的公关工作,由专职人员组成的专业职能机构。这个机构的名称通常叫公共关系部,也有的叫公共事务部、公共信息部、公关广告部、社会关系部等。名称不同,其工作职能基本一致,如采集信息、监测环境、策划形象、参谋决策、社会交往、协调关系等。

(1)公共关系部的地位

①信息情报部。公关部的首要职能就是采集信息、管理信息、传播信息,任何关系到组织生存、发展的信息都是公共关系机构搜集的对象。通过对这些信息的采集和整理,做到了解现状、预测趋势、适应变化。

②形象策划部。一个社会组织的整体形象对其社会的知名度、美誉度都会产生至关重要的作用和影响。公关部门可精心策划、多方征集方案,认真挑选最能展现组织实力、塑造组织形象并最易于被公众接受的方案予以实施。一个优秀的公共关系部就是组织的形象设计师。

③决策参谋部。公关部不是组织的最高决策层,是组织的"智囊团",也是领导的"左右手"。所以公关部要通过信息的采集、分析、整理,为最高决策层提供成套的可供选择的决策方案,辅助领导决策,当好决策参谋。

④宣传交际部。一个社会组织要想获得公众的了解和信任,享有很高的知名度和美誉度,除了塑造良好的形象外,还必须主动地向公众进行强有力的宣传。通过宣传,达到内强素质,外塑形象的目的。这样做必然会产生强烈的社会反响,才会吸引越来越多合作者。

一旦组织内外环境之间产生磨擦和纠纷,公关部就需要及时进行协调沟通。以维护组织的良好形象,保持在公众中的信誉。

(2)公共关系部的职能

①对组织整体形象的策划、调整、传播和评估。策划组织的整体形象,这是公关部一项长期的工作任务。在塑造组织形象的过程中,必须根据外部环境的变化来不断调整形象的策划手段和方法,并及时通过传播和沟通使公众认识、了解、接受这种调整,继续保障良好的信任和合作。同时也要不间断地定期对组织形象做出评估,以便不断完善组织形象,管理好组织的无形资产。

②通过日常工作来维护组织与内外公众的良好关系。公关部在日常工作中的具体职能是监测组织环境,为协调组织与环境(公众)的关系制定可供选择的行动方案,及时搜集各种意见并接待投诉;协助决策者权衡各种方案的利弊,并预测组织行为可能产生的社会影响;撰写组织活动所需的演讲稿和活动情况的新闻稿;同各种传播媒体保持密切联系;设计、筹划、监制组织开展活动需要的宣传品和馈赠品;注册互联网上本组织的域名,设计网络上的主页,管理电子信息;及时掌握竞争对手的公关活动;同政府部门、主管部门及业务往来单位保持良好关系;培训公关人员;同公关公司、公关社团等机构保持密切联系。这些日常工作做好了,既维护了组织与公众的良好关系,又树立了良好的组织形象。

③通过定期活动扩大组织的知名度来加强管理和信息传播。公关部可定期组织一些活动,如记者招待会,编辑、印刷组织的内部刊物,参加各种管理会议和

对外联络的会议,组织安排全体人员的娱乐活动,总结评价公关活动的效果等。这样做利于塑造组织形象,扩大组织的知名度,强化管理和信息传播。

④开展公共关系专题活动,加强情感联络,重在塑造形象。为塑造组织形象,必须加强同各界的交往,这既是感情投资,也是内求团结、外求发展的管理哲学。如组织策划各种大型庆典活动;筹划安排"制造新闻"活动;组织举办展览会;策划制作公关广告;协助专业人员拍摄有关活动的录像或影片;危机事件的处理;安排来宾参观访问;安排捐款赞助活动等。专题活动的开展,无疑会使组织的知名度和美誉度得到提高,组织的形象会更加深入人心。

(3)组建公共关系部的原则

组建公关部是组织内部机构构建的重要内容,应根据社会环境和自身需要统筹考虑。

①专业性原则。公关部是专门开展公关工作的组织机构,它的每一项工作都直接关系到组织的声誉。在公关机构工作内容专业化的同时,还要做到机构成员的专业化,即公关部的全体成员都必须有强烈的公关意识,受过一定的专业训练,具有一定的专业素质能力等。

②权责平衡原则。责任是权利的基础,权利是责任的保障。公关部从组建起,应该明确自己必须承担的责任,同时应具有在规定的范围内从事某项工作的权利。责任与权利相适应,工作才能正常进行。

③精简性原则。指在组织机构和规模符合公关工作需要的前提下,将人员减少到最低限度。精简的关键是精,即人员少而精,工作效率高,创新能力强,应变能力强。具体地说是公关部的人员数量与所承担的任务相适应,分工明确,职责具体,工作量足。

④协调性原则。公关部在工作中,为实现公关目标,不仅要靠本部门成员的积极努力,还要依靠其他部门的配合。公关部对内能够维系各职能部门关系的平衡,以增强组织的凝聚力,创造一个团结合作的内部环境。对外要做好联系沟通,即要协调好多方面的复杂关系,这是确保公关目标实现的必要条件。

⑤服务性原则。公关部必须明确自己机构服务的性质,既要为决策层服务,也要对决策层负责。公关部既为上层服务,也为基层服务;既为内部服务,也为外部服务。在决策方案实施中,了解公众对组织的评价,将原则贯穿其中。

⑥针对性原则。指组织内部的公关部的组建,不必采用一个固定模式,而要依据组织自身的性质和面对的公众来设置机构、安排人员。这样的机构,才能富有特色,做到人尽其才,保持活力,工作有实效。

(4)公共关系部的人员构成

公关部的工作人员是完成公关目标的关键。人员配置合理,就会保证工作

的实际效果与预期目标的一致性,从而给优秀人才发挥聪明才智创造良好氛围。主要应从以下几方面来考虑:

①知识结构。公关工作任务涉及范围广泛,这就要求从事公关工作的人员知识面要广。但客观上每个公关人员不可能都如此博学。所以,公关部的人员需要具备必要的专业知识,在此基础上形成知识优势的互补。

②智能结构。公关部的成员应是各种智能突出者,有的擅长人际交往,有的擅长动笔写作,有的擅长动脑策划,有的擅长实际操作,这样可以互相辅助、团结合作,使每个人的优势都有用武之地。

③素质结构。这里强调的是综合素质,既要注重能力素质、知识素质,还要考虑性格特征等综合情况。一个人如具备很出色的能力、很全面的知识,但缺乏团队精神,就很难适应公关工作的要求。公关部应该是一个完整而和谐的集体,既人尽其才,又能使这个集体发挥出个体无法单独发挥的作用。

④性别结构。指公关部成员的性别也应合理组合。不同性别适合与不同类型的人打交道,因为人的心理有许多微妙的因素。有些工作适合同性去做,有些工作可能异性去做效果会更好,因事因人而异。我们不赞成公关人员必须是漂亮女孩,男青年一样可以做公关先生,关键是人才本身的素质是否适合做公关工作。

⑤年龄结构。公关工作既需要朝气蓬勃的年轻人,也需要有一定经验的中年人,同样可以由经验丰富的老同志作后盾。年轻人创新能力较强,中年人可为中流砥柱,老同志可以提供许多有益的经验,所以形成合理比例的梯形年龄结构为宜。公关工作需要热情朝气,但并不是吃"青春饭"的行业。国外许多成功人士并不"青春",但他们的工作成绩却令人瞩目。

(5)公共关系部的种类

①专职的公共关系部。组织内部专门设置的公关部是与其他部门平行的机构,行使公共关系的职能。合资组织和旅游宾馆业多采用这种方式。

②一机构两牌子的公共关系部。组织内部设置的公关部有的依托于办公室,有的依托于广告部或开发部等,实际上对外挂两块牌子,在内是一套人马。一些组织在刚组建公关部时采用这种方式,待时机成熟后公关部再独立成一个部门。

③兼职的公共关系部。有些组织不单设公关部,而是把公关工作的内容分解到其他职能部门兼管,遇到较重任务的公关活动时在某个部门内指派专人去完成。也有的虽指派某个部门主管公关工作,但却不叫公关部,有的叫联络部、有的叫接待部,有的就是办公室负责,也不挂公关部的牌子。

(6)公共关系部的模式

我国组织的公关部的模式基本上都是脱胎于美国的公关模式,再结合自身条件而形成的,各组织的情况也不一样。有的组织的公关部人员少则两人,有的多达十几人,可谓各组织有各自的理解与标准。

①公共关系部的一般模式。从公共关系部的工作特点考虑,可分为按公共关系工作手段设置、按公共关系工作对象设置、按公共关系工作区域设置公共关系部三种类型。

按公共关系工作手段设置的技术公共关系型,如下图:

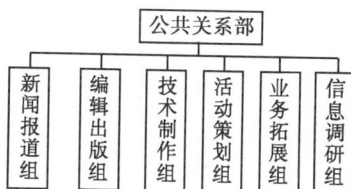

按公共关系工作对象设置的分类公共关系型,如下图:

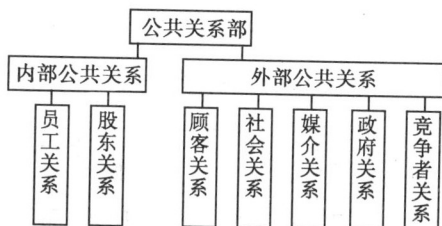

按公共关系工作区域设置的区域公共关系关系型,如下图:

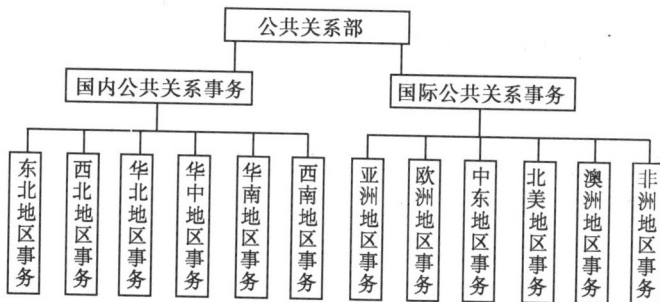

从公共关系部的隶属关系来考虑,可分为总经理直接负责型、部门并列型、部门所属型三种类型。

总经理直接负责型,如下图:

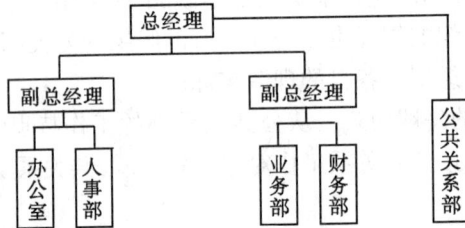

```
                        总经理
           ┌──────────────┼──────────────┐
        副总经理        副总经理       公共关系部
        ┌──┴──┐        ┌──┴──┐
      办公室  人事部   业务部  财务部
```

部门并列型,如下图:

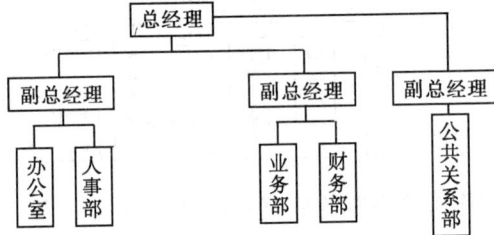

```
                        总经理
           ┌──────────────┼──────────────┐
        副总经理        副总经理        副总经理
        ┌──┴──┐        ┌──┴──┐          │
      办公室  人事部   业务部  财务部   公共关系部
```

部门所属型,如下图:

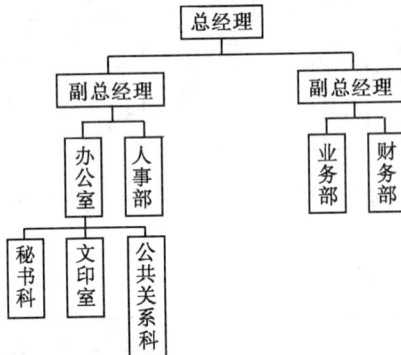

```
                   总经理
          ┌──────────┴──────────┐
       副总经理               副总经理
       ┌──┴──┐               ┌──┴──┐
     办公室  人事部          业务部  财务部
   ┌───┼───┐
 秘书科 文印室 公共关系科
```

上述三种类型中,总经理负责型被认为是比较理想的模式。一个组织单独设立公关部并接受总经理直接领导,显示了公关工作处于社会组织的中枢地位,使公关部具有权威性。部门并列型把公关部与其他部门并列,表明公关同其他职能部门一样有自己的专业工作内容。部门所属型的特点是将公关部归属于办公室之下,这种类型往往会给组织的公关工作带来局限性。

②按机构的规模分类:公共关系部可分为大、中、小三种类型。

大型公共关系部,如下图:

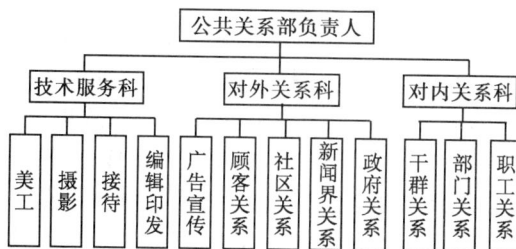

```
                    公共关系部负责人
        ┌──────────────┼──────────────┐
     技术服务科        对外关系科        对内关系科
   ┌──┬──┬──┬──┐  ┌──┬──┬──┬──┐  ┌──┬──┬──┐
   美  摄  接  编   广  顾  社  新   政   干  部  职
   工  影  待  辑   告  客  区  闻   府   群  门  工
             印   宣  关  关  界   关   关  关  关
             发   传  系  系  关   系   系  系  系
                            系
```

中型公共关系部,如下图:

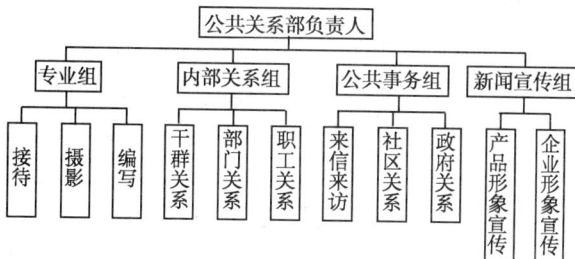

```
                 公共关系部负责人
        ┌─────────┬─────────┬─────────┐
      专业组    内部关系组   公共事务组  新闻宣传组
   ┌──┬──┬──┐ ┌──┬──┬──┐ ┌──┬──┬──┐ ┌──┬──┐
   接  摄  编  干  部  职  来  社  政  产  企
   待  影  写  群  门  工  信  区  府  品  业
            关  关  关  来  关  关  形  形
            系  系  系  访  系  系  象  象
                                  宣  宣
                                  传  传
```

小型公共关系部,如下图:

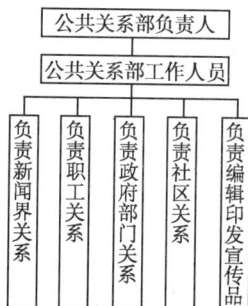

```
           公共关系部负责人
           公共关系部工作人员
      ┌────┬────┬────┬────┬────┐
      负    负    负    负    负
      责    责    责    责    责
      新    职    政    社    编
      闻    工    府    区    辑
      界    关    部    关    印
      关    系    门    系    发
      系         关         宣
                系         传
                          品
```

③公共关系部与其他部门的关系。在一个组织内,公关部的各项工作任务,只有得到其他部门的积极配合,才能实现公共关系目标。

公关部要进行职业教育,向员工普及公关知识,就必须取得人事部门、工会等部门的支持;公关部要向社会公众大力宣传组织的形象,提高组织的知名度和美誉度,就离不开广告部和宣传部的积极配合;公关部要实现公关计划,把策划的活动方案付诸实施,需要一定数额的经费,所以在编制公关经费预算时必须征求财务部的意见,取得他们的理解和支持。

总之,公关部与其他职能部门的关系是互相理解、互相支持、相互协作、相互促进的关系,这样才能实现公关目标。

(7)公共关系部的规模

一个组织的公共关系部规模的确立主要考虑以下因素:

①组织规模的大小。一个组织的规模越大,内部机构的设置相对越多,人员数量也会越多,相应的对外联系工作和协调工作的任务也会增加。这就要求有与组织规模相适应的公共关系机构来承担相应的工作任务。一些较大规模的组织一般可单独设立公共关系部,而小型企业可不单独设立公关机构,只需设专职的公关人员或由办公室部门的人员做兼职,也可聘请顾问来协助负责公关工作。

②组织的决策者对公共关系价值的认可度。推动公共关系的动力是组织的决策者,一个组织中公关部的地位和规模完全取决于决策者的公关意识。重视公关工作的领导会将公关工作摆在重要的位置并赋予其相应的权力。

③组织自身对公共关系的需要程度。各组织内部的机构设置不同、外部环境不同,本身对公关组织需求程度必然各不相同。如果组织迫切需要在公众中树立良好形象,组织对外部的公共关系就会引起足够重视,必然会加大投入力度。如果组织内部需要建立良好的人际关系,组织也会考虑加强公关部门的力量。所以组织本身对公关的需要程度也是组织确认公关部门规模的重要依据。

(8)公共关系部的内部分工

一般可分为对内关系、对外关系、专业技术制作三个方面。

对内关系主要是与员工之间的沟通和股东之间及各部门之间的协调与合作。公关部通过适当的手段和方法进行双向沟通,增强组织的凝聚力。

对外关系主要是指公关部要明确分工、专人负责与外部公众(对企业而言是顾客、用户)、社区、新闻媒介、政府部门的关系,还要注意处理好与竞争者的关系,通过公关工作不断巩固和促进这些关系的健康发展,为实现组织的总体目标服务。

专业技术制作如信息采集、新闻报道、编辑印刷、新闻发布、广告制作、文案策划、专题活动等,需要公关部根据内部成员的专业特长作具体分工,确保工作任务的圆满完成。

总之,组建公关部是保证组织公关活动顺利开展的需要,是保持组织的公关活动的连续性和系统性的需要,也是完成公关活动目标的需要。通过公关部成员的明确分工和实际努力,有利于组织塑造良好的社会形象。

2.公共关系公司

(1)公共关系公司的概念

公共关系公司是促进现代公共关系事业蓬勃发展的重要组织形式,它是由各具专长的公关专家组成,运用专门知识、技能和经验,受客户委托,专门从事公共关系活动和咨询的服务性机构。有的公关公司称为公共关系咨询公司或公共关系顾问公司。

（2）公共关系公司的特点

①客观性。公共关系公司与委托办理业务的社会组织之间没有直接利害关系，公关公司的工作人员不是客户的成员，不受客户单位的管辖，故公关人员对所遇到的问题能具体分析并客观评价。

②网络性。公共关系公司是长期从事公关工作的专门机构，同政府部门、新闻媒介、社会团体、工商企业之间有密切的联系，形成一套信息网络，可为客户提供所需信息，利于客户正确决策。

③经济性。大型组织本身多由内部的公关部门从事专门的公关活动，而中小型社会组织因其规模和人员所限，一般不设置单独的公关部门。需要开展一些专业性强、规模比较大的公关活动时，委托公关公司代理，这样做从整体规划上看是比较经济的。

④权威性。这是公关公司的最大优势，因为公关公司的成员都是这方面的专家，有着丰富的实践经验，所以他们提出的建议和策划的方案具有权威性，易被客户的决策者重视和接受。

公共关系公司若想在业务上取得骄人的成绩，就需要有一批相对稳定的客户群，这样双方经常性的合作会使公关公司与客户之间加强沟通和了解，公关公司为客户策划的方案才更有针对性和可行性。

（3）公共关系公司的职能

公关公司的职能是依据客户的要求做好公关工作，主要包括以下一些职能：

①根据部门的公关目标拟制实施方案，供客户决策参考。

②根据客户的要求制定公关计划，进行可行性研究后逐项落实。

③为客户提供咨询服务，帮助客户制作解决问题的具体方案。

④为客户提供全面的公关服务规划和落实方案。

⑤应客户要求，为客户搜集外部公众的意见和相关信息，并提供解决实际问题的办法。

⑥根据客户的要求，为客户进行整体形象的包装与策划。

⑦根据客户的要求，制定大型专题活动的方案。

（4）公共关系公司的类型

按工作范围划分，公共关系公司有跨地区、跨国度经营的大公司，也有局限于一个地区、一个城市小范围的小公司；按业务内容划分，有能够承办几项乃至几十项业务的公司，也有只承办单项业务的公司；按服务对象划分，有为各行各业服务的综合性公司，也有为特定行业服务的专业公司等。下面重点介绍按规模分类的公共关系公司。按规模分可将公共关系公司分为单一型和集团型两类。

①单一型。包括公共关系顾问和公共关系顾问公司。

A.公共关系顾问。指为委托人(客户)提供公共关系方面的咨询并进行指导,能独立承担公共关系项目的专家。

按任职或聘用的情况,公共关系顾问主要有:

公关公司专职顾问　这是在公关公司长期任职的公关专家,他们是公关公司的主干力量,依专业不同,可分为各种不同的专业顾问。

公关公司兼职顾问　某人在公共关系方面具有一定声誉或专业特长,但不在公关公司任专职,而是受聘为兼职顾问。

企业或其他组织直接聘用的顾问　企业或其他社会组织可根据工作需要,直接向大学、研究机构或公关协会聘请公关方面的专家担任本组织的公关顾问。

荣誉性顾问　这是由在公关事业或公关学术研究方面有突出贡献,并有相当社会影响和很高知名度的学者、专家及知名人士担任的一种职务。

B.公共关系顾问公司。它独立确定本组织的工作目标和工作范围,并依靠自身的能力来保证各项公关工作的完整性。同公共关系顾问相比,公关顾问公司可以显示出服务质量、工作效率和完善的组织机构的优势。

②集团型。集团型公共关系公司是指公关组织自身的集团型,它是为了一定的目的,组织计划、共同行动的团体。从整体上说,它与单一公司没有本质差别,其明显的特征是机构的集团型,它的触角多、影响大,如某一跨国公司,除总部设立公关部门之外,它在各地的分支机构也设立相应的公关部门。

(5)公共关系公司的工作原则

公关公司的工作,既涉及委托单位或个人的形象信誉和实际利益,又要维护公众的利益,因此要自觉遵守如下原则。

①自觉遵守国家法律、法令和有关方针政策。公关公司既是服务性机构,又是一个经济实体,公关公司的首要任务是为社会服务,而不能将贸易开发、商品经营作为主营项目。公司的一切行为都要遵纪守法,靠高质量的服务赢得信誉。

②为客户保密。公司在代理委托单位的公关业务时,为实现公关目标,有可能掌握一些委托单位的机密材料,公司应严格为其保守机密。特别是合作结束之后,更应强化自我约束,不损害客户利益。

③为客户着想。公司的宗旨是信誉第一、服务第一、客户第一。

尽心尽力为客户办好事、办实事,是公司宗旨的体现。要站在客户的立场上作费用预算,并事先向客户介绍清楚服务项目及收费标准,尽可能为客户节约费用。

(6)公共关系公司的服务方式

根据自身条件、与委托人合作时间的长短及委托单位的特点和实际需求,公共关系公司为委托人提供公关服务最基本形式有以下几种:

①向委托人提供各种公关咨询。为委托人确定公关的内容和沟通方式,为委托单位的活动策划和管理决策提出建议等。

②代理服务。一类是全权代理,如有的小企业未设自己的公关部,可以委托某公关公司长期代理该企业的全部公关工作;另一类是为委托人代理某项专门的公关活动,如大型的产品展销会。

③充当对外联系人或协调者。委托单位或因本身无公关部或因公关人员力量不足,在急需同某些单位或某类公众沟通以便取得他们的理解和支持,但临时沟通有难度,无法达到预期目标时,可委托公关公司充当对外关系的联系人。当某企业与它的公众或外部其他组织出现误会甚至矛盾或分歧严重僵持不下时,请公关公司出面协调则是最佳选择。

④受委托培训公关人才。公关公司拥有各方面的专家,可为委托人举办短期公关人员培训,也可派专家到委托单位具体指导公关工作,或接受委托方来人到公关公司实习,帮助委托方的公关人员提高素质等都是公关公司的服务方式。

3.公共关系社团

指社会组织外部的公共关系机构中除公关公司以外的一种公共关系机构类型。公共关系社团泛指社会上自发组织起来的、非营利性的从事公关理论研究和从事公共关系活动的群众组织或群众团体。主要包括公关协会、学会、研究会、俱乐部、联谊会、PR沙龙等。

(1)公共关系社团的特征

广泛性　公共关系社团的成员既包括公关专家、学者和公关工作者,也包括所在地区的企业、新闻、科研、文教和党政机关等各方面的人士,还包括公共关系社团所属行业中各方面有代表性的组织,因此人员构成具有广泛性。

松散性　公共关系社团虽然是一种组织,但它没有严格的组织结构,不具有强制性。这些社团中的成员只是对公共关系有着共同的兴趣,其目的是研究讨论问题和开展一些公关活动并加强交往。

服务性　为社会服务是公共关系社团的宗旨,优质的服务是社团的生命力所在。因为通过优质服务,一方面可以满足社会对公共关系的需求,另一方面也提高了公共关系社团的知名度。

非营利性　公共关系社团不是经济实体,是非营利性的组织,这是它本身的性质决定的。公共关系社团不能从事商业经营活动。

(2)公共关系社团的类型

综合型社团　主要指不同地域范围的公共关系协会。如 1986 年 11 月,中国大陆第一家公共关系协会——上海市公共关系协会成立;1987 年 6 月,经国家体改委批准,中国公共关系协会在北京人民大会堂宣告成立;1991 年 4 月,中国国际公共关系协会成立。这类社团多为民办公(政府)助,其主要职能是:服务、指导、监督、协调。

学术型社团　主要包括公共关系学会、研究会、研究所等学术团体。通过举办学术研讨会和交流会,探讨、研究、总结公共关系的理论问题,把握公共关系发展的趋势和方向,及时为公共关系从业人员提供理论信息,进行理论指导。

行业型社团　这是一种行业公共关系组织。由于各行各业开展公共关系活动有各自不同的特点,所以公关活动和组织的行业化已经成为一种国际趋势。行业型的公关社团在组织上保证了公共关系事业的进一步发展,是大有前途的公共关系社团组织形式。

联谊型社团　一般没有固定的活动方式,没有严密的组织机构,名称各异,如公关俱乐部、公关沙龙、公关联谊会、PR 同学会等。作用是成员之间沟通信息,建立良好的人际关系。

媒介型社团　这是以报刊等传播媒介为依托组建的公关社团。它直接利用媒介,研究公关理论,普及公关知识,交流公关活动经验。

(3)公共关系社团的工作内容

联络会员　社团对内加强会员间的联系,对外与其他公关社团建立横向联系,形成网络系统。

制定规范　制定公关人员职业道德规范并检查执行情况。世界各国的公关社团都十分重视这项工作。

专业培训　这是一项经常性的工作。我国的公共关系协会也定期培训并进行"公关员"资格证书的考试。

普及知识　公共关系社团有义务向公众宣传和介绍有关公共关系的基本知识,并且为会员提供深造的机会。

编辑印制宣传品　编辑有关的书籍,撰写书稿、发表文章,这是宣传公关知识的重要手段。

三、公共关系人员

(一)公共关系人员的概念

从狭义上理解是指从事公关职业的专职人员,即专门从事组织机构信息传播、关系协调与形象策划和实施的人员。从广义上理解,公关人员泛指组织内部和外部从事直接的公关工作、公关理论研究和公关教学的人员,以及在公关协会等机构工作的人员。

(二)公共关系人员的素质

狭义的素质指的生理解剖特征;广义的素质主要指人的社会心理特征,包括感知能力、记忆能力、思维能力、反应能力和运动能力,及性格、兴趣、知识、品格和气质等。一般是从广义的角度即社会学的特征上理解素质。

1.公共关系人员的公关意识

这是公关人员必备的基本素质的核心,是现代化经营管理观念和原则在公关活动的实践中的反映,是一种综合性的职业意识。

(1)塑造形象的意识。这是公共关系意识的核心。具有塑造组织形象意识的人,能够确信知名度和美誉度对自己组织的生存和发展的价值。其他方面的公关意识都是围绕塑造组织形象的实务展开的。

(2)尊重公众的意识。公共关系首先服务于公众利益,这是组织本身生存的需要。利用和创造条件为公众服务,热情负责地注意在细微处体现公关意识,因为细节往往会在公众中产生感情上的共鸣,从而获得公众的信赖。

(3)传播沟通的意识。传播沟通的意识实质上就是信息意识。而今,信息是比物质或能源更重要的资源。组织要塑造良好的形象,就要通过传播沟通使公众理解、信任和支持,以实现组织的目标。

(4)诚信互惠意识。诚信是互惠的前提,只有诚信,才能实现互惠。诚信互惠的意识主要表现在目的、计划、行为和效果的互利互惠上。任何组织都想通过公关工作塑造自身的良好形象,追求自身经济效益和社会效益的最佳统一,但这一切都必须建立在诚信的基础上,彼此尊重,平等合作,才能实现诚信互惠的目的。

(5)创新审美意识。组织要保持自身形象在同行业中处于显著地位,就要按照公众心目中的审美需求塑造组织形象,才会引起公众的关注,被公众所欣赏。公关人员在策划中必须有所创新,才能使组织形象独树一帜,以其鲜明的个性被公众所接受。

(6)立足长远的意识。一个组织形象,一旦传播出去,就具备了相对稳定性。所以,树立形象要有立足长远的意识。社会上许多"老字号"企业在对外交往中往往容易取得事半功倍的效果。

(7)团队合作的意识。公关工作内容复杂,非一人之力可完全胜任,需要全体成员分工协作,方能成功。因此团队合作意识是公关人员必备的重要意识。

2.公共关系人员的心理素质

心理素质是公关人员基本素质的基础。主要包括:

(1)自信的心理。自信,是公关人员职业心理最基本的要求。充满自信,才会面对挑战激发出勇气和毅力,创造奇迹。自知者明,自信者强。相信自己能超越别人,才能发挥自身最大的聪明才智,不断去面对竞争,追求成功。

(2)热情的心理。热情的心理能使人真诚地面对各界人士,广交朋友,开拓工作渠道。热情的心理,能使公关人员兴趣广泛,充满想象力和创造力。公关行业需要付出大量智力和体力劳动,如果没有对工作的极大热情,没有全身心的投入,是无法胜任的。

(3)开放的心理。公关工作要求公关人员具有开放的心理来适应这一工作。具有这种心理特征的人,往往具有旺盛的求知欲与好奇心,容易接受新观念,能不懈地追求新的目标,勇于创新。在同各种人打交道时,能同他们建立良好的人际关系。面对困难与挫折,能保持乐观豁达的心态,并把微笑带给公众。

3.公共关系人员的知识素质

公共关系人员的知识素质是指其知识结构与水平,主要包括:

(1)公共关系的基础理论知识。公共关系的基本概念;公共关系的产生、发展和基本原则;公共关系的三大要素,即社会组织、公众和传播;公共关系的职能;公关人员的素质;不同类型的公共关系机构的构建原则和工作内容;公关工作的基本程序。公共关系的理论体系与知识结构是一个开放的系统。

(2)公共关系的专业实务知识。信息管理、公关调研、公关策划、公关评估、公关危机处理、公众对象分析、人际交往、公关礼仪等专业实务知识。

(3)与公共关系密切相关的学科知识。除教育部规定开设的公共课外,还应开设基础课程:社会学、心理学、文化学、逻辑学、实用美学。传播学及相关课程:传播学原理、媒介理论与实务、演讲与口才、肢体语言、公关应用写作、电脑应用、谈判理论与技巧,管理学及相关课程,如管理学原理、组织文化、市场营销、广告概论、会计学原理、法律类课程(如经济法)等。

4.公共关系人员的能力素质

能力通常指能胜任某项任务的主观条件即本领,包括顺利完成各种活动所必需的个性心理特征。

(1)较强的口头与文字表达能力。这是从事公关职业的基本功。公关人员需要编写宣传材料、写新闻稿、编写组织刊物、为发言人或领导撰写演讲稿、策划活动方案、写各种总结和报告等,都需要较强的文字表达能力。

口头表达能力也是公关人员必备的能力之一。"三寸之舌,强于百万之师。"公关人员要做到清晰准确地表达思想、发布信息,保持高雅的气质和风度才能收到良好的公关效果。

(2)很强的思维能力。具备很强的思维能力,会发挥自己的创造力,策划活动才会有创新意识。很强的思维能力使人思考问题时,能透过现象抓住本质。很强的思维能力会让人站在公众的角度去考虑问题,明确自己的地位,尊重客户,在客户面前甘当配角。

(3)敏锐的观察能力。具备敏锐的观察能力,才能善于从众多的信息中发现问题,从相对稳定的现象中发现潜在变化着的因素,随时把握信息,有针对性地开展工作。

(4)良好的创新能力。要发展就要创新,每一次成功的公关活动从开始策划到付诸实施都必须有所创新,才能取得轰动效应。企业形象的策划、企业识别系统(CIS)的创意,企业文化的传播都需要公关人员具备开拓精神和创造力,才能以其新颖、独特的创意赢得公众的赞誉。

(5)良好的组织能力。指在公关活动中统一指挥、调度、协调的能力。任何一个公关活动从计划到实施,工作具体又繁杂,要充分调动积极性,使整个部门的每个人各司其职,通力合作。即使任务繁重,只要指挥得当,大家会在和谐的氛围中把工作做好,以实现公关的目标。

(6)较强的信息处理能力。公关工作需要公关人员能运用现代化办公手段掌握信息,处理信息和发布信息。还可充分利用信息知识开发创造力。

(7)善于与他人交往的能力。一个社会组织拥有的公众很复杂,组织的横向交往会更多。公关人员必须具备善于与他人交往的能力。只有这样,才能与周围的人融合,才能面对公众,做好工作,以赢得公众的信任,有效实现工作目标。

(8)处理危机事件的能力。在公关工作中,有时会遇到各种危机事件,需要紧急应变处理,这对公关人员应对危机事件的能力将是严峻的考验。若处理不当,不仅有损公关单位和个人声誉,更会给事件涉及的组织造成重大影响和损失。因此需要公关人员沉着、机智、遇变不惊,时刻想着是代表组织在面对公众,无论公众如何,都应凭借自己的能力化险为夷。

(9)掌握政策、理论的能力。公关人员必须在国家政策和理论的指导下从事业务活动。要把对国家政策和理论动态的研究纳入公关的日常工作,才能不断提高自身的政策水平和理论水平,谋求与社会发展和政策环境的协调,保证公关工作的质量和效果。

5.公共关系人员的情绪智商(EQ)

所谓情绪智商指的是个人对自己情绪的把握和控制,对他人情绪的揣摩和驾驭,以及对人生的乐观程度和面对挫折的承受能力。

(1)自我感知方面。当某种情绪出现时就能自我感知的能力是 EQ 的基石。对自我情感认知能力越强,就越能把握自身的前进方向。公关人员只有具备这种感知力才能做到"自知之明",也才能在工作中帮助组织认识自我。

(2)情绪调解方面。人在工作中会遇到比较复杂的情况,也可能会遇到令人烦恼或委屈甚至情绪愤怒的时候。公关人员因其工作性质也会遭遇类似情形,这时就需要情绪调解的能力。如果公关人员在各种情绪的波动中能及时调整好情绪,就能保证公关活动的效果。"自知者智,自胜者强。"战胜自己更重要。

(3)自我激励方面。自我激励就是积极地面对一切。遇到困难不悲观,遇到挫折不气馁。激励自己始终保持高度的工作热忱,这是取得事业成功的动力。公关人员首先需要学会这种自我激励,才能帮助组织激励员工,不断提高工作效率,促进组织持续发展。

(4)认知他人方面。公关人员应该具备认知他人情绪的能力。在细微之处察觉到他人的需求并予以及时的援助,这样能促成和谐的人际关系,利于拓展工作。

智商(IQ)与情商(EQ)是相互各异而又相互关联的两个方面。作为公关人员,应该在这两个方面共同发展,才能成为高素质、高能力的公关人才。

6.公共关系人员的职业道德

道德是在一定社会中人们共同生活及其行为的准则和规范的总和,职业道德是由于职业的特点和社会的需要,要求该职业的从业人员必须遵守的行为准则和道德规范。公关人员职业道德是指公关人员在工作中必须遵守的行为准则和道德规范。在国外,有《国际公共关系道德准则》、《美国公共关系协会(PRSA)职业规范守则》,在国内有《中国公共关系职业道德准则》。

国家劳动与社会保障部在公关员1999年职业标准"职业道德"中对公共关系人员的职业道德的相关规定是:

(1)奉公守法,遵守公德;(2)敬业爱岗,忠于职责;(3)坚持原则,处事公正;(4)求真务实,高效勤奋;(5)顾全大局,严格守密;(6)维护信誉,光大形象;(7)服务公众,贡献社会;(8)精研业务,锐意创新。

第二节　阅读资料

一、国内外公共关系行为准则

国际公共关系行为准则

一、国际公共关系协会成员必须竭诚做到以下各条

第一条　为建设应有的道德、文化条件,保证人类得以享受《联合国人权宣言》所规定的诸种不可剥夺的权利作贡献。

第二条　建立各种传播网络与渠道以促进基本信息自由流通,使社会的每一成员都有被先知感,从而产生归属感、责任感、与社会合一感。

第三条　牢记由于职业与公众的密切联系,个人的行动——即使是私人方面的,也会对事业的声誉产生影响。

第四条　在自己的职业活动中尊重《联合国人权宣言》的道德原则与规定。

第五条　尊重并维护人权的尊严,确认各人均有自己作判断的权利。

第六条　促成为真正进行思想交流所必需的道德、心理、智能条件,确认参与的各方都有申述情况与表达意见的权利。

二、所有成员都应保证

第七条　在任何时候任何场合,自己的行为都应赢得有关方面的信赖。

第八条　在任何场合,自己均应在行动中表现出对他所服务的机构和公众双方的正当权益的尊重。

第九条　忠于守职,避免使用含糊式可能引起误解的语言,对目前及以往的客户或雇主都始终忠诚如一。

三、所有成员都应力戒以下各条

第十条　因某种需要而违背真理。

第十一条　传播没有确凿依据的信息。

第十二条　参与任何冒险行动或承揽不道德、不忠实、有损于人类尊严与诚实的业务。

第十三条　使用任何操纵性方法与技术来引发对方无法以其意志控制,因而也无法对之负责的潜意识动机。

美国公共关系协会(PRSA)职业规范守则

(一)各会员都应对目前及以往客户、雇主、其他会员和公众持公正态度。

(二)各会员的职业行为都应符合公众利益。

(三)各会员都应坚守社会公认的准确、真实与品味高尚的标准。

(四)除非在充分说明真相后取得有关各方面同意,各会员不得为互相冲突或竞争的利益工作。

(五)各会员应维护目前及以往所有客户或雇主的信赖,不接受任何利用此种信赖或含有泄密因而可能危及这些客户或雇主的业务。

(六)各会员不能参与有意败坏公众传播渠道诚实性的活动。

(七)各会员不得故意散播虚假或欺骗性信息,并有责任努力防止这种信息的散播。

(八)各会员不得利用任何组织,声称为某已知的事业服务而实际上却为某人不可告人的目的或某会员、客户、雇主的私人利益服务。

（九）各会员不得故意损害其他会员的职业信誉和活动。但如果某会员掌握其他会员不道德、不法的或不公正的，包括违背本规则的行为的证据，应据章程前言第八条向本会提供情况。

（十）各会员不得应用任何损害其他会员的客户、雇主或某产品、事业、服务声誉的伎俩。

（十一）向客户或雇主提供服务时，各会员在未充分说明情况取得有关方面同意的情况下，不得因这种服务与其他方面有关而接受任何其他人给予的服务费、佣金或其他报酬。

（十二）各成员不得向预期的客户或雇主提出特殊情况收取费用或报酬；也不能签订这种性质的收费合同。

（十三）各成员不得侵夺任何其他成员的受雇机会，除非双方都认为两人同时受雇并不存在冲突，而且都考虑过双方的协约。

（十四）如果发现继续受雇于某组织会造成违背这个规则的行为，会员就应尽快与该组织脱离关系。

（十五）除非经陪审员同意，如因实行本规则需要某会员出庭作证，必须出庭。

（十六）各会员应通力合作以维护实行本准则。

中国公共关系职业道德准则

（一九九一年五月二十日第四届全国省、市公关组织联席会议通过）

总　　则

中国公共关系事业的发展，是中国改革开放的必然趋势，它以新型的管理科学，协调社会各方面关系，密切党和广大人民群众的联系，调动各种积极因素，维护安定团结，促进社会主义建设。因此公共关系工作者肩负着时代的使命，公共关系工作者必须具有高尚的职业道德作完善自身形象的行为准则。

条　　款

（一）公共关系工作者应当坚持社会主义方向，自觉地遵守我国的宪法、法律和社会道德规范。

（二）公共关系工作者开展公关活动首先要注重社会效益，努力维护公关职业的整体形象。

（三）公共关系工作者在公共关系活动中，应当力求真实、准确、公正和对公众负责。

（四）公共关系工作者应当努力提高自己的政治水平、文化修养和公关的专业技能。

（五）公共关系工作者应当将公关理论联系中国的实际，以严肃、认真、诚实的态度来从事公共关系学教育。

（六）公共关系工作者应当注意传播信息的真实性和准确性，防止和避免误解的信息。

（七）公共关系工作者不能有意损害其他公关工作者的信誉和公关实务。对不道德、不守法的公关组织及个人予以制止并通过有关组织采取相应的措施。

（八）公共关系工作者不得借用公关名义从事任何有损公关信誉的活动。

（九）公共关系工作者应当对公关事业具有高度的责任感。不得利用贿赂或其他不正当手段影响传播媒介人员真实、客观的报道。

（十）公共关系工作者在国内外公共关系实务中应该严守国家和各自组织的有关机密。

附　　则

本准则将根据实际情况予以调整和修改。其解释、修改、终止权属全国省市公关组织联席会议。

点评

《国际公共关系行为准则》是由国际公共关系协会名誉会员、法国的卢亚恩·马特拉特起草并于 1965 年 5 月 12 日在雅典召开的国际公共关系协会全体大会上通过的，所以又称《雅典准则》；1968 年 4 月 17 日在德黑兰全体大会上对该准则进行了修改，因而也称《德黑兰宣言》。《国际公共关系道德准则》的影响最大。《美国公共关系协会职业规范守则》的影响也很大，故一并收录供参考。

我国的公共关系组织在职业道德和行为准则方面也进行了有益的探讨。1991 年 5 月 20 日第四届全国省、市公关组织联席会议通过了《中国公共关系职业道德准则》。这个准则的诞生，是我国公共关系事业发展历程中的一件大事。它为公共关系工作者进一步明确了工作的方向和应具备的职业道德规范。作为公关工作人员，应全面地学习和理解并自觉遵守《中国公共关系职业道德准则》，坚持通过公关实践日益完善自身的形象，不断开拓公共关系工作的新局面。

二、李曦—— 一位出色的公关部经理

1994 年 4 月的一天，SONY 公司当时的中国总代表正田问前来求职的李曦："你为什么要来 SONY?"李曦告诉他："我是学英语的，一直想进一个进出口公司或欧美企业。但和 SONY 的人接触了很多，我感受最深的就是 SONY 的人

都特别有奉献精神。"

同年 4 月 15 日,李曦担任了正田的公关秘书。她做的第一件事是做简报。简报一周一次,做完以后要译成英文。第一次做好后送给正田看,正田说:"非常好。"立即向东京转发了这个 China Report。这个简报主要是信息产业、电子产业方面的信息,包括产业政策、行业趋势和企业动态。

李曦感到 SONY 公司的风格,要会找事做,才能在公司有地位。SONY 的奉献精神,是员工的自觉行为。

因而他们当时做的第一个活动就是手机的业务发布。从那时起,李曦他们尽量把每次活动都做成为业务部门服务的活动,以便让业务部门跟公关部门接触,让业务部门通过公关的各种活动来了解公关工作。

2001 年,是 SONY 公关在中国比较有影响的一年,在这一年里,SONY 公司和北京大学一起继续做了第二届颇有影响的北大 SONY"营销论坛"。SONY 公司五位总裁级人物每个人讲一天,一共一周。这是唯一一个跨国公司和国内高校合作的"营销论坛"。

2001 年 10 月,北京音乐节开幕,SONY 的公关工作产生了很大的影响力。在 SONY 公司董事长正田先生的促成下,SONY 集团董事会主席大贺典雄先生亲自出马,他自己驾驶着飞机,从东京飞来,在北京音乐节的演出上做指挥。在音乐节上,一时有"总裁音乐家"的赞誉广为流传。比较惊险的是,这位老总因过于劳累,晕倒在第一场演出的台上。这一意外事件的发生,使 SONY 中国公关部在当时遇到了巨大的压力。凭着高度的敬业精神与媒体的及时沟通,几乎所有的报道都是正面的、积极的,并且充满了人情味。李曦说,这是因为大贺先生的人格魅力打动了所有的人。就企业的公关形象和展示而言,都达到了难以企及的高度。

李曦说:"我觉得工作就是一种玩乐,也就是说带着愉快的心情,像做娱乐活动一样,去干什么。我在 SONY 已经工作 8 年了,我最大的体会,就是要独立主动地开拓工作。因为在 SONY,你必须自己去找工作,如果你自己不去找工作的话,就永远没有发展机会。"

(节选自《公关世界》2002 年第 8 期)

点评

李曦的工作经历告诉我们:做一个合格的公关秘书,必须具备很高的综合素质,特别是多方面的能力,如写作能力、英语表达能力、人际交往能力、各方协调能力、与媒体沟通能力、产品公关策划能力、信息管理能力等,同时还要具备高度的敬业精神和主动积极的工作态度,不断激发自己的潜质,时时让工作业绩证明自己的实力,这样就会在公关工作中,使自己的素质和能力不断得到提高,并且在本职岗位上取得骄人的业绩。

三、贝聿铭的沟通策略

被誉为建筑外交家的贝聿铭最全面地展示他的公关才华的时机发生在20世纪80年代。当时，他被指定为卢浮宫扩建工程的建筑师，可是工程所带来的挑战似乎远远大过机遇。

看起来贝聿铭似乎的确面临无法跨越的困难，反对的浪潮由官员、民众和媒体发起，从密特朗邀请贝聿铭设计时便开始了。

但是反对的声浪更猛。米歇尔·居伊曾经担任过文化部部长，现在则组织了一个"卢浮宫修复委员会"的反金字塔团体，还撰写文章，把贝聿铭的设计比喻成"飞机场或药店"，呼吁不要采纳这个方案；博物馆馆长安德海·沙博为了表示抗议甚至辞去职位；摄影师布莱松认为金字塔充满葬礼气氛，更适合放在墓地而不是卢浮宫；在"巴黎不要金字塔"和"不许干涉卢浮宫"的口号下团结了一大批人，媒体充斥着他们的反面意见。

不只是在和密特朗的面对面沟通中贝聿铭做得到彬彬有礼而不卑躬屈膝，他的温文尔雅和翩翩风度也已闻名遐迩。在卢浮宫项目中，贝聿铭将一一展现他杰出的沟通能力，让几乎所有相关的人被说服的同时，还深深地叹服于他的这种能力。

在贝聿铭一长串访问名单中包括巴黎各个领域的名人：法国头号指挥家、先锋音乐的支持者皮埃尔·布莱，布莱不但私下里帮助贝聿铭游说他的那些声名显赫的朋友，在报上发表文章支持贝聿铭的方案，最后还在扩建工程揭幕仪式上指挥乐队。贝聿铭还访问了蓬皮杜中心前董事长的遗孀克劳德·蓬皮杜，尽管她的丈夫是保守党成员，他还是成功说服她支持这个项目。

最令人感叹的沟通发生在贝聿铭和希拉克之间，贝聿铭在开始和希拉克打交道时不抱什么希望是理所当然的。那时，希拉克是前任总理，当时的巴黎市长，他是保守党成员，密特朗的主要政治对手，因为态度粗暴而被人冠以"推土机"之名。对于希拉克而言，比支持贝聿铭更有诱惑力的是，他可以通过诋毁金字塔来获取政治资本，不管是把这个设计当作社会党蔑视传统价值的样板，还是别的什么来加以谴责。

贝聿铭在市长办公室拜访了希拉克，这次拜访是一次完美的沟通行动：交谈从城市规划入手——这是希拉克感兴趣的领域，开始进入金字塔项目，贝聿铭顺理成章地和希拉克一起回顾城市环境，他们在这时认为卢浮宫仿佛一座阴森庞大的屏障矗立在塞纳河左右岸(显然，改变这种状况是作为巴黎市长的责任；从利益销售的原则来看，也是希拉克的需求)，贝聿铭陈述的要点在于，他保证，要给卢浮宫动手术,使它和巴黎市重新统一成一个整体。再举出一系列在巴黎市政管理层面上的例子,这些例子每一个都紧紧贴附城市规划的主题和角度。之后,贝聿铭说:开放卢浮宫意味着开放巴黎。在这个无法加以反对的总结和前面无可挑剔的论述面前,希拉克的态度已经显而易见,他告诉新闻界,他"并不仇视"金字塔;在私下里,贝聿铭得到了比他设想的更多的肯定,希拉克告诉他,"从城市规划的观点看,这个项目几乎十全十美"。

除了面对面的沟通,贝聿铭还率领他的设计小组进行了一场卓有成效的传播活动,他们组织展览会,对公众传播卢浮宫扩建项目将对具有悠久历史的卢浮宫拥挤的陈列室做出重大的改善。展览之后形势发生了变化,金字塔获得了像贝聿铭希望的那样,作为这个时代有特色的建筑进入卢浮宫并成为其中一部分的可能。

建筑大师贝聿铭在卢浮宫扩建项目过程中所表现的卓越沟通能力,不仅解除了危机,还赢得了支持,无疑为我们提供了一个出色的典范。

(节选自《公关世界》2002 年第 12 期)

点评

贝聿铭是闻名中外的建筑家,同时又被誉为建筑外交家,这充分证明了他在公共关系方面的才华也是出类拔萃的。本文为我们提供了许多有益的启示:任何工作中几乎都蕴含着公共关系。因为在各个领域中,要完成一项工作任务,必须重视各方的沟通,掌握相关信息,把握外部环境,获得他人的理解和支持,以求达成共识才能使预期的目标得以实现。贝聿铭先生的经历无疑为我们提供了一个很好的范例。

第三节　案例与实践

【分组讨论】

2001 香港国际马拉松赛

一、实例

在过去的 5 年里,香港国际马拉松赛已成为香港文化和体育生活越来越重要的一部分。截至 2000 年,每年为期一天的赛事,参加人数从 1997 年的 1076 人发展到 7150 人。这就给 2001 年的赛事带来了挑战,如何使这项赛事迈上一个新台阶。

2001 年马拉松的核心问题有两个:一是管理队伍,包括赛事组织者、香港业余运动员协会、主要 ScB 管理部门以及公关处等;二是城市路线的确定。它将影响赛事的成败和香港的国际地位。

在赛前的几个月,一个重要的会议召开了。香港政府的高级成员,包括行政长官被邀请出席了会议。会上,行政长官对市中心的路线拍了板,并保证政府会全力支持。

这次赛事的一个新颖点是:通过银行精选出 6 万个 ScB 信用卡用户,为他们提供参与马拉松的免费入场券。

公关计划经过了 23 周的调整得以完成。涉及新闻发布会、特色文章、可视电话、媒体发布、报纸增刊以及同电视、电台、网上媒体的联合宣传,还有赛事期间重要银行员工的媒体采访和评论。最近几周以来,赛事主题特色文章和马拉松选手的参与被演绎到极致。470 多家媒体做了报道,其中大部分报道把马拉松摆在香港各种赛事的中心,含有最棒的品牌效应。10516 个当地和国际选手参赛,比上一年增长 47%,是历届中增幅最大的。同时,还为残疾人征集了31500 万港币,比上年增长 61%。

二、讨论题

1. 本次体育赛事的公关计划给了你什么有益的启示?

2. 公关人员做了哪些工作,才保证了活动的成功?

3. 从本次体育赛事的公关活动出发,举一实例说明优秀的公关人员应该具备哪些素质和能力?

三、讨论要求

1. 教师指定讨论题目并确定讨论方式。

2. 以学生为中心进行讨论。

3. 在学生充分讨论的基础上教师进行总结。

【情景设定】

秘书的职责

一、情景

2003 年 7 月 18 日　星期六

主管秘书王小姐在威力空调专卖店值班。值班当天工作的场景:

王秘书翻开值班记录本,发现今天技术部有一次外出任务:上午 9 时整,到大连星海花园 D 幢 508 室安装空调。现在时间是 8 点 15 分。这时一位空调用户打来电话,打电话的是一位年近七旬的老人。她在电话中说,家里的空调出了故障,可家中只有她一人,不清楚星期六会不会有人来修,所以打电话询问。王秘书在电话中用非常得体的语言安慰老人并问清了老人家的详细地址是大连中山北路富民小区 76 号楼 3 单元 102 室,然后告诉老人会马上安排技术人员前去维修。今天是星期六,技术部门只有安装工人小张一人值班,负责维修工作的小金正好轮休。王秘书如何接听用户电话,随后又是怎样督促技术部门完成任务的,请演示事情的全过程及王秘书的处理方式。

2003年12月22日　星期日

主管秘书陈小姐在公司办公室值班。当天工作的场景:

为纪念毛泽东同志诞辰110周年,公司决定在12月26日晚6:30~8:30召开诗歌朗诵会。通知早已下发各部门,节目已报上来,此次活动由陈秘书负责并担任主持人。她已拟好了会议议程,并写好了主持人的演讲稿。今天把参加朗诵的人员召集来进行彩排。请演示陈秘书召集大家开会的情景及彩排时的开场白和结束语。

二、组织训练

1.学生分小组进行,模拟训练。

2.第一场景:4人一组,分别扮演王秘书、小张、小金和用户。

3.第二场景:每小组出一人扮演陈秘书,其他成员扮演彩排人员予以配合。一个小组演示时,其他学生作观众。

4.分小组总结、讲评,选出最佳秘书、合格秘书数人。

5.由教师作全面总结。

【角色扮演】

小李去应聘

一、情节

某大学的一位优秀毕业生小李,在校学习期间被同学们公认为"电脑软件专家"。大家都认为他到大公司谋一个高薪职位没问题。可当他去某高科技公司应聘时却被打了回票。这是怎么回事呢?原来公司的人事部经理在招聘现场检测了小李的专业知识和操作技能后非常满意,小李自己也踌躇满志,心想没问题。正在这时,人事部经理漫不经心地问:"你平时在学校都跟哪些同学合作?"小李心想,跟别人合作怎么显示我的能力呀!也就实话实话:"自己搞自己的,搞软件这一行互相要留一手才行。"人事部经理接着又问了一句:"你平时都参加学校的哪些集体活动啊?"小李毫不在乎地说:"我整天忙着开发软件,没时间也没兴趣参加集体活动,至多是网上聊聊天。"结果是小李落聘了。至今小李也不知道自己为什么落聘,并且心里一直觉得委屈。

二、步骤

1.请两位同学分别扮演某公司人事部经理和学生小李。

2.请扮演者按角色分工现场表演,表演者要注意适合角色身份。全班其他同学做观众。

3. 角色表演结束后,组织全班同学讨论。

(1)小李为什么会落聘? 其主要原因是什么?

(2)你认为小李委屈的理由是什么? 他该不该觉得委屈? 如果换成你,你会如何面对此次落聘?

(3)你如果去应聘,面对人事部经理的提问想如何作答。

4. 教师对表演和讨论作总评。

【案例分析】

一双景泰蓝食筷

一、情节

在某市中国大酒家,一位外宾吃完最后一道菜点,顺手把精美的景泰蓝食筷悄悄地"插入"自己的西装内衣口袋里。

服务小姐发现了这个情况,立刻到服务台拿来一个用绸面装饰的精美小匣,在外宾尚未起身离座之时,面带微笑不露声色地迈步向前,双手擎着小匣对外宾说:"我发现先生在用餐时,对我国的景泰蓝颇有爱不释手之意。非常感谢您对这种精美工艺品的赏识。为了表达我们的感激之情,经餐厅主管批准,我代表中国大酒家,将这双图案最为精美并且经严格消毒处理的景泰蓝食筷送给您,并按照大酒家的'优惠价格'记在你的账簿上,您看好吗?"那位外宾当然会明白这些话的弦外之音,在表示了谢意之后,说自己多喝了两杯"白兰地",头有点发晕,糊里糊涂地将食筷"插入"了内衣口袋,并且聪明地借此下台阶,说:"既然这种食筷不消毒就不好使用,我就'以旧换新'吧! 哈哈哈"。说着取出内衣口袋里的食筷恭恭敬敬地放回餐桌上,接过服务小姐递给他的小匣,不失风度地向收银台走去。

二、步骤

1. 分组讨论案例。

(1)为公共关系主体提供的公共关系信息是什么?

(2)公共关系主体要达到的公关目标是什么?

(3)公共关系主体采取的公关策略是什么?

(4)公共关系主体是如何把握公关时机的?

(5)公共关系是怎样通过对公关信息的分析决策的?

(6)公共关系主体在实施公关决策时采取了什么方式?

(7)公共关系主体所取得的公关效果怎样?

(8)请你评价本案中的公共关系主体的公关能力。

2. 各小组委托一人作代表在班级发言。

3.公关人员在面对具体事件时,应该怎样做才能既展示公关人员的风采,又能取得良好的公共关系效果。

4.教师总结。

三、评析

从本案例看此次公关难度很大。因为对方身份特殊,处理不当会直接影响酒家的声誉,怎样做才既不伤外宾颜面,我方又能达到目的呢? 服务小姐走到外宾面前微笑着说了一番话。这番话讲出了实情、真情。由于态度得体,语言分寸感把握得好,话既委婉含蓄又有明确的话外音,外宾自然明白这是给他台阶下。事情的结果是中方体面地追回了食筷,表现出公关人员出色的处理能力与较高的综合素质。

第四章 公共关系客体

第一节 基础理论知识

一、公众的涵义和特征

公共关系也称作公众关系,因为公共关系是一种组织与公众之间的双向关系,公共关系的工作对象就是公众。没有公众的支持和信任,任何一个社会组织都不可能生存和发展。因此,协调好各种公众关系,得到公众的广泛支持,赢得良好的社会舆论,是公共关系活动的重要内容。要做到这点,首先就必须了解公众,研究公众,这样才能制定正确的公共关系目标、策略和方法,从而使公共关系工作建立在科学的基础上。本章主要介绍公众的涵义和特征、公众的分类、几种重要的公众关系。

(一)公众的涵义

所谓公众,即与特定的公共关系主体相互联系及相互作用的个人、群体或组织的总和,是公共关系工作对象的总称。

(二)公众的特征

1. 广泛性和整体性

公共关系的公众不是单一的个体或群体,而必须是与某一组织的生存和发展有关的整体环境。因此,它具有广泛性和整体性的特点。

作为社会基本元素的个人,不管他处于社会的哪个阶层,无论他是一个政治家还是一个科学家;无论他是一个单位的领导,还是一个普通的群众,都必须要与其他的个人和组织发生这样或那样的联系,相互作用。公众就是由社会上广泛的、具有各种不同性质的组织和不同个性的个人共同构成的。这些不同性质的组织和不同个性的个人共同构成了一个组织的公众环境,这个公众环境是任何组织的生存和发展都离不开的。公众环境是指组织运行过程中必须面对的社会关系和社会舆论的总和。这些社会关系涉及的范围很广,既包括一个组织的所有内部关系,也包括它所有的外部关系,而且相互关联,构成复杂。比如一家商业性企业,它既有内部的员工关系、股东关系,又有外部的社会关系,如和顾客、销售商之间的关系,还有与所在社区、政府、新闻界、体育界等有关的团体、组织或个人之间的关系。所有这些内部公众和外部公众构成了一个组织的整体公众环境,组织的公共关系工作不能把工作重点放在其中的某一类公众上,而忽略其他公众。对其中任何一类公众的疏忽,都可能导致整个公众环境的恶化,并进而影响组织的生存和发展。因此,我们首先要有整体的观念,将组织面对的所有公众看作一个完整的环境,用全面、系统的观点分析自己面对的公众。

2. 共同性和相近性

公共关系的公众是由具有某种内在共同性的群体组成的,它具有较强的同质性和归属感。因此,它具有共同性和相近性的特点。

公众不是没有任何联系的一盘散沙,公众之所以成为公众,是因为公众的成员面临着共同的问题,有着共同的需要和共同的目标。当某一群人、某一社会阶层、某些社会团体因为某种共同性而发生内在联系时,便成为一类公众。在社会中只要有充分数量的人面临共同的问题,有着共同的利益、共同的需求、共同的目的、共同的兴趣、共同的背景等,那么这些人就会有"我们是同属一类"的意识,就会形成特定的社会组织的特定公众。比如,一群来自全国各地的旅客,因为飞机出现机械故障而滞留在某地的机场,这时,这群本来相互间没有任何联系的旅客,就有了共同的利益、共同的目的,能够快速而平安地到达目的地,就会促使他们联合起来,与航空公司和机场交涉,从而使他们的态度和行为具有内在联系,他们会不约而同地或者有组织地针对该航空公司或机场构成一定的公众压力、舆论压力。

因此,一个组织想要了解和分析自己的公众,就必须重点了解和分析自己的公众的共同性,分析他们之间的内在联系,这样才有可能使自己的目标公众清晰起来,从而减少自己工作的盲目性。

3. 多元性和多样性

公共关系的公众是一种社会群体,其存在的形式不是单一的,它既可以是与社会组织有关的单个的个人,也可以是一些社会团体和社会组织机构。因此,公众具有层次的多元性和多样性的特点。

"公众"只是一个笼统的称呼,具体的公众形式既可以是与社会组织有关的个人,也可以是一些群体,甚至是某些团体或组织。一个社会组织的日常公共关系工作对象,就包括了各种各样的个人关系、群体关系、团体关系、组织关系。而且即便是同一类的公众,也会有各种不同的存在形式。比如媒介公众,可以是前来采访的单个记者,也可能是媒介机构的领导和编辑,当然也可以是记者协会或新闻学会;另外,既可以是报纸、杂志社的记者,也可以是电视台、广播电台的记者。因此,公众存在形式的多元性和多样性,决定了公共关系必然是一种立体的和全方位的社会关系,决定了公共关系沟通方式和传播媒介的多样性。

4. 变化性和易逝性

社会组织的运行处于一个动态的变化过程中,因此社会公众也处于变化之中,是一个开放的系统,具有变化性和易逝性的特点。

一个社会组织所面临的公众不是封闭僵化、一成不变的,而是处于不断的变化发展之中。公众会随着主体条件、客观环境的变化而变化:原来的问题解决了,那么原来的关系就消失了,原来的公众就自然解体;新的问题产生了,新的关系也就产生了,就会产生新的公众。有时,可能问题没有解决好,关系变得越来越糟糕;而有的关系甚至发生性质上的变化——竞争关系转化成协作关系、友好关系转变成敌对关系等。总之,公众环境的变化,必然会导致公共关系工作目标、方针、策略、手段的变化。反过来,组织自身的变化也会导致公众环境的变化,导致公众对组织的态度、评价或行为产生变化。因此,必须以发展的眼光来认识自己的公众,慎重考虑自己的决策,以免导致公众环境的剧变。

5. 相关性和互动性

从理论上讲,社会上的每一个人都有可能成为一个社会组织的公众,但是实际上,一个组织的公共关系活动的投入总是有限的,无论财力、物力和人力,都不允许一个组织把所有的人当作自己的公共关系公众。因此公共关系的公众是与特定的组织相关的,具有相关性和互动性的特点。

一个组织的公众,总是与该组织存在着某种利益关系。一群人之所以成为某一组织的公众,是因为他们与该组织具有一定的相关性、互动性。也就是说,一方面,一个组织和它的公众总是利益相关的,一个社会组织面对的公众,一般都是要求从这个社会组织获得某些权益的个人、群体或社会组织,具有相关性;另一方面,这些公众的意见、态度和行为对该组织的生存和发展具有实际的或潜在的影响力、作用力,具有互动性。组织和公众之间的这种相关性和互动性正是组织的公共关系活动策划时期的工作重点,公共关系工作中寻找和确定公众的过程,某种程度上说也就是寻找和确定这种相关性和互动性。

二、公众的分类

公众分类是公共关系理论中的重要部分,其方法论意义是很明显的:没有区别就没有政策,从而也就没有方法。公共关系政策的制定和公共关系方法的运用,都有赖于科学地区别不同的公众。编制公共关系计划,首先必然要碰到如何确定公共关系工作对象——公众的问题。选择和确定公众对于一个组织来说，会涉及如何有效地与各种公众建立联系，运用哪一种媒介向公众传递信息，如何在有限的公关资源内开展公共关系活动等，这些与组织生存和发展密切相关的问题，都和公众的分类有关。因此，公共关系人员认识、了解与熟悉组织所面临的各类公众是十分重要的。这里我们来讨论一下公众分类的不同标准和方法。

（一）根据组织的内外区别，可分为内部公众和外部公众

1. 内部公众

指组织内部沟通、传播的对象，包括组织内部的全体成员。如企业的职工、股票拥有者等都属于内部公众；政府部门内部的干部、工作人员也属于内部公众。这类公众与组织的关系最为密切和直接，既是内部公关工作的对象，又是外部公关工作的主体，是与组织自身相关性最强的一类公众对象，因而是一个组织公共关系的最重要的一个环节。

2. 外部公众

指那些除了内部公众之外的与组织有这样或那样联系的公众。作为组织的环境力量，外部公众是社会组织依靠的伙伴，也是制约社会组织发展的极其重要的因素。外部公众的数量比内部公众要大得多，可以说它是由相互依赖、功能互补的各类社会组织或群体共同组成的一个庞大的环境系统。社会组织在这个系统中生存和发展，时时处处要依赖这个系统的整体支持。

（二）根据关系的重要程度，可分为首要公众、次要公众和边缘公众

1. 首要公众

指与组织联系最密切、最频繁，关系到组织生死存亡、决定组织成败的那部分公众，它对组织的发展前途和现状有着重要的制约力和影响力。比如酒店、宾馆宾客关系中的 VIP，指的就是首要公众。另外如员工、股东、顾客等也属于首要公众。公共关系人员对这部分公众必须投入大量的时间、人力和资金，来维持与改善组织和他们之间的关系。

2. 次要公众

指那些对组织的生存和发展有相当重要的影响，但没有决定性意义也不发生直接作用的那部分公众。如政府公众、媒介公众、社区公众、组织的竞争者等。

当然，这种首要和次要之间的划分只是相对的，而且两者之间在一定条件下也可能发生转化，次要公众在某一特定时期或特定条件下有可能转化为组织的首要公众，反之也一样。例如：社区公众在一般情况下，可视作次要公众。但对一个因突发事故污染了周围环境的化工厂来说，社区公众也可能成为它的首要公众。因此在具体的公共关系活动中，在保证首要公众的前提下，也应该兼顾次要公众，争取他们的合作和支持。

3．边缘公众

指与组织的联系最不密切的那部分公众,如一般的社会团体、慈善团体、宗教团体等。对这部分公众,一般来说不需要投入过多的时间、人力和物力,但也不可忽视。

(三)根据公众对组织的态度,可分为顺意公众、逆意公众和独立公众

1．顺意公众

指那些对组织的政策、行为和产品持赞成意向和支持态度的公众。这类公众对组织的生存和发展非常重要,组织在制定公关计划时必须要加强同这类公众的联系与沟通,细心维持和不断加强与他们的关系。

2．逆意公众

指对组织的政策、行为或产品持否定意向和反对态度的公众,是公共关系工作的重要对象。公共关系活动的一个基本政策是为组织的生存和发展创造一个"人和"的环境,因此必须"多交友,少树敌"。逆意公众对组织来说比较重要,但由于他们对组织的政策或行为持否定和反对态度,公共关系人员必须特别加强与这部分公众的信息沟通和感情联络,促使这部分公众的态度发生根本的转变。

3．独立公众

指对组织持中间态度,或是对组织的政策和行为态度不明朗的那部分公众,他们介于顺意公众与逆意公众之间。独立公众由于对组织不够了解,他们有可能发展成为顺意公众,也有可能成为逆意公众。因此,做好这部分公众的态度转变工作,争取得到他们的支持与赞赏,是公共关系工作的一项重要内容。

(四)根据公众构成的稳定性程度,可分为临时公众、周期公众、稳定公众

1．临时公众

指由于某一突发事件或一些临时因素而形成的公众,如因家电突然爆炸而陷入困境的消费者,或是因飞机航班误点而滞留机场的旅客等。每个组织都会遇到事先难以预测到的突发事件,这时就需要公共关系部门进行紧急应付。所以组织的公关人员有时就被人们称为是"消防队员"。一个组织的公共关系部门是否具有应付临时公众的能力,也是衡量这个组织公关能力强弱的一个标志。

2．周期公众

指按照一定的周期出现的公众,如风景旅游区一到"五一"节或国庆节长假蜂拥而至的游客。周期公众的出现是有一定规律的,事先可以完全预测到,也有条件事先制定好公共关系活动计划,作好必要的准备。

3．稳定公众

指具有稳定关系、经常性出现的公众,如老顾客或是持有超市商场会员卡或贵宾卡的顾客等。稳定公众是组织的基本公众,是组织的宝贵财富,因此组织往

往对他们采取特别的优惠政策,以示关系的亲密。

临时公众、周期公众和稳定公众的划分,是制定公共关系的临时对策、周期性政策和稳定策略的依据。

(五)从社会组织对于公众的影响程度或者从公众发展过程不同阶段的特点,可分为四类:非公众、潜在公众、知晓公众、行动公众

1. 非公众

非公众是公共关系学的特殊概念,社会学中没有这个概念。非公众是指对组织不发生任何实际的影响,也不受组织的任何影响的那些团体或个人,不是公共关系的实际对象。将非公众排除在公共关系活动的范围之外,可以帮助我们减少公共关系工作的盲目性,同时也可以避免不必要的浪费。当然非公众也不是绝对的,从发展角度来讲,公众都是从非公众发展而来的。因此,社会组织的公关人员也不能绝对地把非公众排除出自己的视线。

2. 潜在公众

有两种情况:一是事实上组织已经对他们产生影响但其自身尚未意识到的那部分公众;二是虽然现在和组织还没有产生关系,但将来会与组织发生关系和影响的那部分公众。潜在公众的存在就要求公共关系人员加强对组织公众环境的监测,密切关注组织舆论环境的变化、发展,分析各种可能出现的情况并相应制定相应的预案,未雨绸缪,防患于未然,将尚在萌芽状态的隐患和潜在问题予以解决,以免组织的公关状态恶化。

3. 知晓公众

指意识到问题的存在,并把它与社会组织的运行联系在一起的公众,是潜在公众逻辑发展的结果。当某个潜在问题已经充分显露出来,原来的潜在公众已经非常明确地意识到自己面临的问题与特定组织有关,迫切要求进一步了解与该问题有关的所有信息时,潜在的公众就发展成为知晓公众。由于知晓公众已经意识到问题的存在,因此他们对任何与他们有关的信息都会感兴趣,他们会想方设法去了解该问题产生的原因、解决的方法以及今后的发展趋势。因此,知晓公众一经形成,公共关系活动便应该积极地展开,及时与公众交流信息,努力做到相互了解、相互合作,力求满足公众的知情权。尤其是当不利于社会组织的问题已经暴露时,公共关系活动更要通过各种传播媒介,积极主动地向公众解释问题产生的原因以及准备如何解决,否则公众便会转向其他信息渠道,各种不准确的小道消息就会流传开来,局势就难以控制。这方面惨痛的教训很多,如尼克松处理"水门事件"不当,就是一个经典的失败例子。

4. 行动公众

指由知晓公众发展而来的,不但意识到问题的存在,而且已经采取种种实际

行动的公众。当公众已经意识到问题的存在,而且该问题与特定的社会组织有关,社会组织由于种种原因又没能及时解决问题。这时,公众就会采取实际行动,如诉诸大众传媒或政府的有关部门,甚至诉诸法律,对组织构成压力,迫使组织采取相应的行动来解决问题。面对行动公众,除了采取相应的行动外别无选择。公关人员须加倍努力,全力开展公关工作,竭力让公众了解社会组织为解决问题而做的努力,帮助社会组织的有关职能部门进行及时的补救,变压力为动力,变被动为主动,变不利为有利,使这部分公众的影响向好的方向发展。

总之,随着从非公众到行动公众,公众对组织的影响越来越大。因此,一个组织的公共关系人员应该密切注意公众的这种变化,把自己的工作重点放在知晓公众和行动公众上,同时也不要忽视了潜在公众。做到未雨绸缪,不断提高自己的业务水平。

三、组织的主要公共关系举要

一个现代组织在公共关系活动中需要协调的关系是多方面的,一般说来,一个现代组织面临的公共关系主要分为两大系统或形态:一是内部公共关系系统,二是外部公共关系系统。内部公共关系系统是社会组织最先接触,也是最为直接、最为密切的重要公共关系系统。内部公共关系的好坏,将直接决定社会组织生存的动力,也将影响外部公共关系的建立与维系。因此公共关系协调始于内部公共关系。

下面从这两大系统中选择几种主要的关系论述。

(一)员工关系

员工关系是社会组织内部管理过程中形成的人事关系,即社会组织同内部所有员工之间的一种关系,包括自最高领导至最基层劳动者的一切员工之总和。员工是社会组织的细胞,是组织生存和发展的基础;社会组织是由员工组成的,由员工劳动予以运转的,组织的目标只有通过员工的分工劳动、各尽其职才能完成。因而员工对社会组织的生存和发展起着关键的、决定性的作用。美国伟达公共关系公司总经理罗伯特·L.狄思达指出:“良好的公共关系始于家庭,而雇员是企业‘大家庭’的组成部分。”美国著名公共关系学者斯科特·卡特利普指出:“作为公共关系职能的一个组成部分,雇员决定着企业的成功或失败。”因此,良好的员工关系是公共关系工作的起点,有了良好的员工关系,就能培养组织成员的认同感和归属感,就能在组织内部形成向心力和凝聚力。那么如何培养良好的员工关系呢?可以从以下几个方面着手。

1.了解员工,尊重员工的个人利益

利益是构成一切公共关系的基础,只有充分地满足员工的利益,才会得到员工的理解、好感和支持,才有可能形成良好的员工关系。对此,美国著名公共关系学者弗雷齐尔·穆尔一语道破天机:"合理的人事政策是良好雇员关系的基础,它有助于组织保证稳定的工作、良好的工作条件、公平的报酬、个人发展的机会、对工作成就的重视、有效的监督、表示个人意见的机会和符合雇员愿望的各种利益。"如果组织能够真正把员工利益放在最突出的地位,那么社会组织就能够真正拥有良好的员工关系。员工的利益主要包括:稳定的就业和工作环境;公平的工资和福利待遇;成长和发展的机会;良好的工作条件;受到重视和赏识;合理的人事政策;发表意见的机会以及民主、畅所欲言的组织生活;了解组织管理、发展的愿望;理想与目标的实现;精神追求与自我完善;退休及劳保等。

2．尊重员工分享组织信息的权利

美国著名公共关系学者弗雷齐尔·穆尔曾说:"为了使员工充分了解组织的人事哲学、政策和措施,组织必须制订合理的沟通政策,保持一种有效的双向沟通方式,向雇员提供必要的信息,并使他们有表明自己对组织事务有何看法的手段。"因此,社会组织应该向员工及时传达自己的真实信息,将员工当作公共关系沟通的首要对象,充分尊重员工分享组织信息的优先权,从而形成信任、和谐的内部气氛。具体做法有:定期召开员工会议;定期征集员工合理化的建议;设立员工意见箱;创办内部刊物、闭路电视、广播等内部传播媒体;定期进行专题性民意测验等等。

3．富有人情味的管理模式

在内部管理上,严格的规章制度是必需的,但这并不是说管理就一定是排斥人情味的。在管理人的工作中渗入强烈的感情色彩,学会用微笑来进行管理,可以说是一种非常高明的管理方式。如湖北沙市第三棉纺织厂提出的"第一要素工作法"实际上就是把对员工的关爱融进了生产和管理活动中,它的核心就是"让企业充满爱"。广州花园酒店提出"员工第一"的口号,每月固定一天为员工日,由酒店高层领导下厨为员工炒菜;员工得了奖状,其家属也会收到由总经理签发的贺信。日本的松下公司也非常注重企业内部员工关系的协调,有一整套行之有效的管理方法。

(二)社区关系

社区是社会学的一个术语,指一种区域性社会,即以共同区域、制度、利益、文化为基础而结成互动关系的人们生活的共同体。也就是说社区是具有社会功能的一定地理区域,如乡镇、街道、小区等,是人们共同生存的活动区间。任何一个组织都必然在一个具体的社区中存在,必然要和社区发生各种各样的关系。社区关系就是指组织与同一个社区中的机关、单位、集团以及个人之间的相互关系,它包括当地政府和各种服务、商业、文化机构,以及所有居民等。

社区关系涉及面广泛,包括当地的政治、经济、文化、教育等各个方面。这类关系处理得好坏,直接关系到组织的生存和发展。有了良好的社区关系,社会组织才会获得社区公众这一类身边伙伴的支持;如果没有良好的社区关系,社会组织就会受到来自身边的压力或威胁。如上海染化一厂在1986年10月3日曾发生一起氯磺酸泄露事故,短短几分钟时间,空气中就弥漫了氯化氢气体,造成厂区和毗邻的居民住宅区大面积空气污染。愤怒的居民冲进了工厂,少数感情冲动的人甚至向工厂办公室扔牛奶瓶,砸玻璃窗。面对这起突发事故,厂领导非常重视,决定用公关手段来妥善处理事故造成的严重后果。首先,他们承担事故责任,把中毒群众送进医院治疗,并承担一切医疗费用。接着,调查事故原因,针对设备结构不合理这个事故主要原因,投资改换老设备,以彻底消除隐患。厂领导还及时把这些情况编成简报和宣传资料,送到职工和居民手中。通过种种努力和及时的沟通,最终平息了社区居民的愤怒情绪和不安心理。事后,工厂为了进一步改善和社区的关系,采取了一系列的便民措施,如把工厂的浴室向社区居民开放,夏季向居民群众供应冷饮等。从此以后,上海染化一厂的社区关系变得越来越融洽。

(三)消费者关系

消费者关系是指组织与组织产品或服务的购买者、消费者之间的关系。这里的消费者是广义的,包括所有的物质产品和精神产品的消费者,如工商企业的用户和顾客、酒店的客人、交通部门的乘客、电影院戏院的观众、报纸杂志的读者等。

消费者关系,对工商企业来说尤为重要。商战,与其说是企业间的不流血的拼杀,不如说是企业之间争夺消费者的较量。良好的消费者关系能够为工商企业带来直接的利益。可以说,谁的消费者多,谁就成为赢家;谁的消费者少,谁就是输家;谁失去消费者,谁就倾家荡产。

现代社会,真诚关心消费者利益、把消费者奉为上帝的观念已经形成。对良好消费者关系的追求能够帮助企业树立正确的经营理念。"利润第一"还是"消费者第一",这种看似对立的经营观念,在一个公共关系意识强的组织里,已经不是对立而是可以相融的了。尊重消费者,把消费者的利益放在至高的地位,组织最终也将会获得丰厚的利润回报。如英国航空公司曾经有过一次只有一名日本乘客的飞行,当时飞机上有353个座位,6位机组人员和15位服务员,而乘客却只有一名不愿意换乘别的班机的日本老太太!这次只有一名乘客的国际航班使英国航空公司至少损失10万美元,但是这种"让顾客满意"的公关意识为英国航空公司赢得的,却是一个用金钱也难以买到的良好公司形象。英国航空公司赢得了世界各国乘坐飞行器的顾客的信任,提高了自己的美誉度。

(四)媒介关系

媒介关系,一般也称作新闻界关系,也就是与新闻传播机构(包括电台、电视台和报社、杂志社)以及新闻界人士(包括记者和编辑等)的关系。如果要在社会上、在所有公众中获得良好的声誉和影响,社会组织就必须借助新闻媒介这一广泛而深刻的大众传播媒介。它既是组织与其他公众实现广泛、有效的交流和沟通的重要中介,同时也是组织必须花大力气争取的重要公众。因此,新闻界公众是公共关系工作对象中最敏感、最重要的一部分,在组织的对外公共关系工作中,媒介关系往往是放在最显著和最重要的位置上的。

在现代信息社会中,媒介公众对社会其他公众有着非常巨大的影响力,新闻界是社会信息流通过程中的"把关人",也是社会舆论议题的发起人,他们决定着哪些信息应该传播,哪些信息应该阻止。他们是引导和影响民意、造成社会舆论的主要力量。可以说媒介公众是公众的代言人,社会组织要想造成有利于自己的社会舆论,在公众中形成广泛和良好的影响,就必须借助新闻媒介的力量,加强与媒介公众的联系,建立融洽的合作关系。只有这样,社会组织才能在整个社会中争取到较为有利的位置、获取生存与发展的有利环境。

此外,有了良好的媒介关系,就会有较多的机会"免费"运用新闻传播媒介。新闻媒介是连接组织与外部公众的桥梁,因而是组织协调与外部公众关系的主要工具之一。有了新闻媒介的支持,社会组织就能实现大范围、远距离地迅速传播,可以极大地提高组织的见报率和出镜率,从而提高社会组织的公共关系协调的质量和效率。新闻媒介的受众是以数万、数十万、数百万乃至数千万、数亿来计算的,社会组织若得到其支持,可以更容易获得广大公众的理解与支持。

但是,由于需要的角度不同,组织与新闻界之间常常会有利益冲突:新闻界为了使新闻引起读者和观众的兴趣,喜欢寻找问题和内幕,喜欢报导一些新奇的东西。因此,可能倾向去挖掘组织的一些负面材料。而组织希望新闻界多做一些有利于自身形象的报道,多宣传自己的优点。因此,倾向于提供一些好消息,甚至有可能夸大其词。不管怎样,对一个组织来说,其他公众都有可能变化,唯一不变、始终伴随组织的公众只有新闻媒介公众。曾经有一家饮料厂,因为一家晚报刊登了批评厂内食品不卫生的稿子而把这家报社告上了法庭,结果不仅输了官司,还失去了消费者的信任。这个案例从反面告诉我们:任何组织必须正确处理好与媒介公众的关系,在和媒介公众发生冲突时,应采取"淡化矛盾"的策略,应多和媒介沟通。这家饮料厂不懂得媒介的批评和舆论监督,实际上代表的是公众的态度,代表的是消费者的态度。没有去检查自己的工作,反而采取了这种错误的态度,失去消费者的信任也就不足为怪了。

第二节　阅读资料

一、松下崛起的秘密

——内部公共关系障碍及其消除渠道

松下公司的电器产品在世界市场上早就闻名遐迩，被海内外企业界誉为"经营之神"的公司创始人松下幸之助，也因畅销书《松下的秘密》而名扬全球。现在，松下电器公司已被列入世界 50 家最大公司的排名。人们对该公司的经营管理水平和社会形象予以高度评价，而作为该公司最高顾问的松下幸之助更是倍受推崇。

贫民出身的松下幸之助，于 1918 年正式成立松下电器公司，他的第一项产品是多用双插座，制造工厂就在他家的客厅。不到 10 年，他的电器公司一跃而成为日本电器行业的领导者。松下公司之所以能有今天，和松下先生管理有方、经营得法是分不开的。

松下电器公司获得成功的一个重要因素是"精神价值观"。松下先生规定公司的活动原则是："认清实业家的责任，鼓励进步，促进全社会的福利，致力于世界文化的繁荣发展。"松下先生给全体员工规定的经营信条是："进步和发展只能通过公司每个人的共同努力和协力合作才能实现。"进而松下幸之助还提出了"产业报国、光明正大、友善一致、奋斗向上、礼节谦让、顺应同化、感激报恩"等七方面内容构成的"松下精神"。在日常管理活动中，公司非常重视对广大员工进行"松下精神"的宣传教育。每天上午 8 时，松下公司遍布各地的员工都背诵企业的信条，放声高唱《松下之歌》。松下电器公司是日本第一家有精神价值观和公司之歌的企业。

与此同时，松下电器公司建立的"提案奖金制度"也是很有特色的。公司不仅积极鼓励职工随时向公司提建议，而且由职工选举成立了一个推动提供建议的委员会，在公司职工中广为号召，收到了良好的效果。1986 年，全公司职工一共提出了 66 万多条提案，其中被采纳的多达 61299 条。即使有些提案不被采纳，公司仍然要给予适当的奖励。仅 1986 年一年，松下公司用于奖励职工提案的奖金就高达 30 多万美元。当然，这一年中合理化提案所产生的效益则远远不只 30 万美元。

松下幸之助经过常年观察研究后发现:按时计酬的职员仅能发挥工作效能的 20%～30%,而如果受到充分激励则可发挥至 80%～90%。于是松下先生十分强调"人情味"管理,学会合理的"感情投资"和"感情激励",即拍肩膀、送红包、请吃饭。

——拍肩膀。车间里、机器旁,当一个员工兢兢业业、一丝不苟操作时,常常会被前来巡视的经理、领班们发现。他们先是拿起零件仔细瞧瞧,然后会对着他们的肩膀轻轻拍几下,并说上几句"不错"、"很好"之类的赞扬话。

——送红包。当员工完成一项重大技术革新,当你的一条建议为企业带来重大效益的时候,老板会不惜代价重赏员工。他们习惯于用信封装上钱款,个别而不是当众送。对员工来说,这样做可以避免别人,甚至是一些"多事之徒"不必要的斤斤计较,减少因奖金多寡而滋事的可能。

——请吃饭。凡是逢年过节,或是厂庆,或是职工婚嫁,厂长经理们都会慷慨解囊,请员工赴宴或上门贺喜、慰问。在餐桌上,上级和下属尽可尽情拉家常,谈时事,提建议,气氛和睦融洽,它的效果远比站在讲台上向员工发号施令好得多。

更令人叫绝的是,为了消除内耗,减轻员工的精神压力,松下公司公共关系部门还专门开辟了一间"出气室",里面摆着公司大大小小行政人员与管理人员的橡皮塑像,旁边还放上几根木棒、铁棍,假如哪位职工对自己某位主管不满,心有怨气,可以随时来这里,对着主管的塑像拳脚相加棒打一顿,以解心中积郁的闷气。过后,有关人员还会找员工谈心聊天,沟通思想,解惑指南。久而久之,在松下公司就形成了上下一心、和谐相容的"家庭式"氛围。在与国内外同行竞争中,松下公司的电器产品总是格外受人青睐。

(选自《日本企业的经营管理》,中国经济出版社 1988 年版)

点评

一个能够取得卓越成就,并能长久保持竞争优势的企业、公司和其他组织机构,靠的究竟是什么法宝? 透过"经营之神"——松下幸之助及其所创办的松下电器公司的发展历史,就内部公共关系活动而言,可以带给我们这样一些有益的启示。

1. 员工的价值观念是决定组织成败荣衰的一个根本问题

每一个社会组织都必须有一个价值信念和行为宗旨,以维系和激励全体员工,充分调动他们的积极性、主动性和创造性。松下公司在日常经营管理中给予员工两种训练:一种是基本业务技能训练,另一种是"松下精神"的学习领会。培养员工积极向上的"精神价值观",在内部公共关系活动和塑造社会形象上具有至关重要的作用。一方面,员工的价值观念赋予企业、组织重大的社会责任;另一方面,它赋予员工的日常工作以崇高的意义。

2. 在组织内部完善合理化建议制度,表彰和奖励先进的员工

经常向上级提出合理化建议,可以增强职工的责任感和自信心。依照松下公司的做法,实行和完善合理化建议制度,应当鼓励每个职工对公司经营管理、技术改进等方面提出自己的看法。合理化建议制度的推行一是要制定出合理的方案,事先设计好"提案表格";二是要抓紧时间审理,并给予及时的处理意见;三是经常向员工公布合理化建议的采纳情况和实施效果,对积极分子给予适当的表彰和奖励。

3. 运用"情绪指数"调动积极性,学会使用合理的感情投资和激励艺术

感情作为联系组织内部员工关系不可缺少的润滑剂,主要存在于领导者与被领导者、管理者与被管理者之间。在内部公共关系建设中,领导者想得到下属群众的理解、尊重、信任和支持,首先应该懂得怎样关心爱护他们。松下公司在日常公共关系工作中,十分重视对自己的员工进行感情投资,不论是拍肩膀,还是请吃饭,总是做到"人心换人心",彼此相互影响,心心相印,内耗大大减少。至于松下公司别出心裁地开辟了"出气室",主要也是为了理顺员工们的思想情绪。

二、"奥妙"降价的奥妙

一、"奥妙"酝酿降价,"环球"瞄准媒介

"奥妙"是世界知名企业——联合利华旗下的重要洗涤产品品牌。1993 年,红色装"奥妙"成为第一个进入中国市场的国际洗衣粉品牌。经过 6 年的发展,"奥妙"已经是中国高档洗衣粉市场最有影响的品牌之一。目前,中国市场上的"奥妙"洗衣粉共有红、蓝、绿色三种包装,价格与其他同类产品相比悬殊较大。1999 年 10 月,在内部条件成熟的情况下,联合利华决定推出两种新款"奥妙"洗衣粉,同时对原有价格进行大幅度调整。

中国环球公共关系公司受联合利华委托,处理围绕"奥妙"降价产生的媒介关系事宜。

双方共同认识到:日用消费品的价格大幅度变动势必引起新闻媒介的关注,新闻媒介在关注此类事件的过程中一方面会在客观上帮助联合利华传播"奥妙降价"这一重要信息,引起消费者的关注;但另一方面有可能引发不利于联合利华的舆论报道,比如"奥妙降价以牺牲质量为代价"、"奥妙降价冲击国有品牌"等,而这种社会舆论一旦形成,可能导致联合利华这一重大的市场举措失败。处理好媒介关系,形成有利于联合利华的社会舆论,关系到"奥妙"降价能否得到市场的认可。因此,媒介关系事关重大。

二、调查研究,权衡利弊

客观地讲,大幅度降价对"奥妙"品牌来说是一把"双刃剑"。在公关领域,可以从产品、企业、外部环境三个层面上总结出当时"奥妙"面临的机遇与挑战。

1. 产品层面

(1)"奥妙"降价本身就是有价值的经济新闻,新闻媒介的参与,对"奥妙"新产品的推出有推波助澜的作用,有利于吸引更多的消费者;

(2)经过长期的品牌形象宣传,"奥妙"、"洗衣专家"品牌形象已经深入人心;

(3)优质优价是市场的一般规律,"奥妙"降价有可能使新闻界产生"此奥妙非彼奥妙"的感觉。说明"奥妙"如何在保证质量的前提之下降价,需要首先对新闻界进行必要的解释工作。

2. 企业层面

(1)联合利华于1999年刚刚完成企业重组,企业资源的优化使得产品的间接成本下降,成功的重组有可能激发新闻媒介的报道兴趣;

(2)联合利华企业重组后,"奥妙"在上海闵行区的生产基地停产,联合利华与闵行基地的大量员工提前解除劳动合同。"下岗"问题非常敏感,处理不好,会造成严重的媒介负面报道;

(3)在此之前,联合利华家庭及个人用品护理部从未有组织、有系统地与新闻界接触,缺乏固定专业媒介队伍,处理"奥妙"降价实践媒介关系的难度增加。

3. 外部环境

(1)在当今的市场环境下,中资品牌洗衣粉的价格较低,"奥妙"降价,有可能给媒介造成联合利华降价冲击中资品牌的不良印象;

(2)"太湖污染"事件被媒介曝光之后,引发了媒介关于"磷与环境污染"问题的关注,环保问题一时间成为洗衣粉领域的又一个敏感问题。"奥妙"红色装原全部为无磷产品,而新产品分有磷和无磷两种,只在禁磷地区销售无磷产品。"环保问题"必将成为"奥妙"在处理媒介关系方面不可回避的环节;

(3)"奥妙降价"改变了市场格局,竞争对手会以各种方式作出反应,有可能造成媒介关系协调方面意想不到的困难。

三、瞄准目标,及时出击

1. 主动出击

在第一时间召开新闻发布会(建议为北京、上海、广州三地),邀请全国主要的新闻媒介参加,公布"降价"消息,尽可能回答记者感兴趣的问题,形成一定宣传规模和强度,同时以事实来消除有可能产生的主观臆断和猜想:

——精心遴选各个地区有影响的媒介及适合的版面、栏目,做到有的放矢,防患未然;

——针对不可回避的敏感问题给出合理的答案,以防止负面报道的产生;

——指定新闻发言人,保证对外发布统一的信息;

——从不同角度撰写新闻稿,引导记者形成有利于"奥妙"的报道思路;

——做好"保卫"工作,防止竞争对手的代言人干扰新闻发布会的进行,积极协调;

——在发布会前后,尽可能充分的与媒介沟通,增加媒介记者对"奥妙"举措的认同感。

2. 媒介遴选

——综合类媒介(经济版面/生活版面);

——消费类媒介;

——经济类媒介;

——广播电台/电视台(经济栏目/生活栏目)。

3. 确定新闻发言人

新闻发言人应当具有一定的权威性。经协商,将新闻发言人杨牧先生指定为联合利华家庭及个人护理产品市场总监,同时对发言人进行了必要的培训,培训内容包括:

——发布会的整个流程;

——发布会的重要细节;

——面对记者的仪态、语态。

4. 媒介介绍

联合利华家庭及个人护理部从未举办过类似活动,为了增加发言人对中国媒介及记者的了解,事前的媒介介绍内容极尽详细:

——介绍三地记者的特点;

——被邀媒介详细介绍;

——专访媒介及专访记者特别介绍。

5. 提供敏感问题处理意见

针对在处理"奥妙"降价媒介关系方面上不可回避的问题,提供如下处理意见,比如:

——"奥妙"降价如何保证质量

回答要点:"奥妙"的降价的直接原因是资产重组所带来的间接成本下降,一系列实验数据和使用结果可以说明"奥妙"的质量没有丝毫下降。

——重组之后的"下岗"问题

回答要点:企业在正常的发展过程中,出于战略需要,与部分员工提前解除劳动合同在所难免。目前,联合利华正在组织"下岗"员工系统学习新的技能,并且帮助他们寻求新的就业岗位。

——冲击中资品牌问题

回答要点："奥妙"在中国市场的主要竞争对手一直是外资品牌,即使降价之后,"奥妙"的价格也比国有品牌高,相信"奥妙"的降价不会对中资品牌造成冲击。

——环保问题

回答要点："奥妙"严格遵守中国政府的有关规定,在禁磷地区销售无磷洗衣粉。同时,邀请国家洗涤用品行业协会的代表出席发布会,利用"洗协"的观点解释记者的疑问。即最新调查显示,养殖液和化肥农药的大量使用是造成磷对环境的污染最主要原因,即使在生活污水中,来自洗衣粉的磷也只是一小部分。因此,含磷洗衣粉不是造成污染的主要原因,根据国际经验,许多国家没有禁止洗衣粉中使用磷。

在此基础上,从正反两方面归纳近40个问题及答案,并从中提炼要点,确保发言人在答记者问时做到从容不迫。

6. 不同角度编写新闻稿

为了引导记者形成有利于"奥妙"的报道思路,从以下四个方面撰写不同的新闻稿:

——新"奥妙"闪亮登场;

——"奥妙"降价不降质;

——"奥妙"降价给国有企业的启示;

——国内洗衣粉市场发展与潜力;

——同时,为文字记者准备相关照片,为电视台准备素材带。

执行期间注意了以下问题:

——外地记者由专人接待,做到事前及时沟通,大报小报、年轻与资深记者一视同仁,使其增强报道欲望;

——三地发布会分别邀请当地及国家工商、消协部门与会,增加发布会可信度和权威感;

——广州是联合利华的主要竞争对手的根据地,在发布会现场,制定了严格的防范措施,未被邀请而试图与会的10多位记者都被委婉拒绝;

——北京发布会后,"环球"特意安排北京青年报记者在展台旁拍摄与会者参看展品的镜头,力求照片突出"奥妙"且以自然风格出现在报端。

四、凯歌高奏,销量大增

以新闻发布会为主体的媒介关系协调工作完成得十分顺利,达到了预定的公关目标,媒介反响强烈,形成对联合利华有利的社会舆论,没有出现不利报道。

文字媒介

截至发布会结束的一个月,共收集到101篇相关剪报,其中上海11篇,广州13篇,北京32篇,四川13篇,还有32篇来自全国各地的报纸,发稿量已达到200%。

——没有出现有损"奥妙"品牌形象的负面报道;

——报道篇幅大,短时间内形成新闻热点;

——转载文章多,说明社会反响强烈,形成舆论。

影响深远,经济日报记者在名为"老冤家 新市场——跨国公司中国大比拼"的专版中,竟以"'奥妙'降价的奥妙"为题记述了联合利华与宝洁的竞争,并提到联合利华将突破点选在了洗衣粉市场,其实这并非联合利华的策略,大概只是因为一段时间内"奥妙"的强劲宣传攻势所致。

电视台及电台

所有被邀电台(3家)、电视台(10家)都及时地发布了有利于联合利华的信息。

国际互联网

至少有10篇以上的文章被登载在报纸的电子版上,其中包括《北京青年报》、《北京晨报》、天津的《今日晚报》、上海的《新民晚报》、《新闻报》及广州的《南方日报》、《新快报》等。

在"奥妙"降价之后的一个月内,其销量大幅度上升。调查资料显示,有50%以上的消费者的信息来源是有关的新闻报道,同时绝大多数消费者认为,"奥妙"降价的原因是市场竞争,而不影响产品的质量。这说明,围绕"奥妙"降价事件展开的媒介关系协调工作最终取得成功。

(资源来源:中国公关网——经典案例)

点评

联合利华依靠新闻媒介,争取新闻媒介的支持,使新产品降价后顺利进入市场,为广大消费者所接受,没有产生任何负面影响,这一切都归功于联合利华成功地协调了和新闻媒介的关系。这个案例告诉我们:要重视并善于利用媒介关系。媒介是组织外部公众中最具有特殊意义的公众,它是组织与其他公众沟通信息的桥梁。实际上,社会组织与媒介公众之间是在一个互相依赖和互惠互利的关系中运作的,在各自的切身利益中,有时作为敌手,有时作为伙伴相互合作。联合利华认识到:日用消费品的价格大幅度变动势必引起新闻媒介的关注,新闻媒介在关注此类事件的过程中一方面会在客观上帮助联合利华传播"'奥妙'降价"这一重要信息,引起消费者的关注;但另一方面有可能引发不利于联合利华的舆论报道,比如"'奥妙'降价以牺牲质量为代价"、"'奥妙'降价冲击国有品牌"等,而这种社会舆论一旦形成,可能导致联合利华这一重大的市场举措失败。处理好媒介关系,形成有利于联合利华的社会舆论,关系到"奥妙"降价能否得到市场的认可,因此,媒介关系事关重大。正是基于这样的认识,联合利华才有了这次成功的媒介公关。

三、"等待爆炸"引起的麻烦

——建立良好媒介关系的指南

形　势

1992 年 11 月,美国全国广播公司在电视新闻杂志节目"日界线"上播出了一个题为《等待爆炸》的 6 分钟片段,聚焦于它所说的从 1973 至 1987 年由通用汽车公司制造的标准尺寸轻型货车设计不安全问题。这个节目包括了一个由安全分析研究所(ISA)实施的一分钟"非科学"的撞车演示片段,在这个片段中一辆卡车在被一辆汽车从侧面撞击后起火。

1700 多万名观众看到了对于采访安全专家的明显视觉支持,这位专家声称由于油箱的设计和位置,这种卡车易于着火和爆炸。

这个电视片段还包括对于一个 17 岁孩子父母的采访,这个孩子因其开的轻型货车受到一个酒醉司机开车的侧面撞击而丧生。通用汽车公司正式控告全国广播公司,认为这个节目是"恶劣的,不公平的,误导的和不负责任的"。

1993 年 2 月,陪审团认为通用汽车公司"疏忽大意",并且把 1.52 亿美元判给了这对父母。通用汽车公司对此提出了申诉,声称是由于对驾驶室每小时 70 英里时速的冲击——而不是火灾杀死了卡车司机。

尽管全国广播公司和安全分析研究所声称,那辆试验车已经在撞车演示后被烧毁了,但是通用汽车公司的调查研究者们还是找到了它们,并且得到了法庭的认可,得以研究这些车辆,再现演示过程和结果。

通用汽车公司的反应

1993 年 2 月 8 日在底特律举行的一个记者招待会上,通用汽车公司的首席顾问针对全国广播公司"日界线"的节目片段,提供了一个精心研究的反驳。通用汽车公司在全世界分销点和北美经销商都通过卫星接收到了这个记者招待会。这次记者招待会的数百个录像带都被发送出去了。在显示被撞卡车的油箱和回放这次撞车过程的连续慢动作的时候,通用汽车公司的顾问指出了这次报道和撞车试验中的主要欺骗手法。

1. 全国广播公司没有告诉观众,易燃的火箭发动装置被捆在卡车下面,并且在受到冲击时定时爆炸,以致点燃任何溢出来的汽油。

2. 在试验以前,燃料油箱已经被"去掉了盖子",并且安上了一个非标准的盖子,这样在易燃装置被点燃时就可以让汽油漏出。

3. 与全国广播公司在报道中所声称不同的是,在油箱上并没有任何穿孔。

4. 撞车演示里的冲击速度比起全国广播公司报道的速度明显要高得多：一个是每小时 39 英里而不是 30 英里，另一个至少是每小时 47 英里而不是 40 英里。

通用汽车公司对于全国广播公司和安全分析研究所诋毁其名誉提起了一项民事诉讼。这样的行动在通用汽车公司的历史上还是第一次。

全国广播公司的反应

全国广播公司在 2 月 8 日的新闻广播中播出了通用汽车公司的指控要点。但是，全国广播公司新闻节目的总裁迈克尔·加特纳为这个片段进行了辩护。然而，2 月 10 日全国广播公司"日界线"的合作主持人简·波特和斯通·菲利普斯念了一个当天由全国广播公司和通用汽车公司达成的冗长的撤销声明。全国广播公司对于通用汽车公司的指责没有进行任何争辩。"全国广播公司为使用了这个一分钟的撞车片段感到深深的遗憾，"菲利普斯说："我们谨向我们的观众和通用汽车公司表示歉意。"

结 果

通用汽车公司接受了全国广播公司的道歉并且撤销了民事诉讼，条件是全国广播公司支付通用汽车公司的研究经费，大约是 200 万美元，迅速地接受全国广播公司的道歉和撤销法律行动使得这件事情摆脱了媒介的聚光。

建立良好媒介关系的指南

各个利益集团之间的基础性冲突必然会使得从业人员与新闻记者的关系成为对立关系。对于组织和从业人员来说，比较健全的态度是把媒介关系看作是一种投资，从业人员和新闻记者之间的关系最终对于以后有关组织的报道质量有着一定的影响。只要从业人员遵循几个基本规则，这些关系就有可能得到最佳实现。

1. 开诚布公

与新闻界打交道的时候，"最佳的政策是诚实"。这一忠告不仅仅在政治上是正确的，它也是良好的业务基础和重要的常识。

2. 提供服务

获得新闻记者合作最迅速、最有把握的方式就是当他们需要的时候可以方便使用的形式，给他们提供所需要的、有新闻价值、有趣味和及时性的报道和图像。

3. 不要乞求或者吹毛求疵

没有什么比从业人员乞求发表他们的报道，或抱怨有关报道的安排让新闻记者及主编和新闻部主任更恼火的了。

4. 不要寻求封杀

从业人员没有任何权利要求新闻界压制或者封杀一篇报道。这样极少起作用，也是不内行的，而且只会带来反感。

5.不要大水漫灌媒介

研究和经验教会了我们什么是新闻价值的界线,而常识要求我们尊重它们。如果一个金融主编收到了适于体育运动或者房地产主编的信息,金融主编就会失去对于这位正在用新闻稿覆盖媒介的从业人员的尊重。

(选自[美]卡特利普、森特著,明安香译:《有效公共关系》,华夏出版社2002年版)

点评

从通用汽车公司和美国全国广播公司的这场纠纷中,我们明白了一个道理:新闻界和组织对同一件事情的兴趣点是很不相同的,新闻界总是要以耸人听闻的手法处理事情,总是要把事情扭曲到适合他们报道的角度。开始时,通用汽车公司一直处于冲突的下风,舆论对他们很不利。如果不是因为实力雄厚,投入大量的财力、人力去研究,他们就一定会是这次纠纷的失败者。这是一场世界著名大企业和世界著名的新闻媒介之间的较量,以通用汽车公司这样的实力还不敢在"获胜"后得理不饶人,而是见好就收,主动退出新闻界的"聚光"。因此,公共关系从业人员或有志从事公关事业的人员必须在心里牢牢记住以下忠告:千万不要与新闻界交恶,千万要仔细阅读布鲁姆等人总结的"建立良好媒介关系的指南"!

第三节　案例与实践

【角色扮演】

火灾无情人有情

一、目的

通过这次角色扮演活动,让学生明白商业企业如何在实际工作中真正做到"顾客第一",懂得在协调与消费者关系时,想消费者之所想是公共关系工作成功的关键。

二、指导

在完成与消费者(顾客)的交谈后,班上的其他同学为角色扮演者的语言能力和驾驭场面的应变能力打分,同时记下角色扮演者疏忽的地方。

三、时间

10～15分钟。

四、角色

某大厦家电商场值班经理张先生(或李小姐)、顾客王大妈。

五、场景

第一场景:2003年7月20日,张先生(或李小姐)在家电商场值班。王大妈家发生了火灾,家里的电器、家具全部毁于一炬,损失惨重。她家的电冰箱是在张先生(或李小姐)的商场里买的,尽管还没有确凿的证据,但是她还是怀疑火灾是由电冰箱引起的,于是她来到商场投诉。张先生(或李小姐)热情地接待了她,决定请有关部门调查火灾原因,并打电话给有关部门。

第二场景:经有关部门查明,火灾确因电冰箱起火引起。张先生(或李小姐)当即打电话给冰箱厂,希望冰箱厂派人来解决。

评判单:

在以下的评分范围内,评定张先生(或李小姐)扮演者的演示情况。

	不好	不太好	一般	好	很好
接待顾客时的态度					
处理问题的能力					
交谈时的表达能力					
通话时能否抓住重点					

注意:角色扮演题一定要演示,有条件应让更多的人有机会参与演示。演示前,对角色的言行要进行充分酝酿;演示时,全班同学在旁边观看,然后评判打分,最后还可以选部分同学来陈述自己打分的理由。

【案例分析】

该不该起诉报社?

一、目的

通过本案例的讨论,让学生从感性角度更加懂得协调与媒介关系的重要性以及如何更好地协调媒介关系。

二、指导

组成若干小组并推选一位组长,讨论以下案例,由小组长在全班作陈述并进行辩论。

三、时间

40分钟。

四、案例

2003年7月20日,某城的一家晚报刊登了一则批评某饮料企业食品不卫生的新闻稿,内容如下:

以生产冰红茶而闻名全国的某著名企业,昨天竟因不卫生被市卫生防疫站食品监督人员处以1万元的罚款。

7月15日,市防疫站的监督人员曾到该企业检查,发现该企业的灌装车间苍蝇多,原料中存在飞虫杂质,剩余饮料没有倒干净。监督人员要求该企业限期解决存在的问题。昨天进行复查,卫生状况有所改进,但改进不大:储存原料的桶盖上依然有虫,墙角乱堆杂物,消毒池未及时放消毒液。

这则消息一发表,立即引起了用户的强烈不满,原来已经签了订货合同的客户,纷纷取消了合同。面对这种情况,如果你是企业领导(或企业的公共关系人员),你认为应该怎样面对媒体的批评?

每个小组提交一份分析报告,由老师评分以确定整个小组的练习成绩。

【模拟训练】
危机时刻显身手

一、目的

通过本次模拟训练,让学生对举行新闻发布会有一个感性的认识,初步熟悉举行新闻发布会的各个环节。

二、指导

以新闻发布会的新闻发言人为主,该发言人事先应就此次发布会的主题设计若干个核心问题,并拟好答案。再挑选若干同学扮演记者,围绕发布会的主题,随意提问,以考验发言人的应对能力。

三、时间

10~15分钟。

四、场景

上述案例二,经过大家的激烈辩论,最后统一了认识:企业现在面临严重的公关危机,绝对不能起诉新闻媒体,而是应该马上召开新闻发布会,向有关媒体道歉,检讨自己的不足,并向社会表明自己改正的决心,以得到社会公众的谅解,重振企业雄风。

评判单:

在以下的评分范围内,评定新闻发言人扮演者的表演成绩。

	不好	不太好	一般	好	很好
控制场面的应变能力					
回答时能否抓住重点					
语言流畅程度					
口齿清晰程度					
仪表、风度和礼貌					

第五章 公共关系的传播

第一节 基础理论知识

传播与沟通是公共关系的三要素之一，是联系社会组织与公众的桥梁，是组织开展公共关系活动的手段和过程。公共关系活动的本质就是社会组织运用现代传播和现代人际沟通的手段，使自己与公众相互适应，并谋求共同发展。因此，娴熟掌握和运用传播媒介，是成功开展公共关系活动的基础。

美国总统罗斯福就重视并完美地运用了各种传播媒介，建立了强大的组织内部传播信息网，为其成功的政治生涯打下了坚实基础。阿瑟·施莱辛格曾以称颂的口吻对罗斯福作了如下评价："富兰克林·罗斯福是一位完美的网络组织者。按罗斯福所见，总经理的首要任务应该保证他自己有一条有效的信息和意见的传递渠道……因为罗斯福努力坚持用通过各种私人关系、非正式和非正统渠道以及谍报网那儿得来的情报，对通过官方渠得来的情报进行检查和权衡。"其他领域与政治领域一样，都须高度重视公共关系的传播。

一、传播的涵义、分类及理论研究

传播一词与英文中的"communication"对应，最早出现在拉丁文中，本意是"建立共同的意思"。《大英百科全书》对"communication"一词的解释是"若干人或一群人相互交换信息的行为"。著名传播学家韦尔伯·施拉姆认为传播就是"对信息内容的分享"。

（一）传播的概念

公共关系中，所谓的传播就是个体与个体之间、个体与组织之间信息的传递和分享的过程，其中包含四层意思：

（1）传播是一种社会现象。传播与人类社会是同生共有的。混沌初开时，原始人为了征服自然，以获得自身的生存与发展，就开始用火、甲骨文、不同发音来互通消息。当代社会更是信息的社会，印刷术、无线电广播、电影、电视、传播卫星、因特网在我们的生活中无处不在,获取多方面信息成为人类社会的基本需求。

(2)传播需要借助载体进行。传播需要把信息变成适于传播的符号,如照片、声音、文字、动感画面、海报等。

(3)传播的内容是信息。信息是用一定符号(即传播的载体)表达出来的具有新内容、新知识的消息,包括对事物的判断、态度和感情。

(4)传播是一种信息流动的过程。传播是双向的交流,一定有起点(传播者)和终点(受传者),是交流双方建立共知、共识、共感的过程。传播者既要输出信息,又要接受受传者的反馈信息;受传者在接受传播者的信息影响的同时,又要积极输送自己的反馈信息,让传播者及时调整信息的内容。

(二) 传播的要素

传播学家哈罗得·拉斯威尔于 1948 年指出,说明公众行为的基本方法是回答 5 个“W”,即“谁(who)、说什么(say what)、通过什么渠道(through which channel)、给什么人(to whom)、取得什么效果(with what effect)”。这 5 个“W”逐步演变成 7 大传播要素,各要素间的关系如图 5-1。

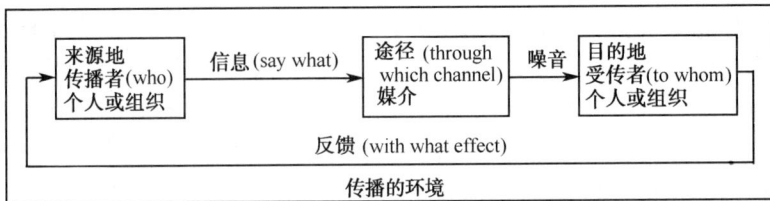

图 5-1　传播的要素

1. 传播的环境

任何的传播都发生在一定的社会环境中,诸如政治环境、经济环境和文化环境。社会环境限制和决定了传播者与受传者的行为模式。例如,中国姑娘听到别人称赞自己漂亮,会羞红了脸,谦虚地说:“哪里,哪里,差得远呢。”而美国姑娘听到别人同样的称赞时,会心花怒放,高兴地说:“谢谢,谢谢,我的确是比较漂亮的。”社会环境不同,传播规则可能大相径庭。作为传播者和受传者的个人或组织生活在一定的社会环境中,人或组织的思维方式、感知结构以及赋予周围物品或事件以何种意义,都受其所在社会环境的制约。在不同的社会环境中,同一物品或事件可以有不同的涵义。例如,在德国,“狼”被认为是勇猛的象征,常用于对人赞美时的比喻。而在中国,人们通常认为“狼”是凶残的动物,如成语“狼心狗肺”中狼就被赋予了贬义,这也是所处社会环境的差异所致。

2．传播者（who）

传播者又叫信源、发送者。指信息传播过程中处于主动者一端的组织或个人,如新闻机构及其工作者、公共关系的从业人员、宣传工作者。

传播者的任务是：

（1）筛选信息。筛选易于被受传者接受的信息。

（2）制作信息符号。如：文字、语言声音、画面。

（3）发送信息符号。

3．受传者（to whom）

受传者又叫受者、信宿。指传播内容的接受者,如听众、读者,是信息传播的对象。受传者的任务是：

（1）接受传播符号。只有受传者接受了信息,传播才有了实际意义。

（2）译制并解释传播符号。受传者将符号组成的信息转换为能理解的意义,是赋予信息意义的过程。不同的受传者对相同的信息可以有不同的译制方法。比如,对于达·芬奇的名画"蒙娜丽莎的微笑"的解释,有人说这是甜美的笑,也有人说这是神秘的笑,更有解剖学家说这是精神病人才有的笑。作为公关人员,无论是译制语言符号还是非语言符号,都要尽量接近传播者的原意。

（3）反馈信息。受传者对所收到的信息做出反应,传播者可根据反馈判断传播的效果。反馈对传播者及受传者的行为和态度有调整作用。

4．噪音

阻碍传播过程的一切因素统称为噪音,会导致受传者对传播者的信息发生误解。概括起来,大体有以下两类噪音。

（1）语言噪音

语言这一概念包括语形、语音、语调、语义等,是人类用以沟通的最重要的工具。但人们常常因为对语意的不同理解,使人际沟通发生障碍。例如,意大利喜剧演员罗西,在一群外国客人前用意大利语表演词朗诵,罗西流着泪,声音非常悲凉,客人们虽然听不懂,但都以为罗西朗诵的是一首悲伤的诗词,都被感动得流下了同情的泪。节目表演完后,罗西告诉大家,"我刚才念的,是菜单。"可见,听不懂的语言,就只是声音符号,不是语言符号,无法进行正常的人际沟通,是传播中的噪音。有时,一句话停顿的地方不同,意义会大不相同,比如对"提了职的和尚未提职的同志,都可以加工资"这句话,传播者的意思是"提了职的,和尚未提职的同志,都可以加工资"。而受传者可以理解为"提了职的和尚、未提职的同志,都可以加工资"。两种解释的主语大相径庭,意思也就截然不同了,可能完全违背了传播者的原意。

(2)习俗噪音

风俗习惯是人们在特定文化背景和历史条件下形成的,不同的礼节风俗常造成沟通中的误解,成为传播中的噪音。美国人与下属或朋友交谈时,有时会把双脚放在桌子上,这种习惯中国人难以接受,因为这被认为是对朋友或下属不礼貌。此外,美国人在朋友告别时,男士可亲吻女士的脸颊,中国文化就不接受这种非语言行为。习俗是日积月累形成的,不会轻易改变,我们应该入乡随俗,才可避免"习俗噪音",使沟通顺利进行。

5. 传播符号

传播符号是人类传播活动中表达信息、意义的形式。如声音、语言、文字和人的姿势、表情。

(1)传播符号的发展

传播符号的产生和发展与人类社会的产生和发展同步,经历了一个从低级向高级、从简单到复杂的过程,并且还在不断进步。其发展进程可简要划分成以下四个阶段:

① 第一阶段:原始传播符号阶段,如声音、动作、火。在形成系统的语言之前,原始人仅能根据声音的长、短、高、低、缓、急,火产生的烟形状,及肢体的动作来进行沟通。

② 第二阶段:语言、文字阶段。语言是人类社会形成后的第一次最伟大的发明创造,使传播符号的功能发生了质的飞跃。语言不同于动物的嘶鸣与叫啸,不只是声带的颤动,而是人脑思维的反映,是有意识和语义的,人们可据此来进行信息传播和思想交流。公元前3100年埃及产生了象形文字,公元前16世纪至公元前11世纪,中国的商朝有了甲骨文。文字的产生标志着人类文明的开始,是人类的信息传播由口头传播进入书面传播的初期阶段。

③ 第三阶段:造纸技术和印刷技术的发明与应用阶段。我国东汉的蔡伦发明了造纸技术、北宋的毕昇发明了活字印刷术,这些发明使书面语言有了大规模传播的可能。

④ 第四阶段:现代电子传播技术的发明与应用阶段。19世纪40年代,电报技术发明成功;19世纪70年代电话技术发明成功;20世纪40年代晶体管收音机走进了千家万户,无线电广播得到普及;20世纪30年代,电视机正式诞生。随着计算机技术的发展,光纤通信技术和数字技术的发展,国际互联网出现了,使传播的速度更快、范围更广。

(2)传播符号的分类

传播符号可分为以下两类:

① 语言形式的传播符号。以自然语言(如汉语,英语,日语等,可以是书面

的,也可以是口头的)为载体的表达信息的符号。这种语言符号在传达信息时,表达的是传播者的原意,具有直接性、充分性、及时性的特征。

② 非语言形式的传播符号。指以眼神、姿势、声调、服饰、气味、光、色、时间、空间等为载体来表达信息的符号。这种非语言符号在传达信息时,表达的不是传播者的原意,只是一种暗示、一种象征,理解其本意,需要一定的社会阅历。

两者的区别与联系:

语言形式的传播符号可以表达抽象概念。非语言形式的传播符号使用的历史更悠久。非语言传播能力是人类与生俱来的,古罗马哲学家和雄辩家西塞罗认为,双目传神的表情和指手画脚的动作是人体的一种语言,而这种人体语言早在声音语言体系形成前就广泛地被原始人所采用。非语言形式的传播符号使用的频率更高,美国传播学家罗斯认为,人们传播活动中得到的信息总量的65%都是非语言符号传播的。非语言形式的传播符号传递的信息更准确,进化学家达尔文曾指出,面部表情往往是下意识的,不能完全控制,所以非语言传播比语言传播可信度高。语言形式的传播符号与非语言形式的传播符号两者是互补的,常结合在一起用于信息交流。非语言传播的信息增加了语言传播信息的准确性。例如,不少人在同意别人的意见时会一边说"是",一边不自觉地点头,点头这一非语言传播符号能强化说"是"的肯定性。

(3)非语言传播符号的载体

① 声音 指有声音的非语言,主要是通过语调、语速、轻重、停歇、哭声、叹息声、呻吟声、咳嗽声、惊叫声等来传播信息。如"请"字,可以有三种读法:读得不轻不重,语速适中,则可理解为正规场合的敬语,传递一种尊敬的意思;拖长声音,语调由重到轻再到重,则可理解为朋友熟人间开玩笑,传递戏谑之意;如声音短而有力且响亮,则可能是警察对犯人的命令。公关人员在人际沟通中,应根据不同的语境和对象,恰到好处地运用声音这一载体,增强传辞达意的准确性。

② 服饰 服饰是一种社会和时代的符号。不同的年代会流行不同的服饰,30年代的中国女性钟爱端庄典雅的旗袍,而20世纪50、60年代人人都被高昂的革命热情所激励,流行黄绿色和蓝色的军装。服饰又是一种情感的符号,过年了,中国人喜欢穿上红色的衣服以示喜庆。法国作家都德在《最后一课》中描写老师的衣着时写道,"先生穿上了一件平时不穿,只在庄重场合才穿的蓝绿色西服"以示郑重其事。服饰也是美的符号,它既可以强化人体美,也可以修饰人体缺陷。例如,胖的人穿直条纹的深色衣服可以显得瘦一些;而自信地穿着超短裙的人能更加强化腿部的优美曲线。美国传播学家韦尔伯·斯拉曾说过:"衣服也能说话,不管我们穿哪种制服,可以无形中透露我们的性格和意向,可以看出我们对所造访的人或同行尊敬的程度。"

③ 气味　比如,人体的气味传递着某种信息,浑身酒气的人,表明他刚喝过了酒;散发着刺鼻的劣质香水味的,暗示其低俗的文化修养;如果老远能闻到从家里传出的煤气味,你一定担心是否是煤气泄露了。所以气味也是传播符号的载体之一。

④ 光与色　暖色光给人以温馨浪漫的感觉,而冷光让人镇定。每到十字路口,人们都会"红灯停,绿灯行",这已经是社会公共常识。

⑤ 时间　时间间隔的长短也在传递着信息。例如,妻子送丈夫出国,临行前,丈夫信誓旦旦,一在国外站住脚,就接妻子去共同生活。一开始丈夫每天一个电话,后来两个月才来一个电话,这种时间间隔的变化在传递着一个信息——丈夫变心了。果然,一年后,丈夫提出了离婚。

⑥ 空间　每个人都生活在有形或无形的空间范围内,每个人都把自己身体周围的空间当成自己的领域。空间距离的大小体现了人们之间亲疏程度和情感态度。美国人类学家爱德华·霍尔专门研究了空间距离,发现交谈中两个人所站的距离表示两者之间的人际关系的状态,当一位美国男士与不熟悉的人交谈时,两人间的距离约为二十英寸,如果对方是女士,这一距离会再增加四英寸左右。心理学家曾做过一个试验,让老师通知三位同学某时到办公室谈话,这三位同学中一位是成绩优异的,一位是成绩中等的,一位是成绩较差的。三位同学准时来到办公室时,三把椅子已经由近到远放在老师的桌子前,多次试验的结果总是成绩优异的坐在离老师桌子最近的椅子上,而成绩较差的坐在离老师最远的椅子上。

6. 传播媒介(through which channel)

传播媒介指发布信息的载体,包括人体媒介、印刷媒介、电子媒介、户外媒介及综合运用多种媒介的跨媒介传播。

7. 反馈(with what effect)

反馈是受传者对传播者发出信息的反应,是一种信息交流的回流。肯定性反馈,会使传播者继续传播;否定性反馈,会使传播者改变或纠正传播内容或传播方式。

(三)传播的形式

传播可以分为以下两类:第一类是人际传播,传播的信息在个体与个体间流动,即"interpersonal communication";第二类是大众传播,传播的信息由点到面,即"mass communication"。

1. 人际传播

指人与人之间直接分享信息的过程。具有直接性、及时性、灵活性的特点,可以给对方留下直接的印象;受传者可以及时得到信息并及时反馈;传播者可及时根据反馈灵活地调整信息内容。

（1）人际传播成功的基本条件

①参加传播的双方或多方须使用相互能理解的、共同的语言或非语言符号。不懂英语的人生活在只用英语交流的国家是无法与别人成功进行人际沟通的。再如"OK"这个手势，在世界上许多国家，人们看到这个手势就知道这意味着"好、同意、肯定"意思。而在马尔他，做这个手势，就表示想寻找同性恋，在突尼斯，这一手势又表示骂对方是傻瓜、笨蛋。

②参加传播的双方或多方必须具有共同的经验范围。所谓经验范围即对两者之间所传信息内容的理解。这种理解与人的文化背景、知识、经历、经验有关。如对于牛这种动物，在中国，人们认为它不过是一种可以用来协助农民耕种或是产奶的工具，还可以认为它是一种可口的肉食品。但是在印度，牛却被供奉为"神灵"。再如上海的白象牌电池，多次努力都无法打入欧洲市场，经调查后才发现是因为欧洲人对"白象"的经验范围与中国人的不同，中国人以为白象象征着善良、慈祥、吉祥，而欧洲人却认为它不过是大而笨的动物，对它并不喜欢。

（2）人际传播中的吸引要素：即公关人员应具备哪些素质（吸引要素），才能在人际沟通中获得良好的效果

①态度的类似性：指人与人之间具有共同的态度和共同的价值观，就能获得对方的共鸣和支持。社会学家弗里兹海德认为人与人之间关系的好坏取决于他们对某一社会客体（人、社会事件、社会观点等）的看法是否一致。许多人都会觉得自己有一些谈得来的朋友，实际上，所谓谈得来的朋友就是在某些问题上与自己持相同或类似态度的人，与这样的人沟通会感觉轻松惬意。在人际接触中，要尽可能发挥拟情作用。

——角色互换。即站在对方的角度考虑问题。消除"代沟"的方法之一就是父母与孩子能互换角色，孩子站在父母望子成龙的角度，父母站在孩子天真好玩的角度，相互体谅，父子、母子之间就能较好地沟通了。

——善解人意。公关人员应善于揣摩客户的心理。交谈中若出现不愉快的情形，应有涵养，善于控制自己的感情，善于利用幽默缓解气氛。

在人际传播中，尊重和理解是成功沟通的基本原则。在著名的中美乒乓外交中，周恩来总理与美国乒乓球队队员的完美沟通就是一个成功的典范。1970年4月14日，周总理在人民大会堂亲自隆重接见美国乒乓球队全体队员。周总理亲切地问大家："你们住得怎样？习惯中国菜的口味吗？还有什么问题要提？"队员科恩站了起来，欠欠身子，大声说："总理先生，我想知道您对美国嬉皮士的看法。"科恩穿了件西装，没打领带，长发披肩。周总理微笑着看了看科恩，答道："看样子，你也是个嬉皮士。"周总理继而看向大家："世界的青年们对现状不满，正在寻求真理。在思想变化未成型前，会产生各种各样的事物，这是可以容允

的。我们年轻的时候,也曾为寻求真理尝试过各种途径。"周总理又将目光转向科恩:"要是自己做了以后,发现这样做不正确,那就应该改变,你说是吗?"科恩还是大学学生,主修历史和政治学,他原以为在这个最革命的国家,听该国总理评价嬉皮士,一定会听到"颓废"、"没落"、"资产阶级的"之类的训词,结果出人意料地得到了周总理的理解尊重,科恩不由自主地为周总理所折服,友好诚恳地笑着点了点头。周总理顿了顿,又补充了一句:"这是我的意见,只是一个建议而已。"周总理的这番话,第二天几乎被所有世界大报报道。4月16日科恩的母亲自美国托人将一束鲜花送给周总理,感谢周总理对自己儿子讲了一番语重心长的话。

②品性的互补性:生活中,许多相濡以沫的夫妻,通常是一个优柔寡断,一个干脆果断;一个沉默寡言,一个能说会道;一个急性,一个慢性。这一现象说明,互补的品性更易长时间维持良好的人际沟通。

③外貌的吸引力:爱美之心人皆有之,第一次见面,在不了解性格、内涵的前提下,漂亮的人更具有吸引力。所以公关人员应注重自身的仪表修饰,尽量以优雅的形象给客户留下良好的第一印象。

④距离的接近性:美国人类学家爱德华·霍尔首先提出了"距离说",认为人与人之间有四种体态距离,分别是亲密区、熟人区、社交区、演讲区,每个人在交往过程中,都会下意识地保持这种距离。如社交区的距离是1.2m～3.7m,这一距离通常用在大型企业之间的谈判、教授与学生之间的论文答辩,体现出这种交际场合的正式性、庄重性。

⑤交往的频繁性:适度的交往可以增进彼此的了解与信任,交往次数偏少会疏远,过于频繁又会打扰对方的工作,引起厌烦情绪。

2．大众传播

大众传播就是职业传播者通过报纸、杂志、广播、电视、网络等大众传播媒介,将大量复制的信息大规模地向未组织起来的社会大众传递的过程。大众传播的过程中必须有大众媒介,这是与人际传播的本质区别。所谓大众媒介可指某一组织机构如报社、电台、出版社,也可指组织化的个人,如报社内的记者。社会组织的有关信息在大众传播媒介上出现的次数越多,该组织的社会知名度就越高,社会影响也越大。因此,组织只有很好地利用它,全面地掌握它,才能达到与其观众进行信息交流的最佳效果。

(1)大众传播的特点

①传播者是一个拥有现代化传播媒界的专业机构或组织化的个人。大众传播的信息发布是一个对大量信息进行加工、选择与制作的过程,因而必须通过专业的传播组织来实现向广大观众沟通的目的。

②受传播者数量巨大。如卫星电视,可以覆盖世界各地。一个人在社交场

合被介绍给他人,这个人只是在一定范围内被他人所认识,而这个人如果被大众传播媒介介绍给社会观众,那么这个人就可能成为"新闻人物",成千上万乃至上亿的人都可能知道他。1969 年美国的阿波罗登月时,观看电视现场转播的达 5亿人;1992 年巴塞罗那奥运会开幕式的公众则达到几十亿人。

③传递的信息量巨大。当今时代,是大众传播的时代,大众传播的内容极为广泛,包括的信息涉及社会生活的方方面面。报纸、杂志的数量日益增加,电视覆盖率逐渐提高,互联网的迅猛发展,这些大众传播媒介每天容纳的信息量,尽管只是每天发生事件的一部分,然而也达到了无法估算的程度。

④信息的扩散十分迅速。大众传播是凭借大众媒介实现的,它能够在短时间内将信息传递给广大公众。无论公众身居何处,大众媒介都可以在同一时间把同一信息发送到世界各地。

⑤具有确定议程的作用。大众传播媒介,会赋予被传播的信息以某种特殊意义。信息一旦被报道,就意味着被排上了议程,将被社会公众关注。报道所处的位置、时段还表示了信息的重要性。头版头条、黄金时段被报道的信息,通常会成为社会的热点。2003 年的 10 月 15 日 9 点整,中国在酒泉发射中心,首次成功发射载人航天飞船,宇航员是杨利伟,中国所有媒体都在头版头条显著位置报导了该消息。但是在国际上,杨利伟不过是二百多位宇航员之一,所以并不是所有国家都将此消息放在头条,分别显示了不同国家对该消息不同的重视程度。

(2)大众传播媒介的分类

在传播学的定义里,达到 5000 万人的使用标准才能被称为大众传播媒介。大众传播媒介是广泛实施公共关系活动的主要手段。可以说,没有现代化大众传播手段,就没有现代公共关系。只有当以大众为读者的现代报纸、杂志大量发行,广泛迅速地传播各种信息时,才有了现代公共关系的发展。近年来,互联网的迅猛发展促使传播事业登上了一个新台阶,也使公共关系行业发展到了一个新的阶段。

大众传播媒介按照其特性可大致分为四类:

①印刷媒介。如报纸,杂志等。

②电子媒介。如广播、电视、互联网等。

③户外媒介。如广告牌、路牌等。

④跨媒介传播。即集多种媒介优点,传播信息。例如:个人传播媒介与大众传播媒介的融合,报刊广告与电视广告的结合等。

大众传播媒介按照其发展的历史顺序大致可分为:

①传统媒介。报刊(最早的大众传播媒介)、广播、电视电影等。

②新媒介。多媒体网络。又被称为"第四媒体"。

（四）传播效果的研究

1. 传播效果的涵义与层次

传播的效果就是传播信息取得的结果，也即信息在受传者方面产生的影响、反响。这种效果可能是积极效果，也可能是消极效果，传播者不希望出现的结果或意外的结果就是消极效果。传播效果可以分为以下四个层次。

（1）信息层次。使受传者了解组织的有关信息。这是第一层次，是最基本的。

（2）情感层次。对信息产生好感，理解传播者并达成谅解。这是第二层次。

（3）态度层次。对传播者的看法或印象发生某种变化，进一步包括了理性的内容，是第三层次。

（4）行为层次。达到传播者希望的目的，是第四层次。就营销公关来说，第四层次就是受传者购买传播者的产品。

比如，政府决定对粮油等生活必需品提价，政府通过报纸等媒介让市民知道了有关信息，这是信息层次的效果；为了不造成市民对粮油产品的哄抢，政府又在媒介上解释了涨价的原因是农产品价格相对偏低，农民没有种植的积极性，粮食产品产量低。市民们了解后，对涨价这一决定达成了谅解，认识到涨价是合情合理的，于是政府的传播效果达到了情感层次；通过理性分析，市民们认识到，粮油涨价是必然的，一斤油最多涨了两元，就算现在哄抢了 100 斤，才节约了 200 元，而且这么多的油放在家里占地方不说，还容易坏掉，再说，过期的油吃了也不利于健康，所以完全没有必要抢购粮油，这样政府的传播效果达到了态度层次；最后，人们已经完全接受了涨价后的价格，也不再有抢购现象，至此，政府的传播效果达到了行为层次。

传播效果的层次有时是一刹那达到的，但有时也可能长时间停留在某一层次上。对公共关系的活动，有时以达到"信息层次"为目的，有时也可以以达到"行为层次"为目的，这要以组织的实际情况而定。

2. 传播效果的理论研究

对于传播效果的研究，时间很长，一直处于争论中，至今没有定论。以下几种传播效果的理论是比较有影响的。

（1）枪弹论（靶子论）

主要观点是：认为大众传播媒介对公众的作用就像子弹射向靶子一样威力无比，大众媒介只要把信息传递给公众，就能影响、改变公众行为，操纵公众，产生预期效果。这一理论流行于 20 世纪 20 至 40 年代，是早期的传播学理论，在当时有一定合理性。

在美国有三大支柱：立法、行政、司法。现在，有人把舆论（大众媒介传播）称为第四支柱。可见，大众媒介传播效果在美国公众中的重要性。有句话说"谣言重复了一千次就变成了真理"，重复谎言以误导公众是有些政治家的常用手段。就如伊拉克战争，伊拉克明明被打得节节败退，其新闻部长却在新闻报道中欺骗公众说伊拉克正节节胜利。尤其是现在形形色色的明星，一旦被包装宣传后就被大众所接受，大家并不知道明星们除去包装后的真面目。

该理论最大的弱点是：把受传者完全放在被动的地位上，但实际情况并非如此。

(2)有限效果论

在枪弹论基础上发展而来，是目前的主体理论，由美国哥仑比亚大学研究者提出，认为传播媒介不是不可抗拒的，受传者有能动性，因而大众传播的效果只具有偶然性不具有必然性，要因人而异、因事而异。

① 受传者的能动性表现在以下几方面：

——对信息的选择性接受。受传者愿意接受与自己头脑里固有观念相近的信息。比如，大家都知道，美国是个经济发达的国家，这已经是大家头脑中的一个固有观念，如果现在有人一定要说美国经济很落后，受众会不相信。

——对信息的选择性理解。同一信息，因受传者的背景不一样，理解就不一样。例如，伊拉克肉弹炸死了 10 个美国人，对这一恐怖活动的理解，伊拉克人和美国人就会有所不同，美国人会为自己的同胞而悲哀，但是伊拉克人可能载歌载舞为自己民族英雄以生命换取的胜利而庆贺；同是股民，看到的证券信息是相同的，但对于同一只股票有人会买进，有人会卖出。

——对信息的选择性记忆。受传者会选择记忆感兴趣的、实用的内容。比如，老师给同班的每位同学讲授的知识是相同的，但是每位同学因为感兴趣的内容不相同，记忆的侧重点也就不同，对知识点的掌握情况就因人而异，所以考试成绩会有高有低。

② 该理论认为大众传播并不能简单产生预期的全部效果，只能产生有限效果，只能是增强受传者的固有观念而非改变其固有的观念。这一理论的缺陷是：

——人的固有观念也是传播的结果。

——实践证明：固有观念不只是增强，也能改变。心理学家研究证明，在受传者固有观念的外部，有一种所谓晕轮效应(可接受范围)，传播的内容只要进入可接受范围，就能逐渐进入固有观念核心而被接受。某种信息在不会引起受传者重大心理冲突的前提下，经大众传播媒介的反复宣传，可培养起受传者的兴趣，从而接受传播。例如，中国男子在清朝时穿长衫，留长辫，当时穿西装剪短发的被认为是革命党，要被砍头。但是随着时代的进步，这一西化形象逐渐被接受。再如，20 世纪五六十年代的中国肯定没人敢穿吊带衫，因为在当时，人们观念还比较保守，穿吊带衫会引起受传者的重大心理冲突，被认为是有伤风化。而现在,一到夏天,走在街上,你会看到形形色色穿着吊带衫的姑娘,她们神色自然,过往行人也不以为怪。

③ 了解效果论的意义:

——不要对大众传播的作用抱不切实际的幻想。大众传播不是万能的,有限效果论否定了枪弹论。

——想要达到希望的传播效果要作持久的努力。传播的作用在于长期的、潜移默化的影响,只有持久努力才会成功。

——要应用各种手段。结合大众传播的手段和人际传播的手段,传播效果会更好。

(3)满足与使用理论

传播的效果决定于受传者使用该信息能得到的满足快感的程度。

该理论的缺点:

——过分讲究人的满足造成的感官刺激。古人云:"食、色,性也。"但还是要讲社会道德。社会上许多色情广告,的确吸引了一些人的眼球,但这属于不正当竞争,就像人体彩绘,国家已经明文规定不能用人体彩绘做广告。

——社会很多信息除了有满足作用以外,也有很多是不能满足需要与快感、却不得不传播的。如中国衡阳的火灾,许多市民遇难,还牺牲了许多消防官员。这一消息对人们来说无疑是沉痛的,但人们不得不面对,同样要报道。

(4)防疫论

受传者迟早会听到或看到某个信息的对立观点,就让该受传者首先听一些相反的或不同的观点,在精神、心理上有所准备。这就像打防疫针一样。一些药品的广告,只讲好的疗效,不讲副作用,人们不相信,相反,如果先讲吃药后有什么副作用,什么人不能用,再讲药的疗效,反而会有人购买。但该理论的缺点是没有完整的理论体系。

3.取得良好传播效果的条件

(1)传播者的条件

① 权威性。传播者最好是有一定知名度的专家、社会名流。例如,请歌唱家给金嗓子喉宝做广告,请姚明给篮球鞋做广告,效果会比较好。

② 客观性。即使请了有权威的名人做广告,如果所述不属实,不客观,也无法获得良好的传播效果。构成一个人的声望,一方面是专业知识,另一方面是客观的态度。所谓客观的态度指一种超然的,公正的,中性的态度。名不副实的产品终究会被揭穿,一旦公众发现某专家原来是被某商家所收买,来蒙骗消费者的,不仅产品销不出去,专家声望扫地,还会被追究法律责任。

③ 技巧性。诉诸感情的说服,效果比诉诸理性的更好。人们常说"动之以

情,晓之以理"。用情的说服,受传者不易产生抵触情绪。

④ 一致性。让受传者明白,传播者与受传者在利益、观点上是一致的。所以许多厂家会使用各种公关方法让消费者自己站出来说产品的各种优点,而不要厂家自卖自夸。因为消费者的利益是一致的,他们更相信与自己利益相同人的话。

(2)传播内容的条件

① 真实性。传播内容真实是前提条件也是必备条件,任何虚假的信息,最终都不会有传播效果。

② 显著性。

——信息必是清晰可记,容易理解的。

——尽量与受传者利益有一定关联,才会引起受传者关注。比如,我们是中国人,尽管许多人并不是足球迷,但是只要有中国队的比赛就会感兴趣。

——有强度、有一定的刺激性。通常对于某类事件的首次报道都会引起公众的关注。比如,对中国首例硫酸泼人案的报道,就曾在上海乃至全国引起轰动。

③ 重复性:适当地重复相同的信息,可以深化受传者对信息的记忆。

(3)受传者的条件

① 团体性条件。心理学上叫从众心理。所谓的团体,范围很广,小到家庭、同乡、同学、同行,大到国家、民族。每个人都生活在社会团体中,不可能不受环境影响。心理学家曾经做过一个有趣的心理实验,一张纸上划三条线,A 线稍长,B 线稍短,可以用肉眼轻易识别。科学家们找来 11 个人,先和其中的 10 位事先约定,在稍后回答问题时,要抢先说 B 线长。然后,科学家给这 11 个人看了划在纸上的线,让他们比较后做答,哪根线更长。其中的 10 人按照事先约定的,异口同声抢先回答 B 线长。当科学家专门询问第 11 个人的意见的时候,尽管他有些迟疑,但是他最后的回答还是 B 线长。大家还会经常看到、听到这样的广告词"某某产品销量已经突破×××台!"、"某某银行存款量已经突破×××亿元!"意思是告诉公众,已经有这么多的消费者选用了我们的产品。实际上这也是商家在利用消费者的从众心理做宣传。不过,并非所有消费者都有从众心理,知识层次高的、意志坚定的人从众心理弱。

② 接受性。只有受传者乐意接受的资料、习惯、方式、条件,才会有较好的传播效果。例如,美国总统尼克松访华时,周恩来安排在国宴上演奏尼克松家乡的民歌,这是尼克松乐于接受的方式,让尼克松立即有宾至如归的温馨感,创造了一种良好的外交气氛。

二、印刷媒介传播

印刷媒介指以文字因素来传递信息的媒介形式,主要的印刷媒介包括报纸、杂志、书籍等。

(一)印刷媒介的优点

1. 具有较大自由度

印刷媒介可以让读者自由选择阅读的内容、速度、时间和地点,这是它的最大优势。无论报纸、杂志还是书籍,都是印刷在纸张上的文字,读者可以根据各自的需要与兴趣来选择阅读的内容。可以利用标题使人快速自由地选择所需要的部分来阅读,感兴趣的可以反复阅读,不感兴趣的可以舍弃不读。由于携带方便,不受阅读场所和时间的限制,信手拈来,随时可读,可以精读,也可以泛读,阅读的快慢也可以由读者自己控制。

2. 可以充分展开论题,处理论题

印刷媒介可在刊登大量国际和国内新闻的同时发表一些篇幅较长、阐述问题较深刻的评论文章,对于报纸来说,如果平常的 24 版不够,可以增加到 36 版,甚至 48 版。对于杂志来说,如果平常的 80 页不够,还可以出增刊,并可通过标题,版面和图片处理,强化信息效果。而作为电子媒介的广播电视,"黄金时间"是有限的,安排一个新节目,增加一则新闻,就必须挤掉原来的节目,删除原已安排好的新闻。

3. 便于查证保存

对某些重要内容或不懂之处,可以重复阅读,以加深理解;记忆错误之处,可重复阅读,给予纠正;遗漏之处,可重复阅读,给予补充。读者还可以根据不同需要,把印刷媒介上登载的各种新闻、评论、数据、常识等材料加以剪贴、摘录,这是搜集、保存资料的一种常见方法。

(二)印刷媒介的缺点

1. 读者数量有限

一方面印刷媒介的发行需要一定的周期,而且需要一定的订阅或购买手续,一些偏远地区的人常无法购阅,这在一定程度上影响了读者的数量。另一方面,人们的文化水平和理解能力有一定的差异,文盲或文化程度不高、理解能力不够的人是无法阅读报纸杂志的。据统计,一个人如果要看懂《人民日报》80%以上的内容,必须具有初中以上的文化程度,即掌握 3000 个左右的汉字,这就使《人民日报》的读者量受到一定程度限制。

2. 传递信息的速度慢

印刷媒介传送信息有一个印刷发行环节,无论如何缩短发行的地域间距,如建立上海发行站、杭州发行站、宁波发行站,亦无法消除时间上的偏差,尤其是边远地区,交通不便,常常是前几天的报纸当天才收到。

3. 不够生动、直观

印刷媒介是以文字传播信息的,文字是呆板的印刷符号,虽然可以配以图片,但终究不如电视那样集文字、声音、图像于一体,给人以身临其境的感觉。

三、电子媒介传播

电子媒介是指利用光电变换系统传播信息的媒介形式,主要的电子媒介包括广播、电视、互联网等。

(一)广播电视的优点

1. 传播的覆盖面广

广播电视是由电波传送的,一般不受空间的限制,可以覆盖世界的每个角落,可以有多种波长,多个频率的传播,只要有一台信息接收器,无论在多么偏远的地区,无信号干扰情况下,就可以随时随地接收电波传送的各种信息。

2. 传播的速度快

电波的运行速度可达每秒 30 万公里。例如,1981 年 3 月 30 日下午 2 点 25 分,美国前总统里根遇刺,事发仅两分钟后,美国广播(ABC)电台就率先播出了驻白宫记者萨姆·唐纳森的首篇报道。2 点 34 分,美国广播公司电视台开始播放由汉克·布朗现场拍摄的实况录像。而有关里根遇刺的报道出现在报纸上,则已经是几个小时之后的事情了。实况转播还能把正在发生的新闻传递给观众,被称为"同步新闻"。

3. 形象生动

尤其是电视,是文字、声音、图像的结合体,同时诉诸人的视觉和听觉,形象生动。观众可以听其声,观其形,察其情,身临其境,如见其人,有很强的吸引力,容易激发观众的兴趣。广播在生动方面不如电视,但除了能传达有声语言符号所承载的信息外,还能通过重音、语气语调、语言节奏来传情达意,还可以通过笑、哭、叹气、呼喊等副语言,传达出言外之意,言外之情。

4. 较少受文化水平的限制

口头语言是人们在日常生活中最常用的信息传递方式。活动影像也与人们日常的信息接收方式相契合,而不像文字媒体那样,受到接受者识字水平的制约。例如,广播和电视可以开办针对学龄前儿童的节目,而印刷媒体则不可能覆盖这一群体。

(二)广播电视的缺点

1. 缺乏自由度

广播电视的信息存在于时间流程当中,采用的是时序性的信息传播方式,随着时间的推移而不间断地产生和消失,既不可以凝定不变,也不可以前后颠倒,这是广播电视与印刷媒介在传播方式上最根本的区别,这使受传者丧失了对信息内容选择的主动权。受传者只能按照传播者排定的顺序被动地接受信息,而无法自主选择自己感兴趣的信息内容。其次,它使受传者丧失了在信息接受时间上的选择权。广播电视播出特定内容的时间是固定的,受传者只能在特定的时间去收听、收看特定的内容。第三,它使受传者丧失了在信息接受过程中的速度控制权。广播电视令受传者只能按照它的传播速度追随接收,不可能在任何地方停下来,进行思索或查阅相关资料。

2. 不利于传达艰深的信息内容

正是因为在接受广播电视传播时,受传者无法控制信息接受的速度,所以对艰深的内容无法反复研读,难以透彻理解。

3. 不方便保存、剪辑、收藏和再传播

广播电视的声音和图像转瞬即逝,给信息的保留、验证、处理和再传播带来了不便。虽然使用家用录音、录像设备是当前解决这一问题的一种手段,但是首先必须购买设备,熟悉并能够使用设备,而且还必须预先了解传播内容的节目安排,至于对录音录像的剪辑整理,技术要求就更高了。

(三)多媒体网络的优点

继报刊、广播、电视三类大众媒体之后,多媒体网络被称为第四媒体,是当今计算机技术、光纤通信技术和数字技术发展的结晶。从广义上说,第四媒体通常是指互联网及与之相关的各应用领域,是正在兴建的信息高速公路的主要组成部分;从狭义上说,第四媒体是指基于互联网来传播新闻和信息的网站。我们可以将它定义为:通过数字信息技术传送文字、声音、图像的信息传播工具。互联网具有以下优点。

1. 传播的互动性

互联网通过开设网络论坛(BBS),使网民能直接参与对信息的评论,不仅实现了媒体与受传者间的互动,还实现了受传者之间的信息传播,使互联网成为公众共同发布信息的媒体。

2. 传播的灵活性

用户可以控制信息显示的开始时间和持续时间;可以安排各种信息项的显示次序;可以调整信息显示的速度;可以选择信息显示的形式(可以边听声音边

看图像,也可以不听声音只看图像或者只听声音不看图像)。

3. 传播速度快

在互联网上,信息一旦被公告,受传者可以在同一时间于世界任何地方在网上浏览到该信息。如1999年5月8日凌晨5点45分中国驻南联盟大使馆遭北约导弹袭击,新浪网于6点24分率先发布了简讯,9点25分《人民日报》网络版发布了官方的权威报道,11点55分发布了对现场目击记者的电话采访,还开通了BBS,发表读者的抗议。由此可见,网络媒体的报道无论在时效性,还是报道数量和报道深度上,都远远超过了传统媒体。

4. 传播信息丰富

互联网是没有国界与宗教信仰界限的,互联网的信息来源广泛,任何一位网民都可以成为信息的发布者。互联网制作、发布信息简便,无需过多编辑也无需除电脑外的其他仪器,而且通过互联网发布信息的容量也不受限制,从而使互联网成为了一个巨大无比的数据库。网上的信息可以说无所不有,只需链接相关网站就可以看到感兴趣条目的详细内容。

5. 传播的多媒体化

所谓多媒体技术是指能让用户以互动的方式将文本、图片、声音、动画等多种信息,经计算机获取、编辑、存储等处理后,以合成形态表现出来的技术及方法。简而言之,多媒体技术是公众利用计算机对多种媒体信息进行处理和加工的技术。互联网的这一优势能集报刊、广播、电视之长于一体,实现了文字、声音、图像等手段的有机结合。

(四)多媒体网络的缺点

1. 信息泛滥

目前互联网是个言论彻底"自由"的电子空间,在Internet上人们能够隐匿自己的身份,因此对自己的言论就可以不负责任。在这样充分自由的言论空间中,诸如网络诽谤一类的内容日益泛滥,出现的各种社会问题日益增多,不可避免地产生了大批量信息垃圾,如色情、暴力言论等内容,对于心理尚未成熟的青少年,危害尤其大。

2. 安全性低

主机如果没有适当的安全措施,很容易受到来自互联网上的病毒侵害。1988年,一种名为"Internet Worm"的病毒袭击首次引起人们对网络安全问题的关注。通过互联网进行的商业行为如订购产品、付费和股市咨询等,如果防火墙和数据加密技术不够好,极有可能被黑客入侵,造成对数据、系统的威胁。

3. 普及率不高

一方面受经济能力制约,不少家庭还没有能力使用互联网。在经济不发达地区,电脑本身的费用及上网所花的费用仍使他们"望网兴叹"。另一方面,必须有一定的计算机知识才能使用互联网,一些年龄较大或文化层次较低的人,不具备计算机操作技能,还只停留在使用传统媒介的层次上。

在互联网越来越被公众所关注的今天,作为公关人员,应帮助组织在互联网上建立自己的网站,以与公众建立更有效的交流与沟通的平台,树立组织良好的形象。而"网络公关"或"e公关",将是未来公共关系行业中一个十分引人注目的发展方向。

四、户外媒介传播

户外传播媒介指利用广告牌、霓虹灯、车船、气球、市政公共建筑、旗帜、灯箱、路牌等传播信息的媒介形式。户外媒介传播的信息一般较简单,侧重于组织名称、品牌名称的宣传,对于提高组织、品牌的知名度具有一定的作用。

(一)户外传播媒介的优点

1.信息精简

户外传播媒介的宣传内容很多时候就是一句话甚至只是一个符号,却鲜明地突出了企业的特色形象,言简意赅地给人以视觉的冲击力,便于记忆,利于提高组织知名度。

2.制作简单、费用较低

比起电视广播,户外传播媒介的制作较简单,宣传费用也比较低。

(二)户外传播媒介的缺点

1.传播的范围有限

户外传播媒介受到场地的限制,它依赖于公众的流动性,传播对象限于流动人群,辐射面较小。而且有时即使在繁华的闹市区,尽管车水马龙,人群熙熙攘攘,公众也很难闹中取静,驻足观看,因此其宣传效果一般较弱。

2.信息传载量有限

户外传播媒介传播的信息量少,不利于传播企业的详尽信息,不能有效展现企业和品牌的整体形象。

五、跨媒介传播

从20世纪80年代以来,传播媒介的融合现象十分明显,这不仅表现为个人传播媒介与大众传播媒介的融合,而且还表现为传统传播媒介和新媒介的融合。法国曾有人对31个广告攻势进行了调查,结果表明,55%的案例把报刊广告与电视广告的结合视为最成功的方法。跨媒介传播已经成为一种发展趋势,在树立企业形象、进行产品推介时,仅靠单一媒体的宣传,已经无法吸引公众的眼球,只有报刊、广播、电视、互联网等几种媒介联动,利用多种媒介的优点,才能取得良好的传播效果。

第二节　阅读资料

一、那伐鹤密码的传令人

制作密码的一个基本技巧,是在编码过程中加入大量的干扰噪音,目标接收者如果知道如何抛弃噪音,就能正确解码。而敌人不知道如何将噪音与信息分开,也就无从解码了。

第二次世界大战期间,美国成功地解开了日本的密码电文,而日本人却没有解开美国人的特制密码。美国当时使用的是那伐鹤语,即美国西南部的印第安语言。这就是下面要讲的第二次世界大战中那伐鹤密码传令人的故事,它展示了传播在盟军胜利中的作用。

约翰森是传教士的儿子,生长在那伐鹤人的居留地。第二次世界大战期间,他是30个非那伐鹤人中唯一一个可以流利地使用那伐鹤语的人。战争爆发后,约翰森首次提出用那伐鹤传令人向留守在圣地亚哥的海军部队传递军令。最初高层官员对此表示怀疑,但经过试验后,发现使用那伐鹤语在电话上传递的信息与英文内容完全一致。于是海军大量招收年轻的那伐鹤人,并送到政府的有关学校接受专门训练。

那伐鹤密码传令人经过短期的军事训练后,就被送入密码传令学校再次接受培训。他们学会了如何将军事用语用那伐鹤语编码,例如,"炸弹"是那伐鹤语"鸡蛋","潜水艇"是那伐鹤语"铁鱼","俯冲轰炸机"是那伐鹤语"鹰"。接受培训的那伐鹤人需要用大脑记住大约500个密码,不准记笔记。

为了进一步增强保密性,不让日本人破获密码,那伐鹤密码传令人又在字母顺序和词上面做了许多加工,以至于那伐鹤人不经训练,也无法辨识出信息的内容。实际上他们采用了双重密码:一为那伐鹤语,二为500个左右的密码。

完成培训的那伐鹤密码传令人被送往太平洋海军基地。在太平洋战争中,他们成功送达了成千上万条军令,万无一失。他们的信号传输速度比美国海军的密码机还要迅捷,因而成为美国重要的情报武器,并为美国最终的胜利作出了贡献。1945年以后,那伐鹤密码传令人退役后回到自己的居留地。当时,他们每个人必须宣誓对自己在太平洋战争中的所作所为守口如瓶。那伐鹤密码传令人这一身份角色是国家绝密资料。直到 1968 年，美国政府才承认使用密码传令人这一事实。

（选自《跨文化传播—拆解文化的围墙》）

点评

那伐鹤密码传送很好地体现了传播的原理。"噪音"是传播的构成要素之一，噪音是指信息发出者与信息接受者对某一概念不同的解释。噪音阻碍传播的顺利进行。那伐鹤密码传令人为使密码不易被破译，利用了两种噪音，一是那伐鹤语，二是 500 个左右的密码。因为日本人不懂那伐鹤语，也无法译制密码，所以即使日本人接收到了那伐鹤密码信息，也因不能正确解释而使信息无效，传播失败。同样，在我们的日常生活中，也常有类似的噪音影响传播顺利进行，公关人员应尽量消除这些噪音，促成组织与公众的完美沟通。

二、平息克兰梅危机事件

媒介的宣传对企业的影响可以用"既能载舟，又能覆舟"这句话来概括，既可以令企业破产倒闭，又能帮助企业渡过难关，更上一层楼。

克兰梅事件发生在 1959 年 11 月 9 日，美国感恩节前夕，美国卫生教育福利部长弗莱明突然在报纸上发表文章宣布，克兰梅作物由于除草剂的污染，在实验室内老鼠身上做的实验表明，老鼠服用了克兰梅后产生了癌。鉴于这种情况，他建议公众好自为之，虽然没有将这种果实在人身上做实验，得出是否能在人体内产生癌的结论，但还是请大众酌情处理。

当弗莱明的讲话印在报纸上广为发售时，恰是克兰梅销售最旺的时刻。克兰梅是一种美国人感恩节餐桌上必不可少的深红色的酸果。美国负责制造克兰梅果汁的海洋浪花公司正在加紧生产、送货，大批销售。弗莱明的讲话在大众媒体非常发达的美国立刻被广泛传播，"克兰梅致癌"的讯息不胫而走，妇孺皆知，一瞬间，克兰梅销售量直线下跌，令人咋舌。

面对如此的突发事件，海洋浪花公司如果处理不善将受到致命的打击，可能破产停业。所以他们首先求助于 BBDS 广告公司，在 BBDS 公关部门帮助下，海洋浪花公司迅速采取以下对策。

1. 迅速利用媒介澄清事实真相

在 BBDS 的协助下，海洋浪花公司首先成立事件处理小组。开始向新闻界说明克兰梅作物是纯净的。同年 11 月 10 日，举行记者招待会，在全美广播公司"今日新闻"电视节目中安排一个专访节目。再者，召集食品杂货经销商在纽约举行一次恳谈会，让副总裁史蒂文斯发言，以澄清事实，并回答他们的疑问。借助 BBDS 专职公共关系顾问的经验及其活动能力，稳住全局，整理出一条清晰的反击思路,达成与社会公众交流、沟通对话的目的,拨开了消费者心中的迷雾,也使经销商排除了恐慌情绪,使销售渠道畅通无阻。

2. 获得政府支持

在对外宣传澄清事件的同时,海洋浪花公司的副总裁史蒂文斯致电艾森豪威尔,要求他把所有的克兰梅作物区划为"灾难区"。让他弄清此事件的原委,给予答复。引起了政府的关注和支持。

3. 积极采取正面攻势,利用媒体广告刺激销售上涨

该公司在采取了一系列澄清措施之后,开始了大规模的促销攻势。其中,他们邀请总统候选人尼克松和肯尼迪上电视,11 月 12 日,在电视里当着全国观众,尼克松吃了四份克兰梅,肯尼迪喝了一杯克兰梅汁。在电视这一传播媒体上利用名人效应做广告,再次告知克兰梅产品对人的无害性。

4. 借助法律保护公司

海洋浪花公司致电弗莱明,要求其立即采取措施,挽回由于他的失言所造成的无法估量的损失,通知他公司已向法院提出控告,要求赔偿损失 1 亿多美元。经过不懈努力,11 月 12 日,当法院开庭时,弗莱明和海洋浪花公司已达成一项协议,对这批克兰梅作物进行人体化学试验,证明其是否有害。不久,公司及时地在报纸和电视上向社会大众宣布了化学试验无害的结论,消除了最初的不良影响。

点评

海洋浪花公司在危机事件面前没有退缩,利用媒体的强大威力仅用 9 天时间,在感恩节前夕把克兰梅食品重新又放回到货架上,稳住了市场局面,转危为安。

传媒对社会的影响力已为人们所关注,一些西方学者将媒介列于立法、行政和司法三大传统权力之后,成为"第四种权力"。大众传媒面向的是社会公众,不仅可以控制社会舆论,引导公众态度,它的影响力还可以渗透到一般的社会心理以及个体思维和行动过程中,为公众提供一系列具有导向意义的社会公共价值观念。作为公关人员,娴熟操纵媒介是一项基本功,是追求良好传播效果的重要前提。

三、谈判中的致命过失

比尔·里查得森是前墨西哥的议员。20 世纪 90 年代中期以援救人质而成为著名人士。1994 年美国的一架直升机因故障原因越境,飞行员被朝鲜扣押。里查得森成功地与朝鲜有关人士进行了谈判,救出了飞行员。1995 年,他又成功地说服盂加拉国政府,释放了在那里服无期徒刑的一个美国得克萨斯人。

1996年,里查得森议员又一次成功地从苏丹救出被扣押的三个美国红十字会工作人员。

几年中里查得森在外国谈判、解救美国人质方面屡立战功。1996年12月,克林顿总统任命他为美国大使,派往联合国工作,在那里,里查得森继续为和平而发挥他的谈判才能。

然而,在工作中里查得森也犯过严重的错误。1995年,他去伊拉克企图说服萨达姆·侯赛因释放两位误由科威特越境到伊拉克的美国公民。谈判进行三个小时后,里查得森无意间将一条腿搭到另一条腿上,并将翘起的一只脚的脚底朝向萨达姆·侯赛因。这一非语言行为在阿拉伯文化中是一种侮辱性行为。萨达姆立即离开了房间。当谈判恢复进行时里查得森请求萨达姆出于人道释放两个美国人,因为他们是无辜的,迷了路,不应为伊拉克与美国之争付出代价。最终,伊拉克决定释放犯人。这时,里查得森立即双手抓住萨达姆的手臂以示感谢,这又是一个错误,萨达姆的警卫立即用枪指向里查得森。

里查得森的母亲是墨西哥人,他从母亲那里学会了西班牙语。在大学攻读外交专业时又掌握了法语,语言的能力使他在跨文化的谈判中表现出色。然而,语言知识的获得并不意味着掌握了非语言知识中的跨文化传播规范。

(选自《踏文化传播—拆解文化的围墙》)

点评

该案例说明了非语言传播在公关谈判中的重要性。非语言传播涉及体语、手势、时空、气味、服饰等,不同的文化群体拥有不同的非语言传播规则。里查得森"无意间将一条腿搭到另一条腿上,并将翘起的一只脚的脚底朝向萨达姆·侯赛因",这一不经意的行为在里查得森看来不过是变换姿势的没有意义的小动作,但是在阿拉伯文化中却是一种侮辱性行为,就是这个随意的动作,使谈判差点中止,最后里查得森抓住萨达姆的手臂以示感激时,却被伊拉克人认为是人身攻击,差点要了他的性命。所以作为公关人员,掌握多门语言固然重要,但还应掌握不同文化的非语言行为规范。

四、跨媒介"航空母舰"

新世纪伊始,美国在线与时代华纳合并终于尘埃落定。在经过一系列的严格听证和审查之后,美国联邦贸易委员会和美国通信委员会最终有条件地批准了两家公司的合并,世界上最大的媒体与网络"航空母舰"从此诞生。

美国在线与时代华纳公司的合并,既有双方自身发展的需要,也有美国重视高科技发展以及全球经济一体化等外部因素的推动作用。

利用新旧媒体的优势互补。作为现代科技发展的产物,媒介在信息技术日新月异的今天正发挥着越来越大的作用,向人们展示了一个崭新的天地。由于因特网咄咄逼人的竞争压力,传统媒体纷纷制定因特网发展战略,希望在新的竞争中立于不败之地。传统媒介与因特网优势各异,双方可以实行强强联合,做到优势互补,实现"双赢"战略。美国在线公司与时代华纳公司的合并正是实施这项战略的一个典型。新公司——美国在线时代华纳将是一个集电视节目制作、影像摄制、杂志发行以及电脑网络等功能于一体的综合性网络传播巨人,其优势将是独一无二的:拥有丰富的信息资源和强大的影响力,拥有美国在线公司、网景公司、《时代》周刊、《财富》杂志、CNN、TBS 和 HBO 等有线电视网络以及华纳唱片公司等。有关分析人士认为,此举所形成的"世纪波"不但将掀起跨媒体交易的浪潮,也将极大地冲击传统的信息交流方式和生活方式,因特网与传统媒体将不再是互不相干、各自发展的行业,而将更加紧密地联系在一起,共谋发展之路。在宽带因特网、即时信息提供和互动电视等领域对人们的生活产生深远的影响。同时,此举也是一件将载入史册的盛事,媒体产业从此将进入一个新纪元。

(选自《新闻战线》2001 年第 4 期)

点评

20 世纪 80 年代以来,传播媒介的融合现象十分明显,跨媒介传播已经成为一种发展趋势,尤其是在网络传播和"网上公关"成为国际公关界的一个新的热门话题的今天。近年来,世界各地的报刊、广播、电视等传统媒体掀起了一股强劲的"上网"热潮,都在争相完成与"第四媒体"——互联网的融合。高速发展的21 世纪,在树立企业形象、进行产品推介时,仅靠单一媒体的宣传,已经无法吸引公众的眼球,只有报纸、广播、电视、互联网几种媒介联动,才能取得良好的传播效果。

第三节 案例与实践

【分组讨论】

宝洁如何沉稳应战

一、目的

使同学们认识到大众传播媒介的重要性;了解运用大众传播媒介的一些基本技能。

二、案例

大凡购买佳洁士牙膏的消费者,大概都记得曾频频出现在电视屏幕上的那则"鸡蛋小试验"的广告,或许正是这则既简单明了又赏心悦目的实验型广告打动了消费者的心,以至佳洁士能在价格比其他品牌的牙膏都要高时仍然畅销。确实,中国人讲的就是"事实胜于雄辩",谁不愿意自己的牙齿坚固起来呢?

　　然而,正是这则广告遇到了东北某报的挑战。1999 年底,该报发表了一篇牙膏对比实验报道指出,在他们如广告方法"炮制"的实验中,宝洁公司旗下的佳洁士表现欠佳,"护齿效果并不与高价相符"。一时间,佳洁士背上了"高价格未必高品质"的恶名。

　　面对这样一个结果,宝洁(中国)有限公司的公关部经理梁云的解答是:"我们公司在广告里所做的鸡蛋实验是有严谨的科学根据的,得到了全国牙防组的认可,并且是在全国牙防组的实验室里由他们独立完成的。"为了表示宝洁方面对实验结果有信心,梁女士特地邀请一些媒体赴北京宝洁技术中心参观,并当场按电视广告中的实验步骤重新做了一次"验收演示实验"。

　　演示实验于 1999 年 12 月 29 日在北京宝洁技术中心的所在地清华同方大厦举行,宝洁公司研究发展部的田诚先生亲自完成了整个实验,其结果与电视广告中的一样。

　　之后,宝洁方面又按照东北某报公司的实验方法,做了 8 个品牌比较实验,结果与东北某报公布的结果不尽相同。值得注意的是,宝洁方面在比较实验中,特别遮住了除佳洁士以外的其他 7 种牙膏的品牌,由此又见他们对中国广告法中"不得贬低其他生产经营者的商品或服务"的规定谙熟于心。

　　在谈到宝洁"鸡蛋实验"的目的时,梁云女士告诉我们:"我们的广告是想用一个行动直观的方法,让消费者了解佳洁士牙膏防止蛀牙功效的优越性。而蛋壳与牙齿有相似之处,用鸡蛋来做实验,可以清晰地告诉消费者,佳洁士中的氟可以与钙结合形成氟化钙,并有效抵抗腐蚀。"

　　至于东北某报的实验与宝洁公司的实验为何出现了不同的结果?梁云女士指出:"他们的做法是把涂有牙膏的鸡蛋立即放入醋里,而且浸泡了 20 个小时;而宝洁公司则是把涂有牙膏的鸡蛋放置 96 小时,洗净后放入醋里 7 个小时,从中可以看出,他们的实验试图模仿宝洁公司的实验方法,却没有完全按照宝洁的方法进行,而且实验结果的重现性也存在问题。"

　　除了对实验结果进行校准之外,宝洁公司还试图对报道中的其他结论进行可能的解释,特别是产品价格方面。宝洁试图用这个实验告诉消费者,宝洁产品价格偏高绝不是因为其把钱投到了大肆渲染的广告上,而是采用价格更贵、品质更高的原料。

　　据宝洁的解释,牙膏的清洁作用主要来源于磨擦剂,佳洁士采用的二氧化硅,它的化学性质稳定,不与醋酸发生反应,而且二氧化硅的颗粒圆滑并有规则,在轻柔磨去牙垢的同时,不易损伤牙齿表面。而一般品牌牙膏则采用的是比较便宜的原料碳酸钙或磷酸氢钙,如用某报的实验方法,不洗净便放入醋酸中,则可与醋酸发生反应从而起中和作用,增强了醋的腐蚀作用。也就是说,彼此间的实验环境发生了改变,而碳酸钙的边缘尖锐,长期使用会损伤牙齿表面。并且在市场上,碳酸钙磨擦剂的价格十分便宜,一般仅为硅摩擦剂的1/20。所以说,佳洁士牙膏贵有贵的道理。

实验结束后,宝洁公司的梁云女士再三强调,宝洁公司历来十分重视媒体对其产品的评价,此次宝洁公司把广告上的鸡蛋实验搬到媒体朋友的前面,主要目的便是为了澄清事实,并且表明宝洁公司对其产品是有绝对信心的,同时也希望通过媒体向广大消费者传递这一信息:让消费者了解宝洁的产品,并对宝洁的广告产生兴趣。

三、分组讨论

1. 东北某报发布实验报道后,如果宝洁公司不采取有效措施,将会产生怎样的不良后果?

2. 针对东北某报的挑战,宝洁公司采用了怎样的公关手法来沉着应战? 这些应对措施的效果如何?

3. 试据该案例谈谈大众媒介对树立良好企业形象和品牌知名度的重要性。

4. 如果你是宝洁(中国)有限公司的公关部经理,在此次事件中你将采用怎样的公关措施来挽回公众对宝洁产品的信任?

【角色扮演】

请客吃饭

一、目的

使同学们认识到习俗噪音是阻碍传播顺利进行的原因之一。人们在特定文化背景和历史条件下会形成不同的风俗习惯,不同的礼节风俗常会造成沟通中的误解。作为合格的公关人员,应该努力去了解对方的习俗,用对方的文化习惯去看待问题、处理事情。

二、案例

中国人"请客吃饭"这一行为中就蕴含着许多中国的风俗文化,并非西方人所能理解。首先,主人请客人吃饭时,一般在第一次的邀请发出时,客人要表示拒绝,因为这是一种礼貌和客套。几经推托后,客人便说"恭敬不如从命",意为接受邀请。

接着主人会问客人喜欢吃什么。中国的礼貌要求客人此时该说没什么特别喜好,吃什么都可以。如果主人坚持,客人可提一个十分大众化的简单的菜,价格十分便宜,表示不希望主人"破费"。

如果到主人家吃饭,主人往往会准备许多道菜肴。用餐过程中,主人会频频为客人斟酒,而不是客人自己倒酒。碰杯时,一方要将自己的杯沿略低于对方,以表示对对方的尊重。

同桌就餐的所有人,吃的是一样的饭菜,由此建立一种平等的感觉。不论有多少人在一起吃饭,只要在一张桌子上,往往大家都聊一个话题,而不是三个一组、两个一对分开聊。同一餐桌上,地位高的人往往主宰或左右这一桌人的谈论话题。他或她讲话的机会也往往最多,其他人说话常常是为了迎合他们。

此外,请客时,人们往往不会吃光盘子里的菜,总要剩下一些表示吃不下了。这样也会使主人显得慷慨大方,使主人脸上也有"光"。如果菜全吃光,对中国人来讲,就意味着有人没有吃饱、没吃好,主人会觉得有失面子,脸上无"光"。

三、角色扮演

1. 请设置请客吃饭的场景,一位同学扮演客人,另一位同学扮演主人,3～4位同学扮演主人的家里人,按中国人的习俗表演从"邀请"到"问客人喜欢吃什么",到用餐中的"敬酒"、"谈话"等,直至"席散送客"。

2. 同样是"请客",请按美国人的习俗重新表演一次,注意整个过程的对话应符合美国人的生活习惯。认真体会中西文化用语的差别。

3. 角色扮演完成后,请总结在"请客"这件事上,中西习俗的区别,并举例如果不注意这些区别会造成沟通中的哪些误会。

【调查分析】

传媒的影响

一、目的

传媒成为影响青少年社会化的一个重要因素,尤其在互联网普及的今天。我们不能任由传媒来左右我们的心理、思维和行动,而应该有自己的认知价值观和行为规则。

二、案例

2000年6～7月共青团上海市委员会对上海初中生的网络运用情况作了调查,数据如下:使用千分之一抽样调查的方法,共选取400名初中生为调查对象,其中70%为市区学生,30%为郊区学生,重点中学和普通中学各占50%。

1. 调查中288名学生直接上过网,占总数的72%,有98%的同学表示渴望上网,并知道"互联网"是怎么回事。

2. 仅有140人是通过学校上课了解网络知识的,占35%;136人都是通过自学认识网络的,占34%;通过父母或亲戚教授的占20%。

3. 400名学生中能达到平均每天上网1小时,成为真正意义上的网民的只有18%,3/4的上网者只是偶尔上网。

4. 288名上网者中,网龄满三年的只占9%,但近两年内,上网人数的壮大速度却惊人:9%(三年网龄)——17.4%(两年网龄)——71.2%(一年网龄)。

5. 因为上网费用问题,49%的学生在家里上网,又由于学习时间的限制,25%的学生在学校上网。由此可见初中生大部分只能偶尔上网的原因。

6. 同学们常浏览的网站中90%是成人网。20.8%的同学上网是为了聊天交友。40.8%的中学生都拥有OICQ(中文网络寻呼机)。大部分同学都会在聊天室里毫无戒备地告诉网友自己几岁、叫什么名字及自己的联系电话。

三、讨论分析

1. 请从以上调查数据分析上海中学生目前上网的基本状况,分析当代青少年受媒体的影响程度。

2. 请根据基本状况指出目前中学生上网中存在的问题。

3. 针对这些存在的问题,请你代拟一个公益公关方案,不少于2000字,向共青团上海市委员会提出你的公益公关方案,以修正青少年对待网络媒体的不正确的做法。

第六章　公共关系的功能与职能

第一节　基础理论知识

一、公共关系的基本功能

公共关系的基本功能是指公共关系活动在组织建立、发展过程中所发挥的独特作用与影响。公共关系的功能是多方位、多层次的，一般可分为直接功能和间接功能。

（一）公共关系的直接功能

公共关系的直接功能是指其直接对组织建立、发展带来的影响与作用；主要表现在两个方面：一是战略指导作用，二是树立组织形象的作用。

1. 战略指导作用

公共关系与广告等其他经济传播手段一个很大的区别就在于，公共关系具有战略指导作用。公共关系为组织的建立发展制定相关的战略，并提出分阶段的战略实施目标和步骤。组织战略是组织对自身事业的全局性谋划，是着眼于组织长远发展的宏观设计，也是决定组织相关行为方向和步骤的决策。战略的制定不是一项单纯的生产、经营行为，而是组织创立、宣传、保护和发展自身的完整系统工程。包含市场调研、产品设计与定位、融资、质量管理、生产与营销、企业文化、人力资源等子系统，是个全方位、多层次的动态系统。组织战略的运作需要各子系统协调一致、有机整合，汇聚各种优势资源包括科技、人才、资金、管理、服务等，以实现组织发展目标。公共关系对企业战略的指导作用就表现在对各子系统的协调以及协助组织进行自身定位，对市场环境调研、内外部关系整合，使组织不断自我完善、自我提高以适应环境并优化环境、服务社会。公共关系工作应有总体规划和年度计划。在这些计划中，公关目标、阶段划分、时间表、公关活动项目、经费预算等都应列入其中，使公关计划与组织整体战略规划相互协调和互动促进。

2. 树立组织形象的作用

美国公关大师海伍德说:"公共关系是为企业营造最有利运作环境的一门科学,除了评估相关人士的态度外,它还必须透过良好政策与有效沟通赢得大众的了解和支持,简而言之,公共关系就是经营企业形象的一门科学。"现代市场竞争不仅仅是商品的质量竞争、技术竞争、价格竞争、服务竞争,还包括知名度的竞争、信誉的竞争、形象的竞争。国际上方兴未艾的企业形象识别系统(Corporate Identity Systems,简称 CIS)就是公共关系发挥树立组织形象作用的直接产物。

(二)公共关系的间接功能

公共关系的间接功能是指公共关系对其功能对象(社会、组织、个人)所发挥的一种间接作用。间接功能主要表现在公共关系对个人和社会的作用两方面。

1. 对个人的作用

《大不列颠百科全书》定义公共关系为"旨在传递有关个人、公司、政府机构或其他组织的信息,并改善公众对其态度的种种政策或行动"。个人被作为公共关系的主要服务载体而提了出来。公共关系对个人的作用曾经一度被忽视,而事实上,公共关系的间接功能主要表现在对个体的影响上。公共关系传播包括了组织传播、大众传播和人际传播,任何一种传播都会间接地对个人发挥作用。公共关系能够建立和改变个人的观念,包括:建立注重个人形象的观念、尊重他人的观念、交往沟通的观念、合作的观念。同时公共关系还有助于个人能力的提高,包括:创造能力的提高、交际能力的提高、自我调节能力的提高和应变能力的提高。因此,在社会交往中经常可以看到,具备公共关系常识和技能的个人往往更容易沟通、更容易得到他人的尊重、也更容易获得事业成功。在学生就业市场上,学习过公共关系知识、具备一定公关意识和技能的学生往往在自身形象塑造、人生目标确定等方面具有优势,从而更容易得到用人单位的青睐。

2. 对社会的作用

公共关系之所以成为一门热门的学科,其对社会的积极作用功不可没。公共关系除了可以直接为组织带来利益之外,还可以间接地为社会谋求福利。

首先,公共关系有利于社会信息的沟通。信息的不通畅、不对称就可能造成谣言横行、社会恐慌等消极后果,公共关系在信息传播的过程中,在很大程度上推动了信息沟通的流畅,产生了积极的社会效益。

其次,公共关系有利于协调社会行为。社会不同的利益组织互相依存,又互相矛盾,不可避免地产生冲突或潜在的威胁。公共关系能够积极有效地对风险和危机作出预警,在沟通行为产生的同时,对社会行为进行规范、制约与协调。

最后,公共关系有助于净化社会风气和改善社会环境。公共关系在推行的过程中还传播了某种标准,并以此标准来衡量执行人,这就使公共关系具有了某种社会教化的积极作用,能够在一定程度上净化社会风气,改善社会环境。

二、公共关系的职能

自公共关系学创立以来,最能影响、限制其自身发展的就是公共关系的职能界定。在西方,公共关系职能因活动的多样性而变得混乱不堪,例如,以卡特利普(Scott Cutlip)为首的西方公共关系学专家把"新闻宣传"列为公共关系的第一要职,但反对者却认为"新闻宣传"仅仅是公共关系的另一种说法而已。而在国内,由于公共关系学术研究的匮乏,公共关系曾一度被渲染为是"全能学科",待人接物、形象策划、环境检测、营销广告等等,无所不包,所造成的直接后果就是"公关无能"。因此,在21世纪,反思整个20世纪的公共关系职能界定,可能重新得到并确定公共关系以下四个方面的职能。

(一)舆论调控,赢取信誉

公共关系的首要职能是"舆论调控,赢取信誉",其中"舆论调控"是手段,"赢取信誉"是目的。

1. 舆论调控的涵义

在理解"舆论调控"之前,我们先来了解一下"舆论"的概念。舆论是由若干见解形成的意见,表达人们对社会问题的看法。人类在交际中运用可理解的互通行为,达到相互了解、相互认识,获得他人对客观事物的评价。众人相互接受意见,并最终取得一致,才能形成舆论。

大众传播学认为,舆论是指发布信息对公众思想进行影响后的社会意见。舆论调控就是对信息发布加以调控,以形成对调控者认可的舆论,进而对人们的思想和行为加以有效地影响。

2. 舆论调控的手段与方法

公共关系通过多种传播手段来实现对公众和社会的舆论调控。

公共关系在发轫时期,主要的作用是新闻宣传。即使到了今天,某些组织的公共关系仍然主要集中在新闻宣传发布及其策划设计,以期待得到媒介更多的关注。新闻宣传是公共关系"舆论调控,赢取信誉"的主要手段,也是该职能的具体体现。公共关系从业人员必须清楚如何向新闻机构提供稿件,如何同新闻记者打交道,如何通过新闻媒体实现对受众的舆论调控。

随着公共关系的逐渐专业化,一种新的新闻宣传服务方式正在西方被广泛接受,那就是"新闻代理",指创造有新闻价值的事件报道,以吸引媒介的注意力并获得公众的关注。一批新闻代理公司和新闻代理人正成为公关市场上的新宠。新闻代理满足各类组织吸引公众注意力的愿望,以新闻宣传为主要战略,通过为组织定身策划的方式,提高大众传媒对该组织报道的数量和质量。

广告宣传也是舆论调控的主要形式。广告是由特定的主体通过大众媒介进行的有偿信息发布。公共关系运用广告是为了影响"受众"而不仅仅是"顾客"和"消费者"。各类组织都试图运用广告来实现舆论调控的公共关系职能,主要在以下四种情况:

——当组织对媒介上的负面报道不满的时候;

——当组织觉得自身的观点没有被客观、公平地表达的时候;

——当组织感觉到公众不理解相关问题或者态度漠然的时候;

——当组织试图在某项事业上增加发言权的时候。

广告宣传正在逐渐成为公共关系的主要手段来进行舆论调控,公共关系广告将在商业广告中占据更高的比例。

3. 建立信誉——公共关系的核心职能

长期以来,公共关系的核心职能一直处在争议之中,换而言之,公共关系的落脚点究竟在哪里? 20 世纪末,全世界的公关学者认为"品牌"是公共关系活动的核心。但很快人们发现品牌过于商业化,未能涵盖公共关系核心的全部。21世纪,一个新的概念"Reputation"出现了,这就是信誉。信誉包括了商业的品牌、政府的形象和个人的名誉。建立信誉是公共关系最核心的职能,也是最终极的目标之一。

"信誉"主题的确立使公共关系建立在健康积极、诚实守信的基础上,公共关系发展过程中一直深受困扰的"言过其实"、"欺诈"、"虚情假意"等再一次彻底与公共关系无关。事实上,在公共关系创立之初的 1903 年,美国著名记者艾维·李(Ivy Lee)创立最早的公共关系顾问公司时,就在公司的《宣言》中说:"我们的计划是站在企业和公众机构的立场上,开诚布公地为美国的新闻与大众提供适当而正确的情报,而这些情报对于大众来讲是有价值而感兴趣的。"在经历了一个世纪的风风雨雨之后,建立信誉重新被作为公共关系的核心职能,这一职能具体表现在以下几个方面:

——促进个人职业发展。确定自身职业方向,突出特点,引起有关部门和机构的注意。提出创新观点,给人留下深刻而良好的印象;

——扩大组织和品牌的美誉度;

——吸引投资者,改善股东关系。随着股份制的进一步推行,协调股东关系将成为公共关系的重要职能;

——吸引并留住优秀员工,推进人力资源管理质量;

——赢得合作伙伴;

——影响政府的政策制定与决策;

——吸引新顾客;

——加固品牌忠诚度。

(二)内外沟通,决策咨询

1.外部沟通与内部沟通

现代组织是一个开放的系统,必须和周围环境建立广泛的联系。收集信息、扩大组织知名度和美誉度、建立双向传播的沟通渠道都是这种联系的重要内容。此外,对外沟通、接待应酬、社会服务与赞助等各类社会交往活动,也将有助于为组织创造一个和谐、友善的外部环境。组织外部的交往沟通能够为组织赢得公众,并能避免或减少组织与环境的摩擦和冲突,即便发生了冲突,也能在沟通的基础上迅速协调、化解。

内部公共关系使组织内部的沟通、协调也纳入了公共关系的职能范围。成功的组织必须有一个充满理解信任、团结合作气氛良好的内部环境。组织内部的沟通协调可以增强组织的凝聚力,维系良好的人际关系状态,避免或减少组织内部的摩擦与冲突。公共关系是组织内全体成员的公共关系。组织扩大知名度和美誉度离不开组织全体成员的共同努力。内部公共关系就是要使这种努力变成一种自觉、主动、习惯性的行为,使员工增强公关意识,自觉珍惜组织良好的形象与声誉。

内部沟通和外部沟通是共生互动的。特别是在危机爆发的时候,只进行外部沟通忽视内部的传播,或者只进行内部沟通,在外部沟通上反应迟缓都是会造成严重后果的。内部沟通和外部沟通随时都必须保持"一种声音",这样才能使传播有效,否则就可能使内部和外部的声音互为噪音,使传播失效。

2.参与组织决策

首先,公共关系为组织获取决策信息。一方面,公共关系部门或机构利用其与外部各界的广泛联系,为决策梳理和搜集外部信息源,提供准确的第一手信息;另一方面,公共关系实体利用其在组织内部的沟通渠道,为决策提供内部信息,促进决策科学化、民主化。

其次,公共关系帮助组织确定决策目标。随着现代企业决策的日益专门化,整体决策目标往往被分解为各个职能部门的专门决策目标。如财务决策目标、研发决策目标、市场决策目标等,但这些被分解的决策往往只关注本部门的目标,未能从全局的角度来考量整体决策,而且,各部门之间的协作也将成为公共关系发挥决策咨询职能的重要途径。公共关系可以根据内外沟通所掌握的充分信息,对各职能部门的目标进行评价、修正,使决策目标既反映组织发展的要求,又符合社会公众的需求。

再次,公共关系对组织拟定的决策方案提出咨询意见。不论是组织内部的公共关系部门,还是组织外部的公共关系公司,其功能都可以类似法律专家、人事专家或财务专家,可以为组织提供专业咨询服务,可以在企业内部成为一名员工或成立一个部门(如:法律部、财务部、人事部、公共关系部),也可以成为公司外的咨询顾问公司(如:律师事务所、财务公司、人才开发中心或猎头公司、公共关系公司)。咨询职能使决策方案的拟定更加灵活、更加专业、更加有效。公共关系使公众成为决策方案评判最权威也是最终的评议人。

最后,公共关系协助组织实施决策方案,使内外部公众都理解决策方案,并监督方案实施,同时接受社会各界的反馈意见,进行分析、评价后转呈给有关部门并上报决策部门,以便日后对决策进行调整。

(三)动态管理,整合营销

1. 公共关系已经越来越被认为是一种现代化管理手段

随着时代的发展与社会的进步,人们对公共关系职能的认识已经从简单的宣传功能深入到了"管理职能"。公关的定义强调公共关系是一种管理职能、管理行为,它不同于生产管理、技术管理、人事管理、财务管理、销售管理,它是对一个组织传播行为、传播资源、传播过程和传播媒体的管理,是特指一个组织和它的公众之间的传播和沟通的管理。

西方曾经有一种说法:公共关系主管和首席执行官(CEO)的唯一区别是,后者的薪水更高一些。传统的企业领导人一般都乐意出现在公众面前,但大多数电子商务公司都放弃了面对面接触公众的方式,而一旦通过计算机来与顾客打交道,那么公共关系就成为了一项核心管理职能。

传播学教授詹姆斯·格鲁尼格与陶德·亨特认为,公关经理所扮演的是管理学中被称为"周边性"角色的职责。公共关系人员应该担当起组织与周边(包括外部和内部)公众之间的联络与信息管理。(关于格鲁尼格教授对公共关系管理职能的进一步阐述请见本章阅读材料三)

2. 公共关系在整合营销传播中的重要作用

整合营销传播(Integrated Marketing Communication, 简称 IMC),20 世纪80 年代中期在美国开始提出,前身是 "传播协同效果(Communication Synergy)"。1989 年,全美广告业协会(AAAA)为了促进 IMC 的研究、发展,把整合营销传播定义为:"一个营销传播计划概念,注重以下综合计划的增加值,即通过广告、直接邮寄、人员推销和公共关系等传播手段的战略作用,以提供明确、一致和最有效的传播影响力。"

然而这个定义容易被理解成是从传播者角度观察接受者的单向式传播。定义不仅应对广告主和广告公司有价值,而且对消费者也应有价值。IMC 理论的发源地——美国西北大学的研究组把 IMC 定义成:"IMC 把包括品牌在内的企业所有接触点作为信息传播渠道,以直接影响消费者的购买行为为目标,是一个以消费者为出发点,运用所有手段进行有效传播的过程。"

2001 年,全球评选出对 20 世纪广告影响最大的一本书时,里斯和特劳特的《定位》名列榜首,但令人惊讶的是,他和女儿萝拉·里斯合作出版了《广告的没落与公共关系的兴起》,书中阐述了一个重要的观点:"只注重得奖创意、而缺乏实际销售力的广告的确没落了。而真正能够帮助维持品牌形象的广告,仍需要透过公共关系的力量,维持与消费者进行沟通,才能顺利达成营销的使命! 广告已经没落。"这一观点震惊了全球广告与营销界。

美国马里兰大学新闻学院的詹姆斯格鲁尼格教授表示:"组织同时需要市场营销和公共关系这两种功能。在我看来,从本质上讲,市场营销有着经济的作用,而公共关系则有着其社会和政治的作用。公共关系应该帮助组织中的其他功能部门与受组织影响的公众进行交流。消费者只是一类公众,当公共关系仅属于市场营销的一部分时,它只是与消费者公众进行交流,可组织还有社区、投资者、员工、政府和媒介等多类公众。公共关系应该通过营销传播对组织的营销功能提供支持,所有营销传播的手段应该得以整合,包括广告。但是并不是组织的所有传播都是营销传播。市场营销关注的是市场,公共关系关注的是公众。"

公共关系已经成为整合营销传播的重要内容,而整合营销传播也正在成为公共关系的主要职能。

(四)科学预警,应对危机

公关专家詹姆斯·卢卡斯罗斯基(James Lukaszewski)曾经这样描述危机:它不仅"能见度无法预测",而且可能在任何时间降临到任何人身上。事实上,在新的世纪里,最受尊敬、收入最高的公关专家都是通过成功地"管理"危机而取得成就的。

美国公共关系学者的研究表明,现代社会越来越多的危机是不可预防的,换而言之,人类利用公共关系手段来预警危机的水平在不断提高,凡是能够预先防范和警告的危机,基本上都已经能够通过公共关系来做到有效应对和化解,这才使那些真正形成的危机被证明大都是难以预见、不可预防的突如其来的危机。虽然危机无法避免,但公共关系可以预警大部分的危机。

1. 危机预警

在一个成熟的组织里,危机预警包括五项具体的举措:

(1)确认可能发生危机的问题及其发展趋势。问题的确认可以通过传统的调查统计技术或类似的方法来实现。组织最关心的是那些有可能发展为"危机"的潜在问题。

(2)评估可能引发危机的问题的影响并排定先后顺序。一般这一工作是由特定的委员会来完成的。

（3）预先模拟公司的立场。在日本,部分企业将某一天定为"危机日",在那一天模拟危机的到来,以预演可能发生的紧急公关事件。

（4）设计可能采取的应对措施和防御性的行动计划。组织整合各种解决危机的举措,以达到组织预期的目标。

（5）提供必要的日常培训,以便在危机真正到来时能够有效反应。

2.应对危机

正如美国公关权威卡特利普在被誉为"公关圣经"的《有效公共关系》中说的那样,"公关只有当她与危机处理联系在一起时才显得格外重要"。危机公关的处理实际上是组织的一把强有力的保护伞。美国海洋浪花公司因卫生部长一次误导性的讲话,使消费者都拒绝购买公司的产品——克兰梅,海洋浪花公司面临破产的危机。但公司利用了危机公关的处理手段,采取向消费者告之真相并请总统候选人表演吃克兰梅等措施,让消费者明白了事端缘由,消除了误会,克兰梅再次回到人们的餐桌上。又如法国佩里埃矿泉水因为水中含苯量过高而遭到退货,企业不仅请专家找出了原因,而且证明了矿泉水中的含苯量对人体并不会造成伤害。这种坦诚使人们更增加了对产品的信任,佩里埃矿泉水的销量也比出事前大大增加。这些公关活动挽救了组织,保护了品牌,也在一定程度上使组织更加成熟,使公众对组织更加信任。

作为公共关系的主要职能,应对危机包括以下内容:

（1）在组织的"大背景"、自然、社会和政治环境的影响下,建立一个可接受的危机应对模式。

（2）在危机预警的基础上发展对潜在危机的反映能力。

（3）确认危机。

（4）建立能够有效影响和控制危机的政策。

（5）在现有条件下,配置应对危机的资源。

（6）要求有必备的条件和技能处理危机。

（7）开发有助于危机解决的计划。

（8）确保策略能尽快转变为行动。

第二节　阅读资料

一、了解舆论的滋养环境

舆论是社会生活的产物,是人类面对社会问题的有感而发。舆论作为表层意识,是其他意识生产的原材料,它一出现就和其他意识形式发生交互作用。舆论始终活跃在其他意识活动中,构成整个社会意识的一种最活跃的因素。

意识环境是无形的精神文化的交错状态,包括知识、道德、法律、信仰、艺术、风俗等各种意识形态。舆论与其他意识形式在实际生活中是紧密联系的,往往伴随相应的无形态的东西,而无形态的东西也往往离不开实体形态:社会创造出各种意识载体将其变为实体,作为舆论虽然没有实体却是具有形态的具体文化现象。观其产生的根源和社会功能,又往往同时包含着有形的和无形的两种特征,与精神文化的其他意识形态是不同的。

舆论是在其他意识形式滋补下生长出来的,并日益从意识环境中吸取养分而逐步完善。其他意识形式提供的知识和思维模式为舆论活动提供了思考方式和认识方式。每个人对社会生活的判断固然依靠个人的经验,但每个人不具备一定的知识就不知道说什么和怎么说。人的生存不仅有物质方面的需要,而且有精神方面的需要,如对娱乐、鉴赏、理想的追求等,精神生活是人的生命体及其再生产过程中一系列意识活动的内容和形式。许多意识内涵被人所习用,逐渐变成认识问题的能力,运用它发表自己的意见,说明个人对社会问题的态度。一个人掌握的意识形式越多、越全面,也就越容易发表意见,发表意见的正确成分也越多。

在多种意识形态活跃的社会,舆论也越趋活跃,因为这些意识形态的传播不断启发人们思考现实问题,种种千奇百怪的意见就产生出来。正确的意识形态把人们的思考提高到完美的境界,不断推动人们对周围事物作出科学的评价。高级的社会意识——主要是道德感和理性,支配人们如何表达自己的意志,如何交流彼此的情感和意见,使人们的交往活动产生舆论活跃的态势。

人们根据一定意识形态认识日常生活,是舆论产生的意识根源。人们对自己的生活不是盲目的、非自觉的,而是根据一定意识形态认识生活和对生活的希望,以及产生对未来的憧憬与理想,由此形成了系统的观念形态的舆论。

舆论在一定意识环境中传播,时时受到不同意识形态的制约,如果一种舆论背离某种意识形态目标,这种意识形态就将其限制在一定范围,甚至用对立的观点压制它的传播。在这种情况下,意识形态的拥护者将宣传与舆论目标相反的观点,批驳舆论的导向。一定社会意识,对社会舆论有极大的影响,主要是发挥规范、导向、控制、整合、改造和记载的作用,加深人们对社会现象的认识,改变先前的错误意见。

除此之外,各种意识形式还给人们发表日常意见提供了模式,使其规范化、系统化,在个人参与社会讨论时虽然总是标新立异,创造新的见解,但多少仍会受到旧意识形态的影响。因此,意识形式影响个人的心理、行为方法,是舆论传播的必要条件之一。

某种意识形态一旦占据统治地位,便强有力地影响整个社会舆论方式,给统治阶层提供所需要的思维形式和精神动力,造成一种特定的意识环境。所有的人就在这种特定的意识环境中生活,整个社会受到意识模式的制约。这种制约表现在两个方面,一是利用前人的意识创造新的舆论;二是遵从现存社会的规范形成特定的思想方式。

(节选自刘建明著:《社会舆论原理》,华夏出版社2002年版)

点评

舆论即Opinion,是公共关系学习中必须掌握的概念。本文作者刘建明教授从舆论与意识的关系着手进行研究和阐述,深入浅出地点明了舆论与意识环境的关系。补充阅读本文是为了深入了解社会舆论调控原理,更深刻地领悟公共关系职能的源起。

二、公共关系将杀死广告吗?

"广告面对着末日降临的命运。"因《定位》一书而成为营销领袖的前广告人兼"定位"概念的发明人埃·里斯如是宣布。在2001年8月出版的《广告的没落与公关的兴起》一书中,他和女儿、搭档萝拉·里斯合作,认为公共关系肯定将默默地成为最有影响力、最有效果的营销服务学科。

里斯父女仍看到了广告的作用,但首先是把广告作为已建立品牌和已有产品的一种防御机制,而不是新品牌或新产品的建设者。他们认为公共关系——专业的宣传和口传的结论——确实可以营造新的品牌。

使人不安的信息

新的观念远不能使广告工业鼓舞人心。里斯先生认为:当今许多广告被用来发布新产品与新品牌,而他的建议如果被人注意的话,将导致广告开支的缩减。另一个逻辑结果是,他认为将产生更多的新品牌但更少的产品发布或产品外延扩展。他和前搭档《定位》的另一位作者杰克·特劳特长期被指责反对品牌扩展,抨击他们稀释和扭曲了品牌。里斯先生争辩说,客户总是更想要扩展原有品牌而不是发布新品牌,部分原因就是广告的成本。而用公共关系来发布新品牌,就可以大幅度减少营销成本,使发布更多新品牌成为可能。

然而,并非所有公关经理人都同意他的观点。

托马斯·哈里斯,高林哈里斯公关公司的前负责人,现任哈兰德公司危机公关顾问,把这本书称为"总概括",因为作者忽略了超越产品宣传的大量公共关系。他说,作者以某种方式对公共关系的有效性既评价过火又认识不足。

收入下降

公关和广告都蒙受了损失。根据美国《广告时代》的统计数据,美国广告公司 2001 年的全球总收入下降了 2.5%，达 317.4 亿美元。而美国公关公司委员会的报告显示，全球公关收入在 2001 年达到 43.1 亿美元，减少了 2.7%。

与广告开支相比公关开支显得长期苍白，缺乏媒介支出以及相关的生产支出。通过托马斯·哈里斯与推动力研究所 2001 年的调查发现，消费者－产品公司花费大约收入中的 0.05% 用于公关。这对于普通公司将收入中的 2% 到 10% 用于总营销费用而言，公关开支实在是微不足道。

调查也发现，市场营销人员将公关预算从销售比例的 0.09% 减少到 0.07%，下降了 29%。而客户指定用于产品宣传的公关预算的百分比，却实际增长了 5 个百分点，达到了 23%，尽管在产品宣传上的总开支减少了 10%，为 5 亿 1 千 8 百万美元。

不被理解的"公共关系"

里库佩罗女士认为：在许多销售经理和高级管理人员中间，对公关的缺乏理解遏止了公关的增长。"广告是能让人们看见并且理解的东西"，她说，"我仍然不得不告诉我妈妈我的工作是做广告"。塞格威公司的高级营销副总裁，前 IBM 执行官盖利·布里奇说："我认为，说广告将被沟通完全取代将是错误的，但是整合必然会带来变化"，塞格威 Segway 公司的机动化运输设备 2001 年晚些时候以大量免费电视投放覆盖了广电传媒。

塞格威仅 2001 年 12 月的宣传就产生了 7 亿 5 千 8 百万的暴露度，公司表示，价值在 7 千万到 8 千万之间。紧接着，1 月和 2 月也保持了类似的水平。公司计划在 2002 年末到 2003 年中之间以较小的广告活动来支持品牌的消费者投放。

"但是，塞格威的宣传保持了股息的支付"，布里奇强调，"塞格威装卸与运输公司已经树立了卓越形象，在 NBC 的头牌节目和 CBS 教育节目中，以及在即将拍摄的电影中。"

博雅公司的经营董事彼得·希姆勒说，公共关系在不侵犯广告预算或不显著减少两者费用差距的情况下，依然有充足的成长空间，因为公共关系的耗费少得多。"六位数的预算计划对我们公共关系公司来说是健康的计划"，他说，"而六位数的广告将使你远远无法达到目标"。

第二天综合征

"媒介使我发疯的事情之一是，第二个写故事的人决不愿意写第一个家伙所写过的任何东西，"一位品牌负责人说，"他所能留下的只有负面报道。"

例如，获得成功的塞格威公司不幸入选《时代》商业 2.0 报告"商业历史上 101 个最哑的瞬间"。报告把其两年间的产品发布前广告与现实中的产品作了比较，认为用起来比看起来要差 30 倍，该杂志认为他们就像"太懒惰不能走的驴”一样。

"控制信息对销售人员来说是非常困难的"，宝洁(P&G)公司个人保健部的传播经理柏延·麦克莱瑞说。那就意味着，尽管里斯在书中批评说：依赖大众媒介花费5千万为一种产品做广告，而这笔钱如果用在公共关系上就可以大获成功，宝洁公司2001年仍将广泛的公共关系努力放在其"白条激浪"的广告发布之后。宝洁公司产生了4亿的发布前媒体暴露度，而同年早些时候的另一个1亿3千万的暴露度来自签署了加拿大花样滑冰冠军加美·塞尔和大卫·皮勒特尔，作为他们激浪健康微笑2010市场营销计划的品牌代言人。

宝洁公司也使用了许多其他的方式在2001年"白条"发布之前来提升品牌口碑，包括在数量有限的牙医办公室中或者在网上或在QVC家庭购物频道销售全年产品，同时发放价值270万的印刷广告。这些效果整合之后达到了15%的消费者认知度和2千3百万零售可行销售。麦克莱瑞先生说，通过使用链接到对每一销售方法具体的折扣代码，宝洁公司能够确定33%的广告发布前销售是直接与公共关系有关的。此后该品牌在年度的销售中达到2亿美元。

没有范围

宝洁公司在公共关系上的花费并不比三年前更多。但是，它已学到了比五年以前更多的媒介精明。当宝洁公司的"范围(Scope)"品牌把谈话节目的女主持人罗塞·奥登耐尔列入最不值得亲吻的十大名人时，奥登耐尔女士马上发起了一场"向'范围'说不"的运动，并竭力劝说观众购买宝洁的对手品牌——普飞姿公司的防腐溶液。宝洁只用了一些小小的恳求，包括以宝洁公司"潘婷"的名义向奥登耐尔女士的儿童基金会捐款2百万美元，就使奥登耐尔女士随后认可了"白条"产品。

佐治亚太平洋公司的主席兼首席执行官皮特·柯莱尔最近在一个投资者会议上说，当他试图增长公司的消费者品牌市场时，支持并不总是来自大众媒介。相反，其他的传播渠道，包括公共关系，将扮演更重要的角色。他为天使软件推出了"天使在行动"市场促进计划，佐治亚太平洋公司期望能实现1亿的公共关系印象度，并已经达到了局部效果。"公共关系为传统广告增加了衍射度和确定性，"品牌经理帕屈克·道顿说，"公共关系以一种成本有效率很高的方式运作，我们并不打算减弱这种媒介"。

当注意力获得和创意一样成为可能时，里斯先生并不期待他的书是广告死亡的信号。"它甚至意味着做更多的广告，但那是在一个品牌被发布之后"，他说，"我们不是肯定地说广告死亡了……你能用广告使火焰被扇得更旺，但你不能用广告点火"。

（节选自《中国广告》2003年第12期）

点评

公共关系与广告本来就是互不矛盾的整合营销传播手段。公共关系和广告具有互相补充、互相促进的共同发展趋势和能力。阅读本文可以了解美国最新公共关系著作《广告的没落与公关的兴起》,也可以对国际公关界和国际广告界有所了解。

三、关于公共关系学若干基本问题的国际对话

格鲁尼格/廖为建/郭惠民

美国马里兰大学传播学院詹姆斯·格鲁尼格教授,从事公共关系教学研究30多年,曾获美国公关教育和研究奖,并是美国公关协会一年一度颁发的"杰出公关教育家奖"得主之一,为当今美国公关学术界的代表人物。2000年6月他应邀来华访问,参加2000中国国际公共关系大会,发表专题演讲,受到中国公关界的高度评价。

格:公关从业人员常想到关于市场营销传播的数据库。市场营销数据库包含每个顾客的信息,包括他们对产品的喜好、购买、投诉的纪录。除此之外,这个数据库还包含将顾客细分为不同市场群体的相关信息。例如,从人口统计学角度看群体特征、价值、生活方式和兴趣爱好。然而,除了市场营销数据库之外,我相信公关部门需要关于公众的数据库,而不是顾客的数据库。例如,他们需要关于影响其业务的政府机构的信息,媒介对组织报道方面的信息,在美国我们称之为行动主义群体的非政府组织信息,影响公司股票价格的财经分析家的信息,还有员工的信息等等。如今大部分这些信息都可在网上收集到。至于这些公众的成员对组织表示的投诉和关注,也将进入数据库。此外,通过正规调查(如问卷调查、焦点小组调查)所获得的信息也应进入到组织每类公众的数据库中。这样经过对公众的细分和确认,数据库中的信息就可按组织的战略公众进行归类。这些工作完成后,公关管理人员就会有大量信息资源,以帮助组织管理者做出对与组织有利害关系的公众和一般公众有影响的战略决策,以及回应可能出现的议题,这就是议题管理。

郭:数据库问题显然是当今营销、广告和公关界人士关注的一个重点。研究结论表明,整合营销传播的一个重要内容或技术就是数据库的运用。追究此问题突现的背景,我认为在于当今社会和市场的急剧变化以及电脑技术的飞速发展。社会的发展、产品的丰富和市场的竞争,使得人们的选择和个性的要求增多了。进入21世纪后,由20世纪的那种大众传播、大众消费、大众文化所构成的趋同化的大众社会将朝着非大众社会或称分众社会转变。而现代电脑技术的发展,尤其是因特网的出现,则更对这种趋势起到了推波助澜的作用,为其提供了

机会和条件。这一点在发达国家尤为明显。大众向非大众或分众的转变，使得人们比以往任何时候，都会更重视数据库的运用。公关人员通过建立数据库，搜寻、跟踪日益复杂的公众变化的信息，有利于其有效地开展公共关系工作。

廖：格鲁尼格教授，美国的许多工商学院和 MBA 课程中似乎很少甚至没有开设公共关系课，这是否事实？如果是，为什么？公共关系作为一门在美国有近百年历史的学科居然没被纳入管理学科，这令人感到不好理解。

格：确实，美国的 MBA 课程中很少有开设公共关系课的，但有一些开设名为"企业传播"的课，可这些课程通常只讲授一些写报告、作演讲的技巧以及组织传播的一些理论(如员工交流)。两年前我参加了在诺特得姆大学(Notre Dame University)召开的一个关于企业传播的会议，与会者大部分是在 MBA 课程中讲授企业传播的教授。我认为他们已开始理解我所描绘的更广义的公共关系。他们中的许多人同时也讲授与组织有利害关系的公众关系、企业社会责任和信誉管理等内容，凡此种种都是公共关系的重要组成部分。在马里兰大学，我们已同工商学院进行了紧密合作并建立了良好关系。结果是我认为我们已帮助工商学院的教师更好地理解了公共关系的职能。

郭：据我的了解，两位教授所谈的问题，在欧洲也得到了公关界人士的普遍关注。1991 年 5 月出版的英国公共关系协会"银皮书"《公共关系在管理教育中的地位》，以行业(专业)协会文件的形式探讨论述了这个问题，这在国际公关界还是很少见的，也说明了这个问题的重要性。该文件明确建议："承认公共关系是一门管理科学，并使它在所有商业学习与管理学课程中占有一席之地。"所有商学院毕业生都必须至少对公共关系的目的、职能，以及公共关系在管理中的地位有基本的了解。"中国现在一些高校的 MBA 教育中已开设公共关系课程，这是一个好的迹象，也是符合国际公共关系发展趋势的。

郭：1985 年，国际商业传播者协会投入 40 万美元，资助了一项名为"卓越公共关系与传播管理"(简称"卓越公共关系")的课题研究。这是迄今为止国际公关界为研究职业传播实践所需的核心知识体系所投入的最大一笔投资。该课题研究原先预计花 5 年时间，结果整个研究历时 10 年，使其成为公共关系和传播管理研究中持续性最长的研究课题之一。作为该课题研究的主持人，格鲁尼格教授曾提到这一研究的成果——卓越公共关系的十大原则，您能否给我们介绍一下？

格：公共关系在不同国家，既是相同的，又是不同的。下面，我简要介绍一下卓越公共关系的十大原则：

1. 公共关系人员参与组织的战略管理。

2. 公共关系人员在组织的"统治集团"中有权或有向组织的高层管理者直

接报告的权力。

3．整合的公共关系功能。

4．公共关系作为一种管理功能分离于组织的其他管理功能。

5．公共关系部门由一位管理人员而不是技术人员担任领导。

6．公共关系工作采用双向平衡的模式。

7．内部传播交流有一种平衡体制。

8．担任管理角色和开展双向平衡公共关系工作的人员需要有足够的知识背景。

9．公共关系工作角色有多样性。

10．有职业道德和社会责任感。

（节选自北京：《国际关系学院学报》2000 年第 4 期）

点评

格鲁尼格是当今世界最重要的公共关系学者与专家，同样，郭惠民教授和廖为建教授也是国内最著名的公共关系学者，本文是三位国内外最重要的公关学者之间的碰撞，擦出的火花照亮了未来公共关系学科的发展，是 21 世纪关于公共关系学的最重要的学术事件。这三位公关权威的谈话，不仅影响了当今中国公关界的理论研究，而且在国际公关界也引起了广泛的关注。

四、惠普与海尔老总"崂山论道"
——惠普企业形象公关方案

主办单位：中国惠普有限公司

咨询单位：爱德曼国际公关（中国）有限公司

项目背景

1999 年 4 月底，中国惠普有限公司宣布，惠普公司董事长、总裁兼首席执行官路普莱特先生将于 5 月 25 日至 27 日访问中国。中国惠普有限公司经过慎重细致地挑选，最终决定委托爱德曼国际公关（中国）有限公司为这次访问活动提供公关方面的支持与服务。

惠普公司是世界最大的计算机公司和最杰出的测试和测量仪器生产厂商之一，也是第一家与中国实现合作合资的国外电子高新技术公司。1979 年，当时的美国国务卿基辛格访问北京。在与邓小平探讨中美合作与发展的前景时，基辛格推荐他的老同事，曾任国防部副部长、同时又是惠普创始人之一的公司董事长戴维·帕卡德先生访华。帕卡德第一次应邀访华时，带来经过缜密论证的关于中国实现现代化的十条建议,其中包括希望与中国建立具有代表性的合作企业,并向中国介绍美国高科技电子业的发展。

经过中美高层人士的多次互访,惠普公司的先进管理手段和现代电子科技水平,给中国留下了深刻印象。帕卡德与邹家华签署的"合作谅解备忘录",制定了"先合作,后合资"的阶梯式跃进策略,为中国电子工业与惠普公司的长远合作奠定了坚实的基础。自路普莱特先生1992年出任公司董事长、总裁兼首席执行官以来,惠普的营业收入年复一年地迅速增长,从1992年的132亿美元飙升至1998年的471亿美元。路普莱特先生以稳健的作风著称,他积极支持并推行惠普公司创业者总结出来的经营管理理念即"惠普之道",把它应用到日常的管理之中。

在路普莱特先生来华前夕,关于他1999年年底将正式退休的说法已经在业内开始流传。惠普公司希望把这次中国之行搞得有声有色,不但能把惠普公司想要传达的信息,包括对中国市场的长期承诺、正在酝酿的惠普公司重组计划以及接班人问题等等全部传播出去,而且要让路普莱特先生本人感到其中国之行非常有价值,非常令人难忘。

而此时中美两国正就中国加入世界贸易组织(WTO)一事加紧谈判。与此同时,政府及社会各界关于加快国有企业的改革以迎接加入WTO后带来的机遇和挑战的讨论也是越来越多。对中国企业界来说,入关既是机遇,更是挑战。

正是在这种大背景下,国家经贸委培训司在1999年4月推出了题为"世纪变革中的企业经营管理——世界500强企业系列讲座",旨在加强中国大企业的领导人与世界500强的高层管理领导之间的交流,学习国际上成功的大企业在企业发展、经营管理、市场竞争等方面的经验。经贸委预计举办总共十期的系列讲座,而每次讲座的形式则不尽相同。

经过认真接触与商谈,国家经贸委培训司决定在青岛举办一次讲座,邀请美国惠普公司路普莱特先生与海尔集团总裁张瑞敏先生作为主讲人。这次讲座联合中央电视台《经济半小时》节目,计划采用电视现场讨论和对话的方式。两位主讲人结合各自企业的实际发展状况及成功经验,就企业文化、管理理念、经营战略和具体的管理技巧等畅抒己见。至此,路普莱特先生访华的主要活动内容基本确定。

以下是爱德曼公关有限公司执行此次公关事件的全过程。

项目调查

项目活动内容基本确定后,爱德曼公关公司就开始着手项目的调查工作,以便在调查结果的基础上,制定出相应的公关目标、公关策略及目标受众。

经过周密认真的调查,公司有了以下几点重要发现:

首先,惠普公司迫切希望通过这次青岛论坛会的活动,宣传其被业界广为推崇的经营管理思想即"惠普之道",提高其在中国的企业形象。惠普公司极为成功的经营管理理念和方法被世人称之为"惠普之道"。惠普公司创始人之一比尔休利特在谈到何谓"惠普之道"时说:概括地说,"惠普之道"? 是由一种信念而衍生出来的政策和行动,这种信念是:相信任何人都在工作中追求完美与创造性,只要赋予他们适宜的环境,他们一定能成功。这一信念决定着惠普的企业价值观、企业文化、公司目标以及惠普经营策略和管理方式,它也是惠普长盛不衰的真正原因。而路普莱特先生正是"惠普之道"的积极推动者和实施者,由他来阐述"惠普之道"的精髓是再合适不过了。

其次,国家经贸委对这次青岛论坛会的活动非常重视,他们希望通过这类活动,增进中外企业界之间的交流与合作。活动前期,公关公司为中国惠普有限公司和国家经贸委之间做了很多协调工作。

再次,海尔集团对这次青岛论坛会的活动存在某些疑虑。海尔集团是中国近年来成长最快、管理最成功的中国特大型企业,而惠普公司是1999年《财富》杂志500强排名第14位的著名高科技企业,也是该杂志公布的全球最受仰慕的公司之一。海尔集团老总张瑞敏先生担心:路普莱特先生风头过旺,使他变成一个陪角。

另外,爱德曼公司在设计公关目标与策略时,也认真考虑到了下列四个因素:惠普公司在世界高科技领域的领导地位;惠普为中国信息化建设所作的巨大贡献;惠普与中国政府长期的、独特的良好合作关系;作为惠普公司董事长、总裁兼首席执行官的路普莱特先生在世界高科技领域的崇高威望。

项目策划

有鉴于此,爱德曼公司初步确定这次公关活动的目标是:强调惠普公司长期扎根中国市场的策略以及对中国客户长期不变的承诺与伙伴关系;树立惠普公司在经营管理经验方面的业界领先地位;尽快消除海尔集团方面的疑虑,确保青岛论坛会的顺利与成功;为惠普公司提供积极、广泛、有深度的媒体报道,进一步扩大青岛论坛会的影响力,同时广泛树立惠普公司在中国的企业形象。

公关策略是:充分利用青岛论坛会,增进惠普管理层与参会中国企业管理人员之间的交流与合作;利用青岛论坛会活动,进一步加强惠普管理层与中国政府有关部门(如国家经贸委、山东省经贸委、青岛市经贸委等)之间的了解与沟通,加强政府关系;力促国家经贸委、中央电视台与海尔集团方面加强沟通,以消除他们对论坛会的各种疑虑;利用各种媒体关系,宣传青岛论坛会,扩大其在社会上的影响。

目标受众是:政府(国家经贸委及当地经贸委);大企业(海尔集团,国务院认可全国前 200 家企业,IT 业经理);媒体(IT,印刷及出版、电视、广播);社会大众。

总体策划

在对"青岛管理论坛会"项目进行总体策划时,爱德曼公司将整个活动分为两部分:第一部分为"青岛管理论坛"会现场;第二部分为后期中央电视台专题系列节目制作报道及其他媒体跟踪报道。

由于北约轰炸中国驻南使馆事件的发生,中美关系骤然紧张,国内出现了一股反美情绪,这对美国公司在中国的业务开展带来不利影响,特别是原先计划好的大型公关活动,更是面临新的压力。比如媒体减少了对美资企业在华活动的报道甚至封杀这类消息,所有这些为成功举办青岛论坛会带来很多不确定因素。

于是爱德曼公司及时调整了这次青岛论坛会活动的目标:侧重宣传惠普公司自中国对外开放以来一贯坚持的扎根中国的长期战略。这种战略不会因中美关系的起伏而有丝毫的变化。进一步表明惠普公司对中国的信心,重申惠普公司对中国合作伙伴的长期承诺;树立惠普全球以及中国惠普公司的权威形象。

基于此,公司设计了不同的媒体公关项目。为最大限度发挥公关效应,确立了如下传播策略:增强惠普公司全球以及中国惠普公司的传播基础;有效借助国家经贸委的影响,加强惠普国际性公司的积极形象;通过与国内知名大企业的交流,传播惠普公司的管理思想及理念;运用多样化的公关手段,最大限度地增强惠普在市场上"声音"力度。

挑选媒体

基于上述媒体公关项目,爱德曼公司分别在 IT、综合及行业类媒体、全国性和地方媒体中进行挑选,并将媒体名单交客户确认。他们选择媒体的标准是:保证此次活动的报道覆盖范围,从而最大限度地发挥此次活动的公关效应;全面宣传本此活动的新闻要点;重要媒体能对此次活动进行深入报道。

最终确定的媒体名单如下:北京:中央电视台、《经济日报》、《经济参考报》、《中国经营报》、《中华工商时报》、《中国青年报》、《北京青年报》、《中国日报》、《人民日报海外版》、《中国企业报》、《中国经济时报》、《计算机世界》、《中国计算机报》、《中国电子报》、《每周电脑报》。上海:《文汇报》。青岛:青岛电视台、《青岛日报》。

工作进度表

于 1999 年 5 月 7 日开始介入该项活动。

与惠普公司就整体活动的创意策划进行多次会晤。在客户的要求基础上,作出整体公关项目建议和计划。

由于中美关系所发生的一波三折的突发事件,爱德曼公司对公关策略、公关计划作出相应的修改。

组成本次活动的项目小组,起草项目建议书,并提交给客户修改,最终定稿,确定活动整体公关项目及程序。

与中央电视台《经济半小时》栏目制片人任学安、主持人谢艾林及有关记者曲向东就论坛会内容、形式等进行讨论,并确定系列片主题为:企业经营管理理念及企业文化。

与客户协商,确定本次活动的制作、设计及青岛当地支持的合作伙伴。

论坛会前期的筹备工作,包括宣传资料的制作,现场背景板的设计,媒体专访的筹备等。

确定项目进程表,每个项目小组成员的职责、任务与工作完成的时间安排。

项目实施

项目的精心策划,为项目的顺利实施创造了良好的条件。由于这次论坛会的地点定在青岛,因此有大量的后勤、协调工作需要妥善安排。主要内容包括:

与青岛香格里拉酒店的协调:确定论坛会现场布置、惠普嘉宾抵达和离开青岛机场时的迎来送往、惠普嘉宾在酒店的住宿安排等等;

与国家经贸委的协调:确认在青岛的有关活动安排、论坛会当地政府官员及企业界代表与会邀请与跟踪确认、签到事宜等等;

与展览设计公司及其他供应商的协调:确定论坛会所需的背景板设计与制作、背景板在北京制作完成后运往青岛并安装、同声翻译设备在北京的预定以及运往青岛酒店后的安装;

与青岛电视台的协调活动:由于中央电视台《经济半小时》需要现场录像,因此需要寻求青岛电视台的合作与帮助;

与青岛培训中心联系安排事宜:主要安排应邀前往青岛采访的北京与上海报纸及杂志社记者的食宿及其他相关活动。

为确保项目圆满成功,爱德曼公关有限公司派出了一支两人先遣队,提前两天赴青岛负责安排及协调有关事宜。

与中央电视台的合作是确保青岛论坛会成功的关键之一。从确定与中央电视台合作开始,爱德曼公司就着手进行大量的前期准备工作,并与论坛会主持人、编导及《经济半小时》栏目制片人进行广泛地接触与交流,并代表惠普公司就论坛会主题的确定、资料的搜集、初稿的拟定、主持人向惠普与海尔总裁所要提的问题等等内容,与他们进行认真的沟通。

为给中央电视台方面提供更全面、详实的背景资料,爱德曼公司专门派人前往北京大学,采访光华管理学院教授于鸿君教授。他曾亲自带队到海尔集团进行为期一个月的实地考察。同时还采访了光华管理学院教授、北京京科集团总裁何志毅先生以及光华管理学院副院长曹凤岐教授,倾听他们对海尔集团的研究成果以及对青岛论坛会选题方面的意见。公关公司参考了光华管理学院《中国企业案例库》关于惠普与海尔的案例分析、调研考察报告,获取较为详实的书面资料。所有这一切,为中央电视台最终制作出一台丰富的、有深度的报道打下良好基础。

媒体关系是这次公关活动的一个重要组成部分。爱德曼公司起草了一个与以前风格完全不同的、非常"煽情"的媒体邀请函,以吸引媒体的好奇心与注意力。考虑到青岛论坛会活动内容及性质,邀请的主要是相关媒体的高级记者或编辑,以及负责管理版的负责记者与编辑。通过提前作充分沟通,这些编辑和记者对整个青岛论坛会活动内容有了非常清晰的了解。

应邀前往的记者除参加论坛会现场活动外,还参加了专门组织的对路普莱特先生的集体采访。

项目评估

首先,作为爱德曼国际公关公司客户的中国惠普有限公司对青岛论坛活动的圆满成功非常满意。他们认为这次活动影响力大,是中国惠普历史上从未做过的、最为成功的公关活动之一。很多中国惠普的员工从报纸上、杂志上看到大量的有关这次活动的深入报道,都感觉非常自豪。特别是连续两期的中央电视台《经济半小时》有关这次活动的报道,在中国惠普公司内外产生巨大影响。这次活动的成功为后来爱德曼公司与中国惠普有限公司的长期合作打下良好基础。

其次,爱德曼公关公司的合作伙伴中央电视台《经济半小时》栏目对这次活动特别重视,为论坛的成功倾注了不少心血。由于当时的《经济半小时》栏目正在尝试改版,希望给观众一个全新的面貌,他们将惠普与海尔两位老总的对话节目作为改版重头戏。这次活动的成功举办以及电视观众积极反馈为《经济半小时》栏目的改版提供一个很有价值的经验。从此以后,《经济半小时》栏目频频策划类似的电视对话节目,很多中外企业的领导人在电视上亮相,成为该栏目的特色。

另外,很多公关界同行对这次活动的创意以及成功举办给予高度评价。很多同行在获悉青岛论坛会的成功举办后,在不同场合纷纷表示祝贺。这也进一步奠定了爱德曼国际公关有限公司在中国公关界的重要地位。

最后,这次活动由于前期为媒体作了很多资料准备,与媒体的沟通也比较充分,因此媒体报道相当令人满意。中央电视台《经济半小时》连续两天的报道在社会上产生了积极的轰动效果。印刷媒体的报道不但及时、准确,向受众传递了惠普希望传达的信息,而且报道的版面大,内容深入充分。大部分媒体的报道还占据了整版或半版篇幅。

（资料来源：中国公关网）

点评

通过对本文的阅读，我们可以看到整个公共关系事件从策划到实施的全过程，对于公关公司如何制定和执行公关计划都有了感性的认识，特别对于项目评估的接触将对以后的学习大有帮助。

第三节　案例与实践

【模拟训练】

当一次模拟新闻发言人

一、目的

通过模拟训练，培养公关人员的新闻发布业务能力，了解政府与企业新闻发布的有关要求，提高公关人员的仪态风度与整体素质。

二、案情

江东一早餐点发生中毒事件

《宁波日报》11月25日讯：在昨天22时召开的新闻通报会上，市政府新闻发言人就江东区一早餐点发生的一起中毒事件作出通报。截至昨天22时共有50人因在该餐点用餐出现中毒症状到医院就诊，其中3人昏迷，8人经治疗后康复回家。

事件发生后，市委、市政府和江东区委、区政府高度重视。市委、市政府主要领导要求全力以赴救治病人，并尽快查清中毒原因。市委副书记、常务副市长邵占维，副市长成岳冲赶赴医院，了解接诊病人的李惠利医院、鄞州人民医院、市第六医院等5家医院的救治情况。市委常委、公安局局长巫波伦以及江东区委、区政府有关领导在事发后第一时间赶赴现场，采取应对措施。市卫生局和各大医院就这一中毒事件组织专家，成立救治小组。目前，救治工作正在有条不紊地进行中。除李惠利医院接诊的3名病人尚处于昏迷状态外，其他病人病情缓解，趋于稳定。

针对这次中毒事件，我市成立了由副市长成岳冲牵头的工作小组。市领导要求进一步采取其他食品卫生安全防范措施，并对全市所有的饮食行业进行全面检查。

目前，对于这起中毒事件的原因，有关部门正在紧张调查中。

新闻发言人通过媒体再次发出呼吁：本着对市民健康高度负责的精神，昨天早晨在江东区镇安路 36 号旁"火红红"早点摊购买过早餐的群众,请向江东区疾病预防控制中心登记,若有恶心、呕吐、头晕、抽搐等症状,请立即就近到医疗机构诊治。联系电话是 0574 - 87848265、87848249。

最后,新闻发言人再次向记者表示,让市民享有充分的知情权是政府的职责所在。对这起中毒事件的后续情况将第一时间向市民通报。(记者蒋炜宁、周琼)

三、要求及训练

1. 模拟训练

模拟新闻发言人在新闻发布会上的发言,要求做到以下几点。

(1)称呼:各位记者朋友,晚上好!

(2)主题:今天请大家来,是要通过各位所在的新闻媒介,向社会各界就今天江东区"火红红"早餐点发生的事物中毒事件作如下通报。

(3)主要内容:截止本新闻发布会进行前,共有 50 人因在该餐点用餐出现中毒症状到医院就诊,其中 3 人昏迷,8 人经治疗后康复回家。事件发生后,市委、市政府和江东区委、区政府高度重视……

(4)原因:目前,对于这起中毒事件的原因,有关部门正在紧张调查中。

(5)措施:针对这次中毒事件,我市成立了以副市长牵头的工作小组。市领导要求进一步采取其他食品卫生安全防范措施,并对全市所有的饮食行业进行全面检查。本着对市民健康高度负责的精神,24 日早晨在江东区镇安路 36 号旁"火红红"早点摊购买过早餐的群众,请向江东区疾病预防控制中心登记,若有恶心、呕吐、头晕、抽搐等症状,请立即就近到医疗机构诊治。联系电话是 0574 - 87848265、87848249。

(6)结束语:让市民享有充分的知情权是政府的职责所在。对这起中毒事件的后续情况将第一时间向市民通报。希望记者朋友们能够密切配合我们的工作,在这里向大家表示感谢。

2. 活动评价

对模拟新闻发言人进行的新闻发布活动进行评价。

评分标准:

(1)气质风度 2 分;

(2)言谈举止 2 分;

(3)以上[称呼]、[主题]、[主要内容]、[原因] 、[措施]、[结束语]各项内容每项 1 分。

3. 活动意义概述

对宁波市运用新闻发言人应对该危机作出评价。

危机应对一直是公共关系的主要职能,公共关系最常用的内容之一就是对危机的防范与化解。由于公共关系坚持向公众传播全面、正确的信息,不遮掩负面内容,同时积极宣传正面行为,使其在危机事件中能发挥维护组织形象、博得公众信任的重要作用,实现转危为安。早餐中毒事件抓住了危机发生最重要也是最关键的 24 小时,新闻发言人作为政府与公众主要的信息发布新兴渠道,能够及时向公众和媒体发布官方消息,有效地遏止了可能产生的谣言传播,对公众知情权的充分尊重避免了在危机中常见的"愤怒的大众"的产生,有效稳定了公众情绪,赢得了公共关系上的主动,显示了宁波市建立新闻发言人制度的积极作用与效果。同时,积极的危机应对措施的出台和后续工作及时、有序地进行,使宁波市在这次被全国多家媒体广泛报道的危机事件中,始终保持高效、务实、亲民的正面形象。

【案头设计】

让员工先知道

一、案例

2000 年 11 月的新闻媒体上,一个百姓关注的话题,一个醒目的标题充斥其中:禁止 PPA!一时间,PPA 成为人们街谈巷议的话题,而康泰克作为国家药检部门禁令的受害者之一被醒目地绑上媒体的第一审判台,在很多媒体上我们都可以看到 PPA 等于康泰克或者二者相提并论的现象。于是,一场关系康泰克生产厂家——中美史克企业形象及其他产品市场命运的危机来临了。

2000 年 11 月 16 日,中美史克公司接到天津市卫生局传真,要求立即暂停使用含 PPA 成分的药物,康泰克和康得并列政府禁止令榜首。危机由此开始。

中美史克公司在接到通知后,立即组织专门负责应对危机事件的危机管理小组,并划分职责:危机管理领导小组、沟通小组、市场小组和生产小组。危机管理领导小组职责是制定应对危机的立场基调,统一口径,以免引起信息混乱,并协调各小组工作;沟通小组负责信息发布和内部、外部的信息沟通,是所有信息的发布者;市场小组,负责加快新产品开发;生产小组,负责组织调整生产并处理正在生产线上的中间产品。危机管理小组配备了强大的人力资源,由 10 位公司经理等主要部门负责主管组成,10 余名工作人员负责协调、跟进。危机管理小组最重要的工作是定调。16 日上午,危机管理小组发布了危机公关纲领:执行政府暂停令,向政府部门表态,坚决执行政府法令,暂停康泰克和康得的生产和销售;通知经销商和客户立即停止康泰克和康得的销售,取消相关合同;停止广告宣传和市场推广活动。

16 日,危机公关纲领在悄然有序地执行着,但多数员工特别是一线员工并不清楚发生了什么。16 日傍晚,中央电视台播发了各大媒体开始了广泛宣传,大多数公众知道了"禁止 PPA 的政府令","抵制 PPA"的公众舆论开始形成并产生影响。17 日上午,越来越多的公司员工开始嘀咕:企业怎么办? 我们怎么办? 会不会因此而裁员? 员工产生浮躁心态。

17 日中午,全体员工大会召开,总经理向员工通报了事情的来龙去脉,表示了公司不会裁员的决心,以《给全体员工的一封信》的书面形式将承诺公布给每一位员工。企业推心置腹、坦诚相见的态度和诚挚果断的决心打动了员工,很多人为之流泪,大会在全体员工高唱《团结就是力量》这首传统歌曲中结束。中美史克公司向员工传递了正确及时的信息,通报了公司举措和进展。以此赢得了员工空前一致的团结精神,在企业内部赢得积极公众。同日,全国各地的 50 多位销售经理被迅速召回天津总部,危机管理小组深入其中做思想工作,为他们解开思想上的结,以保障企业危机应对措施的有效执行。18 日,他们带着中美史克《给医院的信》、《给客户的信》回归本部,应急行动纲领在全国各地按部就班地展开。

为了更好地服务客户和消费者,公司专门培训了数十名专职接线员,负责接听来自客户、消费者的问讯电话,并做出准确专业的回答,使之打消疑虑。21 日,15 条消费者热线全面开通。为了纠正视听,避免不必要的麻烦,20 日,中美史克公司在北京召开了新闻媒介恳谈会,总经理回答了记者的提问,做出不停投资和"无论怎样,维护广大群众的健康是中美史克公司自始至终坚持的原则,将在国家药品监督部门得出关于 PPA 的研究论证结果后为广大消费者提供一个满意的解决办法"的立场态度和决心。同时,面对新闻媒体的不公正宣传,中美史克并没有做过多追究,只是尽力争取媒体的正面宣传以维系企业形象,其总经理频频接受国内知名媒体的专访,争取为中美史克公司说话的机会。

对待暂停令后同行的大肆炒作和攻击行为,中美史克公司保持了应有的冷静,既未反驳也没有说一句竞争对手的坏话,表现了一个成熟企业对待竞争对手的最起码的态度与风度。一番努力,终于取得了不凡的效果,用《天津日报》记者的话说"面对危机,管理正常,生产正常,销售正常,一切都正常"。(案例来源:http://www.newad.net/Myweb4/gaojian/2001−4/28.htm 作者:张玉波)

二、书信练习

1. 为总经理起草《给全体员工的一封信》,将危机的真相告诉全体员工,表达了公司不会裁员的决心。

2. 起草《给医院的信》和《给客户的信》,了解对内部和外部公众的区别和相同点,同样把事实真相告诉外部受众。

三、演讲稿起草

模仿总经理在新闻恳谈会上的讲话,围绕总经理做出不停投资和"无论怎样,维护广大群众的健康是中美史克公司自始至终坚持的原则,将在国家药品监督部门得出关于 PPA 的研究论证结果后为广大消费者提供一个满意的解决办法"的立场、态度和决心这个中心起草演讲稿。

【情景演示】

同学出走以后

一、目的

通过情景训练,培养公关人员的沟通能力与技巧,学会针对不同的受众采取不同侧重点的沟通手段与内容。

二、要求

公关人员应耐心细致,面对各种问题神情镇定自若,态度诚恳亲切。遵循信息公开。双向交流的原则。

三、情景及训练

情景 1

班级里一名同学因考试不及格,在回家途中失踪。公安部门介入调查,社会上出现对学校不利的传言。

角色分配:

甲方:失踪同学同桌,失踪同学班长,失踪同学班主任,学院有关领导。

乙方:新闻记者,公安机关调查人员,教育部门领导及调查人员。

丙方:失踪学生家长。

步骤

1. 由甲方成立危机紧急应对小组,策划应对不同人群的方案(包括内部公众)。

2. 甲方小组的首要任务是得到丙方的信任与支持。

3. 乙方人员因不同的身份,以不同立场与甲方交涉,问题可尽可能直接、尖刻、甚至刁钻。

4. 模拟新闻发布会,拟写新闻发布稿。

情景 2

该失踪同学于 3 天后安全回家,原来是去外地见网友。

角色分配同情景一。

步骤

1. 以此为由头,策划新的公关活动,包括新闻发布会。

2．以此为契机，加强内部管理。

3．如何在事件出现转机的时候，使组织形象也同时转危为安。

4．甲方如何借此机会，协调与乙方的关系。

5．如何做好后续工作。

第七章 公共关系的工作程序

第一节 基础理论知识

公关活动不同于人际交往或者日常事务活动,它是一种系统性的信息管理与传播工作,需要遵循一定的工作程序,而不是仅仅依赖个人感觉和经验行事。想要让一个组织在公众心目中树立起良好的形象,公关人员必须采取科学的方法,对各项活动进行周密的组织与计划。关于公共关系的具体工作程序,到目前为止最为人们认可的是由美国著名公关专家卡特利普和森特在"公关圣经"——《有效公共关系》一书中所提出的"四步工作法",即把公关活动的程序分为调查研究、方案策划、传播实施、效果评估四个环节,逐步解决下列问题:

1. 活动背景的了解和问题的确定。
2. 具体应对计划与方案的设计。
3. 信息传播等公共关系活动的实施。
4. 活动效果与经验的总结与评估。

一、公共关系调查

中国有句妇孺皆知的老话叫做"知己知彼,百战不殆",公关调查其实就是为了给社会组织管理部门提供参考依据,达到"知己知彼"的状态,以保证组织有效开展各项公共关系事务活动而做的工作。作为公关活动的起点与基石,公关调查是在特定的时间与地域范围内,运用相关调查方法和工具,收集并分析和本组织相关的公众的观点、态度和行为信息,了解和掌握自身公共关系状况的过程。这个过程中所获得的信息可以用于制定长远的战略性规划,也可以用于制定某阶段或针对某问题的具体政策或策略;不仅有助于组织把握目前的公关状况与问题,还有助于组织及早发现潜在的威胁,为具体公关活动目标和方案的正确制定提供客观依据,让公关人员可以"对症下药"、"量体裁衣",使问题尽快得到解决。

(一)公关调查的主要内容

公关调研的内容包括相关公众对本组织的意见、评价、心理倾向,公关活动的效果,组织所处的社会环境,以及未来可能遇到的问题等,凡是与本组织的目标和发展有实际或潜在利益关系和影响力的有关因素,都应包括在内。我们可以根据调查内容的深浅、繁简与使用频率把它们分为三个层次。

1. 公关工作基础性信息

公关工作的基础性信息指组织自身的基本状况与生存环境状况等,是组织开展公关工作最基本的信息,主要包括以下内容:

(1)组织自身状况。指名称、性质、发展历史与趋势、经营方针与内容、规模大小、机构设置、规章制度、生产能力、经营管理状况等各种情况。这些信息在新闻发布会、撰写相关报道材料、制作公关广告等宣传工作中往往是必不可少的基本材料。

(2)相关公众情况。公众是公共关系活动的对象,掌握公众的相关信息可以帮助公关人员更有针对性地进行公关传播活动。公众的基本信息可按组织公众的内外划分为两类,一是内部公众情况,包括员工等内部公众的数量、年龄、性别、素质与能力及其家庭情况等;二是外部公众情况,包括公众的数量与类型结构、分布,他们的个人背景资料,如籍贯、住址、文化程度、年龄、性别、家庭状况、经济收入、兴趣爱好等情况。

(3)组织社会环境状况。指会对组织的生存与发展带来影响的某些环境因素,主要有:

① 社会文化环境。指组织所处的社会中人们的生活方式、价值观念、道德规范、宗教信仰、风俗习惯、社会思潮、流行时尚等。

② 政治法律环境。指一切同组织发展有关的国内外政治态势,国家方针政策,各种法律、法规的情况。如国家在财政金融方面的政策,以及经济合同法、劳动法、广告法、环境保护法等组织应了解和掌握的相关法律。

③ 经济环境。指对组织有所影响的宏观或微观的经济态势。如国民经济发展状况,自身所处行业的竞争状况,相关市场的购买力、消费特点、物价情况,相关行业的发展情况等。

2. 组织形象的综合分析

所谓组织形象指的是相关公众对组织的看法与评价的综合情况。这是公关调查的重要内容,因为形象对于任何一个社会组织的意义正变得越来越重要,特别是对于从事产品生产与经营的工商企业来说更是如此。良好的形象能帮助企业赢得更多顾客、投资者及社会各界的合作与支持。组织形象包括自我期望形象和实际社会形象两个方面。

（1）自我期望形象。这是组织自身期望建立的形象，即上至组织领导下至普通员工对组织形象的期望与看法。领导决策者决定着组织发展的总目标与战略方向；员工则是组织赖以生存和发展的基础，其工作态度与热情直接影响组织的发展。自我期望形象是公关的内在驱动力和努力方向，在组织现实条件的允许范围内，期望越高，组织内聚力和发展的内在驱动力就越大。

（2）实际社会形象。指的是公众对组织现实行为与政策的评价与看法，涉及相关公众对组织的认知、态度和行为倾向情况。

① 知名度和美誉度

"知名度"是公众对组织信息的知晓程度，即公众对社会组织名称、方针政策、基本职能、产品服务、经营状况等基本信息知晓与了解的情况。

"美誉度"即公众对组织在产品服务、经营管理、社会责任承担、行为活动等方面的表现所持的满意、支持、信任与赞誉的程度。

除了知名度和美誉度，公关人员还可对公众的行为倾向情况作出分析与预测，即努力了解与把握公众对组织的产品、服务、政策、行为已经或准备采取什么样的行动。

② 组织形象地位测量

在把握组织知名度和美誉度这两个指标的基础上，我们可以绘制直观的组织形象地位图（如图 7-1），并借此确定组织的努力方向与工作重点。

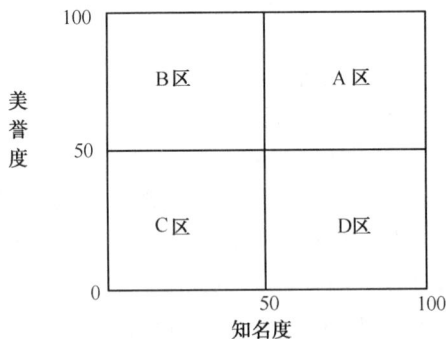

图 7-1

如图 7-1 所示，该图可以分为四个区域，各区域分别代表着不同的公关状态。A 区为高知名度、高美誉度状态，是组织最为理想的公关状态区域。处于 B 区的组织有较高美誉度，知名度却比较低，说明这类组织公关工作的基础比较良好，但此后应把工作重点转移到扩大组织知名度方面。C 区则为知名度与美誉度都较低的状态，处于这个区域的组织在公关工作方面尚需投入较大力量，在逐步提高美誉度的基础上扩大自身知名度。D区为高知名度、低美誉度状态,即常言所谓的"臭名远扬"。面对这种公关局势,可以保持低调慢慢淡化公众心中的不良印象,耐心等待东山再起;也可以借助时机巧妙策划,迅速扭转自身的形象。

③组织形象要素分析

所谓组织形象要素指的是会影响组织形象好坏的相关因素。对于不同性质与类型的组织而言,因公众要求与评价标准的不同,形象要素指标的内容也会有所不同。假设我们选取100位顾客对某餐馆的形象要素情况进行调研,他们对其各项形象要素的评价情况如表7-1所示。

表7-1 组织形象要素调查统计表

评价 \ 调查项目	非常	相当	稍微	中等	稍微	相当	非常	调查项目 \ 评价
菜肴精致美味	70	20	10					菜肴口味差
服务态度热情诚恳	25	60	15					服务态度差
就餐环境舒适	15	20	65					就餐环境差
卫生状况良好	5	65	20	10				卫生状况差
价格公道合理	15	45	30	10				价格不合理
交通便捷				20	60	20		交通不便

我们可以根据表格中的数据作出如下推断:该餐馆在菜肴口味方面满意度较高,就餐环境满意度中等偏上,卫生状况与价格情况的满意度属于中等,而交通的便捷程度却比较欠缺。总体而言,该餐馆的各形象要素中有利成分稍多一些;若想发挥优势、克服不足让自身的经营更上一层楼,就需努力保持并争取提高菜肴的烹饪水平,在就餐环境、卫生状况与价格制定方面加以改进,而在餐馆的地理位置选取问题上则必须重新考虑。

3.专项问题资料

专项问题资料指的是组织在运营当中出现突发性危机、与公众产生冲突,或者在开展大型活动、推出新产品等工作中所遇到的具体公关问题的情况。这类具体问题是比较广泛和复杂的,这里无法一一列举;但在进行调查时必须注意收集并分析关于问题的性质、具体过程、发生原因等各方面的信息,因为对这些问题资料的把握将直接影响公关工作的成效。

(二)公关调查的基本步骤与方法

与人口普查、市场调查、社会问题调查等调查活动相比,公共关系调查的特点在于它调查目的与内容方面的不同,在调查原理、基本步骤和方法上则没有多大区别。

1. 公关调查的步骤

一次正式的公关调研活动一般要经历下面四个步骤:调查准备、资料收集、整理分析、撰写报告。

(1)调查准备工作。主要包括三个方面的内容:一是调查任务的确定,要通过对组织实际公关问题的分析弄清所需信息的类型与数量,确定具体的调查目标与任务。二是进行周密科学的调查设计,全面考虑调查对象、时空范围、调查项目、调查方法、时间进度等事项的安排,拟定调查方案与计划书。三是调查条件的准备,主要有人员安排与培训、经费筹措、所需工具与物品的准备等。

(2)开展调查,即资料收集过程。这是调查过程最重要的阶段,需要完成相关的第一手或第二手资料的收集。第一手资料是调查者深入现场实地调查或通过实验收集与获取的资料,在现实条件许可的范围内,这应是公关调查资料收集的重点。第二手资料即经过他人收集、记录或整理的资料,如相关文献信息。在操作过程中,公关工作人员必须注意与被调查者之间的协调和沟通,因为这一方面关系到资料收集能否顺利有效地进行,另一方面也关系到组织形象在相关公众间的传播。

(3)整理分析调查资料。一般而言,在具体调查过程中所收集的原始资料虽然数量可能很多,但往往比较粗糙零乱,其真实性、准确性、概括性和适用性都不够高,需要整理、分析之后才能用于测度社会组织的公关状况、反映相关问题或有效预测公关趋势。在这个过程中会用到统计学和数学分析方法,不过很多工作可以借助计算机完成。

(4)最后一步是在整理分析的基础上撰写调查报告。调查报告反映在调查中所获得的主要信息成果,对调研所针对的公关问题进行描述性、因果性或预测性的评估分析,以供领导者参考。

2. 公关调查的基本方法

公关调研可以采用的方法很多,按资料收集方式的不同可分为文献调查法、实地观察法、访谈调查法、问卷调查法等。如何选取合适的方法,主要应依据组织调查的内容和被调查者的不同来确定,并受到组织实力、调查人员素质、具体公关活动主题等因素的影响。下面介绍几种最常见的调查方法。

(1)文献法。通过报刊、杂志、广播、电视、电影、书籍等各种媒介收集有关本组织的报道与资料,然后将资料进行整理分析,挖掘出对企业有用的信息并根据一定的规则进行分类,建立文献分类检索系统。公关人员可以利用这些资料进行横向和纵向分析,研究公关问题产生的原因、时间以及问题产生的具体因素有哪些、它们之间有何关系等。

（2）实地观察法。指公关调研人员亲自或者利用摄像机、录音机等仪器从旁观察调查对象的行为及现场事实。这种方法可以获得较为客观的第一手资料，但所获取的往往限于表面活动而无法深入调查对象的内心。

（3）访谈法。指调查者通过当面或者电话、网络等方式与公众接触，对他们进行提问、交谈以了解情况获取资料。访谈法可分为结构式和无结构式两类。结构式访谈使用统一的提问表，按统一的标准和方法选择调查对象、展开提问并记录回答，被访者只能在指定的范围内回答，因此访问结果便于统计分析，但难以对问题进行深入探讨。无结构式访谈则相反，不事先制定提问表格，对提问方式、回答的记录方式等均无统一要求，访谈人员只根据调查主题或提纲和被访谈者展开自由交谈，因此弹性较大，便于对问题作深入研究，但结果难以量化。

（4）问卷调查法。这是公关调查中常用的方法，即事先设计好问题表格，通过现场填答、邮寄填答或留置填答的方式获取信息来测量公众行为、态度和社会特征的方法。一份问卷中的问题可以分为开放式和封闭式两类。所谓开放式问题指被调查者可以较自由灵活问答的问题，犹如考试中的问答题、论述题；封闭式问题则指事先确定了答案的选择范围及方式的问题，其主要形式有填空、是非、选择等。问卷设计是一项重要的工作，涉及心理学、语言学、逻辑学等多方面的知识，必须多角度、多层次地考虑问题，并运用一些特殊的措施保证其科学性和实用性。比如，需要注意问题语言的简单明确，不要使用"一般"、"很多"、"较少"等模糊词句；问题的语言陈述不能带有倾向性与感情色彩，应保持中立性；避免直接询问个人隐私等敏感性问题，若必须涉及要注意语言的委婉；还要注意问卷不宜过长，一般以 15～20 分钟内答完为宜。此外，还要注意问题排序，将简单易答、被调查者熟悉、容易产生兴趣的问题放在前面，将生疏、不易回答、容易产生顾虑的问题放在后面。

无论采用哪一种调查方法，我们都会碰到调查对象样本选取的问题。调研对象的选取通常有普查、抽样调查、典型调查、重点调查、个案调查等方式。人们采用较多的是抽样调查，即依据一定的方法从要研究的对象中选取有代表性的样本进行调查。抽样方法则有随机抽样、分层抽样、等距抽样等。

二、公共关系策划

所谓公关策划，就是在公关调研所收集的信息的基础上，针对组织需要解决的公关问题进行整体的构思和设计，确定公关活动的目标、主题和战略，制定最佳的活动方案与计划。策划是一项复杂、系统的工作，包括策划前期的准备、目标决策、公众界定、活动方案制定、编制预算和撰写策划书等众多步骤，下面择要进行介绍。

(一)公关目标决策和公众界定

1. 目标决策

社会组织的公关目标指事先预计与规划、希望经过公关策划与活动之后获取的成果和达到的公关状态。它既是公关策划和活动实施的依据与目标,也是活动成果评估的重要标准。公关工作的最终目标是塑造良好的组织形象、营造和谐的社会环境,但是这个总目标不可能一蹴而就,而是经过一步步的努力达到的,所以在公关工作中需要确立不同时期、不同层次的目标,并保证所定目标的明确具体性和现实可行性。

(1)从公关目标实现期限的长短来说,我们可以把它分为长远目标、中程目标、短期目标和具体活动目标四类。

(2)从公关目标的内容来说,我们可以将其分为改进组织行为、优化组织环境、塑造良好组织形象、转变公众态度与行为等几类目标。

2. 公众界定

一个组织所面对的公众群体往往是多种多样的,但由于具体公关活动目标之间存在差异性,因此每次公关策划时都必须根据本次公关目标而进行公众的细分与选择。在确定所要关注与偏重的目标公众类型后,公关人员可以对其各方面的特性进行分析,以便采取适宜于他们的信息传播方式与技巧从而获取满意的活动成效。目标公众的选取一般可以考虑活动目标、组织需要和组织实力等方面的因素。

(二)公关活动方案制定

公关活动方案的策划就是针对活动目标和对象,对活动的性质、内容、形式和行动方案进行谋划与设计。这是公关策划的核心部分,需要提出策划的整体思路与基本构架并进行公关创意,然后将创意具体化,创作相关文案与宣传用品,并决定活动时机以及传播方式与媒介综合安排的问题。下面介绍方案策划过程中的活动模式选择、主题创意与项目分解、时机选择等比较重要的问题。

1. 活动模式选择

公关活动模式指的是由一定的目标和任务以及相关方法和技巧组成的综合系统,是公关实施的指导依据。社会组织的类型、公关环境与状态、目标公众类型特点等都会对此产生影响。常见的活动模式有:

(1)宣传型活动模式。主要任务是进行对内对外的信息传播与沟通,促进公众对组织的了解与支持,如新产品发布会、记者招待会、发新闻稿、广告等活动都属此类。

(2)交际型活动模式。主要通过人与人的接触与感情联络,为组织建立广泛的社会关系网络和良好的人际环境。其方式有团体交往和人际交往两种,分别包括招待会、座谈会、宴会、茶话会、舞会、交谈、拜访、信件往来等方式。

(3)服务型活动模式。指通过提供优质服务来获取社会的了解和好评,树立自身的良好形象,可以涉及售前服务、售中服务、售后服务以及其他便民服务等内容。

(4)社会型活动模式。指借助各种社会性、公益性、赞助性活动来扩大组织社会影响、提高组织声誉。活动形式主要有开展组织员工活动、赞助社会公益事业和资助各类大众传媒活动等三大类。

(5)征询型活动模式。主要是通过信息收集、舆论调查、民意测验等工作去了解组织环境,以便给企业决策提供相关依据。常见形式有开设监督、举报、投诉类热线电话、建设信访制度、开展民意测验、拜访用户和经销商、公开征求建议或厂名、商品名、广告语等。

另外,组织还可以根据自身与环境的关系来选择活动模式。建设型模式适用于组织创建初期,主要有开业庆典、招待参观、优惠酬宾等形式,目的是引起公众注意,增强公众对组织的了解。维系型模式适用于组织稳定发展时期,不时通过各类活动和宣传来维持组织已有的知名度和美誉度。防御型模式的任务是预测并设法防范可能出现的公关问题。矫正型模式适用于组织形象受到损害时的应对与处理。进攻型模式则是组织与外界环境发生激烈冲突、面临生死存亡关头所采用的以攻为守、主动出击的模式。

2. 主题创意与项目分解

公关主题指的是贯穿一场公关活动的总体基调和中心灵魂。主题创意就是运用人脑的联想、直觉、想像等创造性和形象思维,考虑如何为活动设计精彩独特的主题并以此为核心安排活动项目的过程。这个过程本身没有什么固定程序和统一格式,对于公关创意活动的原则人们有许多说法,比如说应该独辟蹊径、逆向思维,想旁人所不敢想或者反其道而行之,从平凡中点化出新奇;或者说应该放宽视野不拘一格顺应、追求甚至促进改变创新;还有的说应当追求谋合效应,考虑如何运用组合法则产生综合效应,或将看似不相关联的事物经过有序的思维碰撞去产生组合的创意,等等。但无论公关主题的表现形式如何多种多样,其本质都是对公关目标、公众心理、信息个性和趣味性这几个要素的统筹融合,一个优秀的公关主题创意应该既能集中体现公关活动的目标、任务和特点,又能适合目标公众的需要,对他们产生较强吸引力。

项目分解即围绕主题进行具体活动以及步骤的设计与安排,其任务就是通过巧妙、合理地安排各项活动,完整、到位地贯彻与体现主题创意,使抽象的创意转化成为具有实际操作性的活动内容和步骤。

3. 时机选择

在公关工作中,活动时机的选择是影响传播效果的重要因素之一。人们常说"机不可失,时不再来",能否把握合适的时间、借助有利的局势对于事件的成败往往具有特别重要的意义。而时机又是蕴含在时间与情势的不断变化中的,正所谓"难得者时,易失者机",因此能否及时捕捉和利用时机、采取相应对策也就成为衡量一份公关策划水准的重要标志之一。公关活动的时机一般分为可预先选定和不可预先选定两类。对这两种不同类型时机的选择侧重点稍有不同:对于可预先选定的时机主要应注意时间区间选取的准确性,对于不可预先选定但又往往稍纵即逝的时机,则要强调敏锐捕捉、及时把握。常见的公关活动时机主要有下列种类:

(1)组织创办或开业之时。

(2)组织推出新产品、新技术、新服务和新政策,或者股票上市时。

(3)组织进行内部改组、转型、品牌延伸,迁址时。

(4)组织发生名称变更或与其他组织开展合作、兼并、资产重组时。

(5)组织周年庆典或周期性纪念活动之时。

(6)组织工作出现失误与危机、形象遭受损害时。

(7)国际、国内或本行业发生重大事件时。

在选择公关时机时,首先要注意所选时机能否吸引目标公众的注意力,产生新闻传播效应。其次要善于处理"借势"问题。在试图借助某些重大事件和节日进行公关信息传播时,如何巧妙利用这些公众焦点凸显与强化本组织的公关活动,而不是被重大事件本身的或节日的气氛分散、冲淡甚至遮蔽了活动效果,是一项富有吸引力也很有难度的工作。第三要注意同一组织一般不要同时开展两项以上的重大公共关系活动,以免分散人们的注意力,削弱或抵消应有的效果。第四则要注意考虑公众、媒体和活动开展地的风土民情问题。要避开目标公众不方便或难以参加的时机、保证他们参与活动的可能性;要考虑媒介特别是大众传媒使用的可能性问题,避开某些因其他重要新闻而使组织信息无法借助媒体公布的情况;还要考虑活动开展地的民风民俗,尽量使活动项目与风土人情相吻合以便获取良好效果。

(三)编制预算

公关活动的开展涉及人力、物力与资金的使用与管理,预先对此做出预算和安排不仅有利于活动的顺利进行,还可以为活动完成后进行效果评估和成本、效益分析提供依据。常见的公关预算计划包括人员预算、时间预算和经费预算三部分,人员预算主要针对活动所需的人力投入及人员安排问题,时间预算则针对活动开展所需的时间和进程安排,经费预算是对活动所需各项经费的具体估算。下面简要介绍公关经费预算的内容与方法。

1. 公关预算的主要内容

(1)日常管理经费。如房租、水电费、电话费、办公文具用品费、保险费、报刊订阅费、交通费、差旅费、交际费、其他通讯费,资料购置费、复制费等。

(2)劳务报酬经费。包括组织内部公关人员的薪金或工资、奖金及其他各种福利费,外聘专家顾问的工资报酬等。

(3)器材设施费。如购置、租借或维修各种视听、通讯、摄影、工艺美术等器材,制作各种纪念品、印刷品、音像制品和各种传播行为所需的实物及用品等。

(4)具体公共关系活动项目开支经费。这主要根据活动项目大小而定,包括调查活动费、专家咨询费、宣传广告费、人员培训费、赞助费、场地租借费以及会议、布展、接待参观的费用等。

(5)公关活动的机动费用(一般占总费用的 20%)。用以预防和处理突发事件。

2. 常用的公关经费预算方法

(1)固定比率法。指企业按其一定时期内的销售总额或利润总额的大小,以固定的百分比提取该时期公关预算经费总额。这种方法比较简便,但是提取的最佳比例较难确定。

(2)项目作业综合法。即先列出项目计划,再将各项活动费用详细列出,然后核定单项公共关系活动预算和全年预算总额。因为对活动的详细费用估算容易产生误差,所以预算额度不能完全按照估算值,要留一定变动余地。

(3)随机分摊法。指不详细分列各项具体费用,而是根据项目负责人或公关部门主管的实践经验来决定活动预算总额。这种方法比较适用于小型企业或小型公共关系活动。

(4)平均发展速度预测法。即运用历史资料计算出公共关系经费实际开支总的发展速度,然后计算出平均发展速度,再按照这一速度确定计划经费预算额。这种方法比较适用于重视公共关系并积累了一定经验的组织,可以保证公共关系活动经费每年都有适当增加。

(四)策划书的撰写

正式策划书的撰写需要遵循一定的格式与内容要求,其基本内容包括:

封面 包括策划的名称与形式,策划单位或个人名称,文案完成日期,有时还可以加上简洁的说明文字和内容提要。

序言 对策划书内容要点进行简练概括。

目录 标明正文内容的条理与顺序安排,有时还可注明各部分内容所在的页码。

正文　主要包括活动的背景分析、主题、宗旨与目标、基本活动程序、传播与沟通方案、经费预算、效果预测等各项内容。

附件　例如活动筹备工作日程推进表,有关人员职责分配表,经费开支明细预算表,活动所需物品一览表,场地使用安排表,相关资料,注意事项说明等。

附件中呈现的表格通常牵涉活动实际开展的具体安排,内容比较详尽,如表7-2 示例。

表7-2　××公司新产品上市新闻发布会物料清单

物料名称	数量	置放地点	负责部门	备注
巨幅彩喷画	1	发布会现场	广告公司	
主题会标	1	发布会现场	广告公司	
大气球	2	发布会现场	广告公司	五彩
大气球条幅	2	发布会现场	广告公司	1. 热烈庆祝×××隆重上市
彩虹门	1	发布会酒店门口	广告公司	
彩虹门条幅	1	发布会酒店门口	广告公司	×××祝全市人民中秋愉快
彩旗	20	发布会酒店门口	广告公司	
主席台桌椅	12	发布会现场	酒店	
记者席座椅	60	发布会现场	酒店	
演讲台	1	发布会现场	酒店	
有线话筒	3	发布会现场	酒店	
无线话筒	2	发布会现场	酒店	
主席台鲜花	1	发布会现场	会务组后勤人员	
音响	1	发布会现场	酒店	
贵宾台卡	12	发布会现场	会务组后勤人员	
签到簿	1	迎宾处	会务组后勤人员	
签字笔	2	迎宾处	会务组后勤人员	
报到签字台	1	迎宾处	酒店	
招待烟	10 条	发布会现场	会务组后勤人员	利群
…	…	…	…	…
…	…	…	…	…

三、公共关系实施

公关的实施就是对策划方案进行具体操作与管理,使之付诸现实的过程,所要考虑的问题主要是如何从公共关系目标和公众需要出发,按照公共关系传播的基本原则,选择最有效的传播模式和途径来完成策划方案中所计划的各项活动。实施过程的管理与控制涉及多种可能影响沟通的因素与问题,如信息内容是否明确可信、前后一致,传播是否有合适的渠道、过程是否持续,信息接收者的接收条件与能力如何,传播过程中可能出现的障碍及其克服方法,等等。由于公关活动传播实施的实践操作性比较强,因此下面仅就实施过程中所需注意的一些问题展开简要讨论。

(一)实施准备工作

公关策划方案投入实施之前需要做的准备工作主要有几方面。

1. 对相关工作人员进行培训,使他们不仅明确活动的内容、意义、作用、目标和要求,明确自身的工作与责任范围以及相关的工作纪律、考核标准和奖惩办法,还要掌握活动所需的知识、方法与技能,在工作能力和心理状态等方面都做好准备。

2. 根据活动所需购置或租借相关物品和材料,如音响器材、摄影摄像器材、交通工具、场地布置物品(旗帜、横幅、花卉、台布、标语、桌椅、展示牌、模型等)、宣传材料等。

3. 按照策划方案要求布置活动现场,安装并调试所需设备,通过各种物品合理巧妙的搭配与装饰创造活动所需的环境与气氛。

4. 注意与本组织各部门间的关系协调,获取内部公众的认同、支持和积极配合。

5. 注意与新闻传媒等外部公众的联络,预先确定、邀请活动所需邀请的嘉宾人员,及时将活动安排和宣传计划告知新闻媒体,并提前联系相关的采访、报道、刊登和播放事宜;提前到相关政府部门办理活动所需的公务报批手续。

(二)实施过程管理

公关实施过程中一般涉及人员管理、信息传播管理、活动进程管理等方面的事务。

1. 人员管理

在人员管理中,一方面要借助相应的规章制度和激励手段去调动人们的工作热情和积极性、监控他们工作的方法、质量,另一方面要通过明确合理的分工安排以及合作竞争并行的机制提高工作效率,努力营造团结、和谐、有效的工作氛围。

2. 信息传播管理

因为公关活动的实施主要是通过大众传播、人际传播以及组织传播等方式与公众进行信息沟通和交流的行为,所以对信息传播的管理是非常重要的。在这项工作中需要注意的问题有:

(1)媒体整合。所谓媒体整合指的是公关策划者为了达到预期的传播效果,对各种媒介的优缺点进行分析并将各媒介进行巧妙合理的搭配组合,以便形成优势互补的整合传播效果。在具体的操作过程中,我们可根据不同的情况和标准作出不同选择。

(2)沟通障碍的消除。沟通障碍是在信息传播过程中可能存在和出现的各种影响传播效果的因素,比较常见的是:①语言障碍。指的是信息传播中存在的语种差异,语音混淆,语义不明与误解,语法不通,用词不妥,文字差错,标点错误,符号与体态语言涵义的差别等情况。②观念障碍。主要指传播内容与受众原有的文化传统、价值观念之间可能存在的差异。③心理障碍。指的是人们与事物发生接触时容易出现的第一印象效应、光环效应、从众心理等不利于正确的认知与学习的现象。④机械障碍。指印刷不良、字体模糊或脱页破损影响阅读理解,或者电视、广播因设备故障或其他干扰使受众无法正常收听与收看等类似情况。⑤其他障碍。有的来源于传播系统内部,如因组织机构重叠所导致的信息传播不畅;有的则来源于传播系统外部,如社会上存在大量相近或相反信息导致公众在分辨和接收上的困难,以及公关活动实施环境中所存在的政治、经济、文化、科技、竞争、自然、国际等各种因素的影响等。

在传播过程中,公关人员应尽量避免主客观的干扰因素,并及时针对障碍产生的原因进行疏通,努力消除不良影响,使信息完整、客观、清晰地传递给接收者。

(3)信息控制与调整。在整个传播过程中,各阶段的目标与任务不同,目标公众对活动的认知、情感、态度等心理状态也会发生变化,因此在实施过程中公关人员应密切关注公众的反应,适时调整与改变所传递信息的内容、形式与数量,以保证信息传递的效果。

关于公关传播所需涉及的媒体种类及特点等相关传播知识与技巧,大家可以参阅本书第五章,此处不再重复。

3. 活动进程管理

(1)时机与进度控制。主要处理计划进度和实际进度、时间进度和工作任务进度的关系,流程控制、时间衔接、操作时机的掌握问题,还有影响进度的因素了解与掌握问题。

(2)资金物品管理。公关活动中随时需要经费开支和摄影、音响、通讯器材和交通工具等各种物品器材的使用,因此涉及成本控制和物品管理工作。这类工作要管理各种所需物品的选购过程、价格、质量等问题,并关注各种物品特别是贵重器材的保管、发放、使用和回收问题。一般来说应安排专人负责并及时登记在册以便有账可查,既要保证供给活动的正常需要,充分发挥财物的功效,又要避免不必要的损坏、遗失和浪费。

（3）突发性危机事件控制。在公关工作中可能发生严重阻碍活动实施并影响组织形象的突发性事件,公关人员应该预先准备危机管理方案,并密切注意实施过程中是否存在各种矛盾和不协调因素,如实施环境中有无障碍因素,新闻传媒有无不利报道,工作方法是否存在较大风险,竞争对手有无对抗行为等,并及时加以化解与调整,以免情况恶化。

四、公共关系评估

公关评估指社会组织依据一定的标准对其公关工作的过程及实际效果进行分析、评价和总结,寻找活动成败的原因,以便及时调整活动方案并为下次活动提供参考依据。公关评估首先要建立统一评估目标并获取领导认可,然后在公关部门与人员内部达成一致意见,将评估目标具体分解为可观察和测度的评价指标体系。然后要根据评估的项目实际评估标准来确定评估实施的具体办法,如公关调查、分析组织公关活动实施的记录资料等。评估结果出来后应及时向组织管理者汇报,并应用于对公关活动过程的修正和指导。

（一）公关评估的内容

公关评估贯穿一个组织公关活动的调查、策划、传播实施等各个工作环节和活动项目,评估的具体依据与指标因评估内容的不同而有所区别。一般来说评估的内容分为公关工作程序、专项公关活动、公关状态等几个方面,其中涉及公关计划的可行性、公关人员的工作方式和工作效果、公关策略的有效性、环节安排及衔接的完整紧密性等多项指标。

1. 公关工作阶段评估

（1）准备过程的评估

① 公关调研过程评估。主要考察调研方案的设计是否合理,调研方法的选择是否恰当,调研的组织与实施是否科学,所得到的信息及结论是否可靠。

② 公关策划过程评估。主要考察目标公众的选定和分析是否准确;活动目标的确定与计划安排是否合理、可行、一致;各项材料的准备是否有针对性与充分性;传播与沟通的媒介、时间、地点、方式的安排是否适合目标公众;预算编制是否合理与精确;策划方案做得是否精彩等。

（2）实施过程的评估

主要考察实施前的人员、物品等的准备是否充分到位;各项活动实施进程的安排与管理能否符合原定计划同时又具有灵活性;各项宣传信息与资料的制作内容是否准确、合适、完整,表现形式是否恰当,数量是否充分;传播沟通活动是否达到预定的公众和目标区域;传播力度是否充分,也即发送信息的数量是否足够,覆盖面是否广泛等。

(3)实施效果的评估

主要考察注意到信息的公众数量及公众构成;收到并了解公关信息内容的目标公众数量;信息被传播媒介所采用的情况;改变观点与态度的公众数量;发生和重复期望行为的公众数量,达到的目标与解决的问题;是否达到预期效果,存在哪些差距;成本收益状况如何等。

2. 专项公关活动评估

专项公关活动评估主要包括日常公关工作效果评估、单项公关活动效果评估、年度公关活动效果评估和长期公关活动效果评估等几类。

(1)日常公关工作效果评估

日常公关工作是一些常规性的工作,评估时主要应考察的问题是:①组织内部公众之间的协调与沟通状况、人际关系、工作氛围;②组织与外部公关环境的传播与协调状况;③公关人员工作的内容、方法、努力程度、互相配合情况,以及日常工作中所收集的信息对组织管理工作的作用等。

(2)单项公关活动效果评估

与日常工作相比,单项公关活动显得更具有目标性与系统性,评估时主要考察的内容有:①项目计划的可行性,活动目标与组织战略总体目标的一致性;②专项活动的组织与管理工作情况;③传播沟通的策略制定及实施情况;④活动对组织公关状态的作用与影响。

(3)年度公关活动效果评估

年度公关活动效果评估是对组织在年度中所有的日常公关工作和单项活动的总体评估,主要涉及以下内容:①本年度公关计划方案及目标设定是否合理;最后达成的效果如何;②年度内日常公关工作成效分析;③年度内单项公关活动的类型、数量和所获成果的分析;④公关工作部门、机构及相关人员的工作绩效评价;⑤年度公关经费预算的合理性评估,经费使用具体情况,以及成本—效益分析等。

(4)长期公关活动效果评估

长期公关活动效果评估是对较长时期内(一般来说是几年)的公关工作成效所作的宏观考察与总结评价,即把日常公关工作、单项公关活动、年度公关活动等各阶段、各层次的评估结果归纳汇总,进行系统综合的分析研究。

3. 公关状态评估

(1)组织内部公关状态评估

主要考察:①组织内部公众对组织基本信息的了解与关心程度;②组织政策与指令贯彻实施的情况;③内部公众集体认同感和凝聚力的强弱,工作积极性高低与精神面貌状况;④公关意识与理念在组织各项经营管理活动中的运用情况等。

(2)组织外部公关状态评估

比较常见的有以下几类:①消费者关系评估;②媒介关系评估;③社区关系评估;④政府关系评估。

(二)公关评估的方法

对组织公关活动的评估可以采用不同的方法,人们通常把它归为以下几类。

1.自我评价法

这种方法指的是社会组织对自身所开展的各项公关工作做出自我评定。为了得到相应的评估结果,组织可以让评估人员直接参与实施过程、进行实地考察,记录各个环节实施的状况和顺序以及进展情况;可以将公关计划和活动实际效果进行对比;可以收集组织内部员工从不同角度对活动成效的评价;可以观察公众在公关活动前后对本组织在认知、情感、态度、行为等方面的变化;还可以收集与所开展的公关活动相关的各项统计数据与资料进行综合分析,如资金平衡表、统计报表、财务活动分析、公众来信来访记录等内部资料,以及消费者、经营合作者(如原料供应商、批发商、经销商等)的信息反馈,社区公众、媒介公众、政府等外部公众的信息反馈情况等。

2.专家评价法

这种方法需要邀请一些未承担本组织公关活动任务,但有资格、有能力对活动效果做出合理分析和评议的专家、学者等,或者向他们分头征求意见,或者召开座谈会、评议会,然后从这些意见与看法中得出对自身公关活动效果的评价。

3.公众评价法

这种方法即在组织公关活动过程中或结束后对公众进行相关的意见调查,然后根据调查所得的数据与信息来评定活动的成果。民意测验是公众意见调查常用的方法,可以分析出公众在认知、情感、态度等方面有无变化,也可以了解公众对相关问题的意见与看法,综合分析出公众对组织的总体印象。此外,可以召开公众座谈会或者进行重点深度访谈,获取更进一步的信息。

4.新闻媒介推断法

这种评价方法的依据在于新闻媒介对组织公关活动报道和传播的情况,主要有三条思路。第一是统计各类媒体上与活动相关的消息与报道的次数,借此来估计该组织及该活动受关注的程度;报道越多说明活动越能引起公众的注意力。第二是分析各类消息与报道的内容与色彩,推断活动所产生的社会效果;报道中提及组织的工作成就、社会贡献等正面信息越多,越有利于组织良好形象的塑造。第三是对所涉及的媒体进行类别与层次分析,从而估计组织及活动的影响范围;权威性强、发行量大、覆盖面广的传媒有利于扩散组织公关活动的影响。

公关活动程序中的这四个环节之间既相互独立又相互联结,构成了系统性、连续性和规范性的公共关系活动:公关调查是公关策划的前提与基础,公关策划方案是活动实施的指南与依据,而活动方案的实施过程与结果则是评估的主要内容与对象。每一轮工作完成以后,都将在此基础上展开新一轮的工作,使公关工作在连续中不断向前推进。

第二节 阅读资料

一、"潘婷 —— 爱上你的秀发"中国美发百年回顾展
——潘婷润发精华素市场推广公关活动

一、项目背景

创始于 1837 年的宝洁公司是世界最大的日用消费品公司之一,跻身《财富》杂志评选出的全球 500 强企业前 20 名,产品涉及食品、纸品、洗涤用品、肥皂、药品、护发及护肤用品、化妆品等众多领域。自 1988 年进入中国市场以来,宝洁获得了累累战果,公司下属各品牌如潘婷、飘柔、玉兰油、佳洁士、碧浪等都深受消费者喜爱。

1999 年 5 月,宝洁打算于 1999 年 8 月在上海及浙江市场推出其最新的护发产品——潘婷润发精华素,带动从"简单护发"到"深层润发"的护发新理念。为配合该产品的发布,宝洁请宣伟公共关系公司策划了一系列既新颖又有力度的公共关系活动。

二、项目调查

在策划活动之前,宣伟进行了详尽的市场调查。由于潘婷润发精华素产品是美发领域的一项新突破,且 1999 年又是我国建国五十周年以及新旧世纪交替的特殊时期,宣伟最后决定举办一个名为"潘婷——爱上你的秀发"中国美发百年回顾展活动,让潘婷在与公众一起回顾百年来三千发丝的时代变迁的同时,帮助消费者更好地了解不同时代的美发、护发产品及技术,并展望 21 世纪美发、护发的新潮流和新产品。

这类回顾与展望的活动比较适合当时的社会氛围,容易引起媒介及大众的兴趣;再加上这次活动将是中国首次举办的有关美发技术及美发历史的回顾展,有利于缔造潘婷品牌在美发界的先驱地位。

三、项目策划

1. 公共关系目标

在沪浙地区的公众中提高潘婷润发精华素的知名度,并通过举办中国美发百年回顾展树立潘婷业界护发先驱的形象。

2．关键信息

①潘婷润发精华素倡导护发新习惯。

②潘婷润发精华素由内而外彻底改善发质,使用一次就有明显效果。

③潘婷润发精华素是新一代护发产品。

在制定了以上的关键信息后,宣伟策划将整个项目分三大部分完成:前期宣传、活动本身及后期善后工作。

前期宣传将侧重于争取各领域权威人士的支持并为产品发布活动做好铺垫工作。宣伟策划将潘婷润发精华素产品礼盒及使用反馈表发给沪浙地区的媒体及美发界、演艺界等领域的社会知名人士,首先争取他们对产品的认同和支持。

在对产品有了一定认识的基础上再邀请各主要媒体召开一次媒介研讨会,为将来的正式活动埋下伏笔。同时,开展在报纸上刊登系列软性宣传文章及电台节目宣传等前期活动的宣传工作。

活动的重点是展览会的组织,其中开幕式是重头戏,内容包括潘婷润发精华素产品上市记者招待会、纪录片播映、不同时代发型表演及有奖问答等。

后期工作将集中于与媒体的联络、文章剪报的落实及整个活动的总结分析报告。

四、项目实施

1．前期活动

为了首先争取各领域权威人士的认同和支持并为产品发布活动做好铺垫工作,装有潘婷润发精华素产品及使用反馈表的礼盒发给沪浙两地的媒体及美发界、演艺界等领域的社会知名人士共330人,其中包括上海东方电视台著名主持人袁鸣、曹可凡及在华东地区小有名气的发型师王磊等。后有100多位回复了使用意见反馈表,所有人都给予潘婷润发精华素很高的评价,其中大部分试用者还表示在使用了该产品一次后,头发在柔顺度、光亮度方面就有明显的改善。

在此基础上,8月15日邀请各主要媒体在上海召开媒介研讨会,为将来的正式活动埋下伏笔。将近20位来自沪浙两地的记者参加了研讨会。为了增加信服力,潘婷还特别从日本邀请了研究发展部的潘婷护发专家为大家介绍护发的基本知识,并当场演示了使用潘婷润发精华素产品的即时效果。为了活跃现场气氛并增加记者们的兴趣,护发专家还特别为每个人都作了头发测试,让记者们透过头发测试仪了解了自己的发质并获得相关保养知识。

2．前期宣传

为了加强宣传的覆盖面及影响力,并直接影响产品的目标消费群——18～

35岁女性,宣伟特地与在华东地区热销的生活类报刊以及拥有大批年轻听众的上海东方广播电台合作,进行了系列宣传活动。如:

在《上海时装报》上连续六周刊登"潘婷——爱上你的秀发"中国美发百年回顾展系列关于头发故事的软性文章,与读者一起回顾百年来的美发变迁、分享护发小秘诀并对潘婷润发精华素及展览会情况作了介绍,以提升展览会的吸引力。

与上海东方广播电台的音乐节目"3-5流行世界"合作,参与制作了为期一周(共6期)名为"潘婷音乐时间"的小栏目,除了对美发历史、护发知识及展览会情况的介绍外,还开通有奖竞猜电话,以潘婷润发精华素礼盒作为奖励,获得了众多听众的热烈参与。

3. 活动部分

"潘婷——爱上你的秀发"中国美发百年回顾展定于8月25日在淮海路上新建的上海图书馆一楼展厅举行,不仅顾及了外观气派、交通方便的要求,还考虑到了具有文化气息、与展览会主题相符这一问题。

展览会的开幕式暨潘婷润发精华素上市会非常隆重,展厅外悬挂了巨幅的宣传横幅,包括上海6家电视台和浙江杭州、温州及宁波等城市的4家电视台,以及其他类型大众传媒的80多位媒体代表参加了活动,涉及商业、生活消费、美容美发等不同领域,可谓盛况空前。

为了辅助及加强潘婷润发精华素产品的信服力,主办方特别邀请了在"'99中国服装表演艺术大赛"系列活动中荣获潘婷优雅气质奖及最佳秀发奖的戴洁小姐及梁馨小姐共同出席开幕式活动,并邀请她们参与了不同时代发型与服饰的表演。

本次展览内容相当丰富,不但向参观者展示了从清末民初到现代社会的发型变化及美发、护发产品及技术,还特别制作了一部反映我国各个时代不同发型及美发技术变迁的纪录片,该片是我国首部全面展示中国近代美发史的片子,具极高的观赏性和教育性。为了增加展览会的生动感,主办方更在展览会现场还原了三四十年代的旧上海美发厅场景,吸引了成千上万的观众驻足观赏。据统计,为期三天的展览会共吸引了近三万人次的观众到场参观,可谓数目惊人。

4. 后期工作

活动结束后,宣伟公关公司分别与参会的各家媒体展开了交流,以不断改进今后的工作。其他省市的有些媒体观看了有关报道后对该选题发生了浓厚的兴趣,并致电宣伟索取详细资料和图片供发稿之用。其中,中央电视台2套的生活栏目还选用相关素材,在庆祝祖国建国五十周年的系列回顾报道节目中,特别制作了一档长达15分钟的有关美发、护发专题的节目,造成了相当大的社会影响。

五、项目评估

1. 综合评估

据统计，在全国范围内共收到相关报道64篇，其中包括4家电台及8家电视台，特别是中央电视台2套的专题节目造成了相当大的社会影响。所有这些报道折合广告价格高达人民币230多万元。

该活动在造成一定社会影响的同时也提升了产品的销售表现。活动结束后仅三个月，潘婷润发精华素就荣登上海最大的连锁店——华联集团的护发产品销售额榜首。

2. 新闻报道分析

有3篇报道只介绍了百年回顾展本身，没有提到潘婷润发精华素产品。然而，这些报道都使用了潘婷润发精华素上市会的有关照片，读者很容易从照片上及其他媒体的报道上意识到潘婷是该活动的主办者，从而提高了潘婷的知名度。

媒体报道统计表

媒体性质	报道数量	提到关键信息	未提关键信息	百分比
大众类	22	20	2	91%
商业/消费类	15	15	0	100%
生活/娱乐类	27	26	1	96%
总　　数	64	61	3	95%

报道类型分析表

性　　质	报道数量
正　　面	61
中　　性	3
负　　面	0
总　　数	64

较积极的正面报道数量占总数的95%，客观的中性报道数占5%，负面报道为0，这样的结果是令人满意的。

（本案例改编自中国公关网）

点评

宝洁公司是蜚声世界的日用消费品企业,但改革开放前中国人对它的了解并不多。自1988年正式进军中国短短的十几年时间里,宝洁公司及其产品却在中国刮起了阵阵旋风,不仅赚取了巨额利润而且还每每成为引导日化消费时尚的风向标。宝洁公司下属的海飞丝、飘柔、潘婷、沙宣、伊卡璐、舒肤佳、佳洁士、玉兰油等品牌大多妇孺皆知、备受欢迎,宝洁公司所提出的"去头屑"、"柔顺头发"、"营养头发"、"抑制细菌再生"等宣传主题也是家喻户晓、模仿者众多。宝洁旋风的魔力究竟何在呢? 这当然源于它在产品质量、经营管理、营销策略等方面的优势,而公关手段的运用无疑在其中起了很独特的作用。上面的案例就是宝洁公司如何利用公关活动扩大产品影响的一份精彩答卷,请特别注意分析其公关工作的开展程序及各阶段工作的特点,分析其公关策划方面的独到之处。

二、"老字号　新辉煌"

——"全聚德"135周年店庆大型公关活动

一、背景

"全聚德"是我国餐饮业驰名中外的百年老店,自清朝同治三年(公元1864年)创立至今已有135年的发展历程,经过几代人努力形成了以烤鸭为代表的系列美食精品和独特的饮食文化,是国家领导人宴请国际友人的主要场所,成为国际国内朋友了解、认识北京的窗口。

改革开放以来,我国餐饮市场竞争日趋激烈,"全聚德"于1993年5月组建了以前门、和平门、王府井全聚德三家店为基础,包括50余家联营企业在内的大型餐饮企业集团,成为"全聚德"商标的唯一持有人,结束了长期以来一家一店、分散经营的不利局面,开创了"全聚德"这一北京传统名牌集团化经营发展的新阶段。

截至1999年初,全聚德集团在国内已注册11个商标,涵盖25大类124种商品或服务项目;同时在世界31个重点国家和地区注册了"全聚德"商标。1996—1998年度"全聚德"商标连续两届被北京市工商局评为"北京市著名商标";1999年1月"全聚德"品牌又被国家工商局认定为"中国驰名商标",它是我国首例服务类驰名商标。

21世纪,"全聚德"老字号正演绎着它发展历史上的第二个百年。"全聚德"品牌战略的成败,是决定企业在新世纪能否保持旺盛生命力的关键。

二、项目调查

面对21世纪,"全聚德"品牌的发展同中国的餐饮业,乃至中国商业、服务业一样,面临着良好的机遇和严峻的挑战。

1. 面临的机遇

(1)随着市场经济发展和人们消费水平的提高,名牌效应日益明显,使用名牌、享受名牌逐步成为一种社会时尚,久负盛名的全聚德将进一步得到社会与消费者的推崇与青睐。

(2)"全聚德"国有企业改革的推进、现代企业制度的确立,企业经营机制的完善,为全聚德企业形象的提升提供了良好的制度保证。

(3)"全聚德"全体员工对"全聚德"具有深厚的感情,对弘扬品牌、发展品牌具有崇高的历史责任感和社会责任感,成为全聚德企业形象公关的思想基础。

(4)"全聚德"品牌形象在社会公众心目中占有较高的地位。1998年3月北京电视台《北京特快》栏目组与中国人民大学舆论研究所就"哪些产品最能代表北京的品牌形象"这一话题采用问卷方式调查,要求被访者写出4种最能代表北京经济形象的产品,结果全聚德烤鸭在被提名的四五十种北京产品中名列榜首,被一致认定为最能代表北京经济形象的标志性产品,而北京果脯、北京吉普、牡丹彩电、二锅头酒、北京小吃、燕京啤酒、大宝化妆品、王致和腐乳、联想电脑、同仁堂中药分列第2~11位。

2. 遇到的挑战

(1)从买方(消费者)的角度看:随着人民生活水平的提高和生活方式的改变,广大消费者对全聚德餐饮的品位提出了更高要求。

(2)从卖方(生产者、经营者)的自身看:"全聚德"集团特许经营管理体系的运作,要求统一企业形象。

(3)从现在国内餐饮竞争者来看:国内餐饮业持续发展,单北京市目前以"北京烤鸭"命名的烤鸭餐馆就有400多家,兼营北京烤鸭这道菜的饭店、餐厅更是数以千计,竞争非常激烈。

(4)从未来潜在竞争者、替代者方面分析:全球经济一体化进程加快,我国加入世界贸易组织后,洋餐饮将更加无障碍地长驱直入,对国内包括"全聚德"在内的餐饮业的生存与发展将会构成极大的威胁。

为了抓住机遇,迎接挑战,积极参与市场竞争,创造具有中国文化底蕴、实力雄厚、品质超凡、市场表现卓越、享誉全球的餐饮业世界级名牌,集团公司决定以1999年"全聚德"建店135周年为契机,推出多层次、一系列的大型企业形象公关活动。

三、项目策划

1. 公关目标

发扬"全而无缺,聚而不散,仁德至上"的企业精神,对外弘扬"全聚德"民族品牌,树立"全聚德"老字号的崭新形象,以店庆造市场,以文化兴市场;对内强化

"全聚德"烤鸭美食精品意识,丰富"全聚德"企业文化内涵,激励"全聚德"集团的全体员工以百倍的信心迎接新世纪的挑战。

2. 公关策略

为了达到这一目标,准备举办"全聚德杯"有奖征集对联、"全聚德"烤鸭美食文化节、"全聚德"品牌战略研讨三项大型活动。这些活动的媒体选择主要以报纸为主,兼有电视台、电台,并辅以本公司宣传刊物。

3. 具体计划

全年系列公关活动分为从序曲到高潮三个阶段:

第一阶段:在含有元旦、寒假、春节、元宵节等节假日的第一季度与《北京晚报》、北京楹联研究会联合举办"全聚德杯"新春有奖征集对联活动(以下简称征联);面向全社会(包括集团员工)开展《我与全聚德》征文,征集店史文物活动;着手整理资料,编辑、出版《全聚德今昔》一书。

第二阶段:农历六月初六,即全聚德创建日——7月18日举办"全聚德建店135周年店庆暨首届全聚德烤鸭美食文化节开幕式"。

第三阶段:金秋10月,借新中国五十华诞之际举办全聚德品牌战略研讨会。

具体计划安排表

活动内容	时间分布	目标公众	传播信息	媒介选择	公关目标
新春征联	1999 年 1 月	社会公众	饮食文化	报纸、电台	公众印象
华诞店庆	1999 年 7 月	上级部门	企业形象	各新闻媒体	领导威信
美食文化节	1999 年 7 月	消费者	餐饮服务	报纸、海报	顾客口碑
品牌研讨	1999 年 10 月	专家、学者	品牌战略	报纸、书刊	理论权威

四、项目实施

年初,集团公司在工作会上针对全年公关系列活动进行动员,并针对每一活动分别成立了由总经理或副总经理牵头的、由不同业务部室有关人员组成的专门工作组,负责具体实施工作。

序曲:"全聚德杯"新春有奖征联活动(1998 年 12 月～1999 年 3 月)

主旋律:"全聚德"建店 135 周年店庆暨首届"全聚德"烤鸭美食文化节开幕式

1999 年 7 月 18 日上午 9:30～11:30 在前门"全聚德"烤鸭店一楼大厅举办了隆重的开幕仪式。来自国家内贸局、北京市委、市政府有关委办局、所辖区委、区政府的领导和负责同志、新闻单位的记者及"全聚德"成员企业代表 200 余人出席了本次活动。

提升:"全聚德"品牌发展战略研讨会(1999 年 10 月 16 日)

9:00～12:00 在和平门"全聚德"烤鸭店 500 会议室邀请中国商业经济学会、中国商业文化研究会、中国社会科学院、中国人民大学、首都经贸大学、北京工商大学、北京工业大学、北京财贸管理干部学院的专家、教授、副教授与集团全体领导及有关部室负责人就"全聚德"品牌战略进行研讨。

五、项目评估

1999 年"全聚德"集团企业形象公关活动达到了预期的公关目的。

"全聚德杯"新春有奖征联活动,历时两个月,共收到应征楹联作品 3954.5 副,它们来自北京、河北、辽宁、内蒙、山东、江苏、安徽、江西、湖南、贵州、广东、海南等 12 个省市自治区。作者中年龄最小的为 14 岁的初中生,最大的为 82 岁的老人。还有的老者率领全家老少三代参与撰写,甚至还有几位福利工厂的盲人请同事代笔,参与热情之高,是我们始料未及的。

经过专家评委的初评、复评和终评,从中评选出一等奖 5 名,二等奖 10 名,三等奖 20 名,鼓励奖 135 名。此次活动把迎春与商业宣传融合为一,把树立全聚德品牌形象与中国传统楹联文化有机地结合起来,营造了"以文化树品牌"、"以文化促经营"的新闻热点,弘扬了"全聚德"饮食文化、品牌文化,在社会上引起较大反响。

提高了"全聚德"品牌的知名度和美誉度。众多新闻媒体都对"全聚德建店 135 周年暨美食文化节"做了全面报道,报道的形式有新闻、照片、侧记、专访。

这次活动的媒体报道率是相当高的,不仅国内形成一股"全聚德"企业形象的冲击波,而且通过海外一些媒体使"全聚德"135 周年庆典活动的新闻消息传出北京,飞向世界。"全聚德"成为人们普遍谈论和关注的话题,使"全聚德"品牌的知名度和美誉度进一步提升,强化了"全聚德"品牌形象。

"全聚德"集团通过 135 周年店庆活动取得了良好的经济效益。由于"全聚德"135 周年店庆暨首届"全聚德"烤鸭美食文化节活动的拉动作用,国庆节期间(10 月 1～7 日)集团公司 10 家直营店共完成营业收入 703.5 万元,接待宾客 76325 人次,日平均营业额达 100.5 万元。到 1999 年 11 月底集团公司营业收入、利润均已提前完成全年的计划任务。其中利润达到全年计划指标的 110%。1999 年下半年和平门店、前门店日均营业额均比上年同期增长了 20% 左右。

"全聚德"品牌发展战略研讨会明确了"全聚德"品牌战略目标,即以"全聚德"烤鸭为龙头、以精品餐饮为基业,通过有效的资本运营,积极审慎地向相关产业领域延伸,创造具有中国文化底蕴、实力雄厚、品质超凡、市场表现卓越、享誉全球的餐饮业世界级名牌。

"全聚德"的战略研讨又引发首都的专家、学者对以"全聚德"为代表的京城老字号发展的内在规律的探索与研究。参加过"全聚德"品牌发展战略研讨会和曾经参与"全聚德"有关活动的专家学者就"老字号怎样迈向新世纪"为主题多次开展大讨论。以"全聚德"这一典型的经营管理实践作为案例上升为京城老字号发展的一般规律的理论探讨。专家们认为："发展老字号品牌食品是历史重任"，"老字号要发扬品牌优势，紧跟时代步伐"，"立足传统，创新发展"。

（资料来源：中国公关网）

点评

如果策划和实施得当，大型公关活动所能产生的社会影响和活动效果会比较广泛深入，但由于较涉及因素，难度也是比较大的。本案例中京城老字号餐饮企业"全聚德"为其135周年店庆所策划的大型系列活动应该说是比较成功的，从"全聚德杯"新春有奖征联活动、首届烤鸭美食文化节到"全聚德"品牌发展战略研讨会这三项大型活动，以及各大型活动所包含的系列专题活动，整体的策划、实施和评估工作虽然头绪纷繁、耗时长久，但安排得环环相扣、井井有条，较好地实现了预期目标。在领会与分析该项活动各工作环节的流程及安排的同时，可以留意"全聚德"是如何针对不同目标公众巧妙设计公关活动和信息内容，并采取相应传播手段以取得良好公关效益的，还可以尝试思考与总结"全聚德"保证各个活动项目顺利实施并获取成功的原因。

三、不爱美女爱阿婆

——一个好创意是怎样诞生的？

由于气候湿热，易于上火，广东人都有饮用各式汤水、炖品的习惯，借以清热、补虚、滋肾、壮体，补充随汗液流走的养分。汤品在增强营养、强身健体、美容养颜等方面有着不可低估的作用。但现代人生活日益忙碌，每天都花几个小时来煲汤变得不太可能。1994年深圳君生福实业有限公司针对这一市场特点开发生产了易拉罐装的"花旗参炖乌骨鸡"、"淮杞炖甲鱼"等系列传统粤式汤品，该产品既保持了传统老火靓汤的原有风味，又方便、卫生，易于携带，低温下保质期长可达18个月。但由于人们并不习惯喝速食炖品，且对这类速食炖品的真材实料一贯持怀疑态度，要将这样一个新产品推向市场并不是件很容易的事，因此该公司准备聘请多家广告公司为其进行整体策划。

在参加招标的广告公司中，有一家的策划人员认为想要中标就应该从为产品取个好名字入手。他左思右想，想出了"康福"、"老味道"等几个名字，但都觉得不合适。有一天他坐公共汽车闲逛，在车上看见一个黑衫圆髻、肤色白净、温和安详的老太太，突然想起了远方家中淳朴善良的母亲，想起小时候母亲牵着手送自己上学，还常熬好一罐浓浓的鸡汤等他放学回来喝。对，谁的汤熬得最好、最浓,不就是我们的母亲吗? 她耐心地守在炉子旁,一守就是几个小时,无怨无悔,不就是为了给回家的孩子捧上一碗热汤吗? 还有那慈爱的奶奶,好心的邻居大妈、阿婆——对,就叫"阿婆"! 叫"阿婆",使人想起淳朴的母爱,能对产品产生亲切感。想起"阿婆",就使人想起那温暖的手掌、慈祥的面孔、忙来忙去的身影、扑扑冒蒸汽的煲鸡汤的瓦罐儿。这一切,乡情、母爱、炖品,交织在一起,一碗普普通通的炖品变成亲人专为自己熬的,变得情浓浓、意融融。这个策划人员为自己这个构想激动不已,马上回宿舍,一口气写下了一整套策划案,包括品牌形象的建立,以及上市推广、公关促销、广告等一系列的安排,在方案中他把"阿婆"的形象确定为勤劳、善良、擅长烹饪的传统老年妇女形象。

这一方案得到了君生福实业有限公司领导的一致认同。开展公关活动时,这位策划人员又从"阿婆炖品"是传统、味醇的滋补炖品这一品牌形象考虑,不学其他商家搞活动时总是请漂亮小姐的做法,而是请了深圳退休老干部中心老年模特队的九位老大妈,让她们身着中国传统的银缎旗袍并斜披鲜红的绶带,以干净利落、精神矍铄、笑容可掬、慈祥稳重的形象出现在活动现场。在公关、促销、广告三位一体的系列整合传播活动中,这个与众不同的创意让消费者觉得耳目一新,不仅活动现场热闹非凡,各家媒体也纷纷对此次活动进行了报道。《深圳晚报》的报道名为《九位慈祥的阿婆 出人意料的公关》,《深圳特区报》则是《退休阿婆促销阿婆炖品》,《深圳法制报》在"企业天地"专栏以《匠心独具的中秋促销》为题报道了阿婆炖品的策划,《深圳商报》在《公关沙龙》中"企划人手记"专栏也对此次促销作了报道。"阿婆炖品"被炒得轰轰烈烈,全城皆知,"慈祥、擅长烹饪的阿婆"这一颇具亲和力的品牌形象迅速建立起来,大大提高了产品的知名度、美誉度,使这一品牌成为深圳汤类产品中的佼佼者。

(本案例改编自中国智囊团网)

点评

作为一个运用人脑的联想、直觉、想像等创造性和形象性思维为某项活动设计主题和活动项目的过程,创意过程中各种信息的搜索、组合、碰撞所引发的智慧火花有时是很难用语言形容的。上面这个案例对策划人员的思维过程作了一些描绘,请大家结合第一节中的相关理论知识来分析他在创意过程中所遵循的基本原则和使用的思维方式,找出这个策划之所以成功的原因。

四、问卷小样本

——××学院校园文明行为意识调查

亲爱的同学:

您好! 生活在这个越变越美的校园,您可曾留意到身边某些不太恰当的言行,犹如那破坏美丽乐章的不和谐音符?为了塑造当代大学生的形象和风采,为了让我们的青春之曲更加流畅激扬,请您抽几分钟时间认真回答下面的问题吧!

1. 在学校里您曾看到过同学们哪些不够和谐的行为?(多选)   ( )

    A. 随地吐痰   B. 随手扔垃圾   C. 话语不雅

    D. 随意涂画   E. 插队   F. 随处停放自行车

    G. 不爱惜公物   H. 其他

2. 您认为有些同学做出不和谐行为的原因是什么?   ( )

    A. 别人这样做,他也这样做   B. 不小心犯错

    C. 生活习惯不够良好   D. 说不清楚

3. 对于上述这些行为,你认为学校是否应该进行宣传教育?   ( )

    A. 应该   B. 不必要   C. 无所谓

4. 在公共场合您通常怎么处理您的瓜皮纸屑?   ( )

    A. 无论如何一定要扔进垃圾桶里

    B. 看心情,高兴时会想办法扔进垃圾桶

    C. 看周围的情况,如果别人顺手扔我也就随便处理

    D. 无所谓,顺手就扔

5. 如果您往垃圾桶扔垃圾时没扔准会怎么做?   ( )

    A. 一定捡起来扔进垃圾桶

    B. 捡不捡看自己心情

    C. 随例,当没看到算了

6. 如果晚自修教室里只有您或者其他一两个同学,您会: ( )

    A. 开两盏灯   B. 开四盏灯   C. 把所有灯打开

7. 如果下课后最后一个离开教室,你会主动关门、关灯吗?   ( )

    A. 肯定会   B. 有时会   C. 看心情而定   D. 从来不会

8. 您会在课桌或者墙壁上随意涂画吗?   ( )

    A. 时常会   B. 偶尔无聊时会   C. 从来不会

9. 如果看见某个水龙头没有关紧,您会怎么做?   ( )

    A. 主动把它关紧   B. 看自己心情好不好

    C. 觉得这不是我的错,随它

10. 如果您看见身边的同学有乱扔垃圾、插队等不美好的行为,会如何对待?   ( )

    A. 直接或者委婉提醒对方

    B. 心里觉得不赞同,但是不好意思说

    C. 这与我无关,就当没看见

D. 看当时具体情况

11. 如果您自己不注意有了某些不够美好的行为被旁边的同学提醒时,您
　　会如何反应? （　　）
　　A. 觉得不好意思,马上改正
　　B. 觉得自己是不太对,但是为了面子只能置之不理
　　C. 觉得人家大惊小怪,装作没听见
　　D. 觉得别人多管闲事,对别人发脾气

12. 您认为除了以上问题中所涉及的现象,我校同学还有哪些不够和谐美
　　好的行为? 您有什么改进的建议吗?

辛苦啦,谢谢您的理解和合作!

××学生会

××××年××月

点评

　　这是某校学生会组织的关于校园文明行为意识调查活动的问卷。这次调查活动的出发点是为了更好了解学生日常文明行为意识, 以便较有针对性地推进文明校园风气的建设。问卷中问题内容设置紧密结合校园生活实际, 能针对目标公众有的放矢。问题类型以封闭式为主、开放式为辅, 大多采用选择的形式, 篇幅简练紧凑, 兼顾了调查者资料整理分析的便利和调查对象填写的方便, 并能注意到问卷措辞的亲切委婉, 以便给调查者心理上的亲和感, 有可资借鉴之处。

第三节　案例与实践

【案头设计】

浓情朱古力

——德芙巧克力情人节特别策划

一、背景资料

　　"情人节"虽源于西方,但近些年来已经以其浪漫的情调与甜蜜的氛围征服了中国的年轻人。在五彩缤纷的情人节礼品中,鲜花和巧克力是经久不衰的两个黄金选择。这个弥漫着浓情蜜意的节日也因此成为巧克力消费的旺季,成为

各种巧克力品牌大显身手逐鹿中原的特别时机。为了巩固自身的市场地位,进一步提升品牌的形象、扩大公司的影响,德芙巧克力制造商准备借情人节之际举办系列公关宣传活动。

二、问题与要求

可分组合作,帮德芙公司设计一份构思新颖、创意独特、具有一定可操作性的情人节公关活动的策划方案。

三、提示与建议

可以通过各种媒介与方法广泛收集德芙巧克力的相关背景资料,多关注其他巧克力产品的公关活动信息以资借鉴。

【模拟训练】

"上帝"眼中的我

——"隆力奇"纯蛇粉公关调研

一、背景资料

以生产蛇类保健品和化妆品而闻名的江苏"隆力奇"公司最近准备就其纯蛇粉胶囊这一产品展开一次调研,希望调查了解以下几方面的问题:(1)消费者是否喜欢"隆力奇"这一品牌? (2)"隆力奇"纯蛇粉最受欢迎的功能是什么? (3)"隆力奇"纯蛇粉的价格定位是否合适? (4)消费者对保健品最担心的问题是什么? (5)纯蛇粉的消费者有哪些人? 他们有哪些购买习惯和消费心理特点? (6)"隆力奇"纯蛇粉的包装是否受欢迎?

"隆力奇"纯蛇粉胶囊是采用现代科学新技术,将活乌梢蛇、活蝮蛇以 70%、30% 的配比,经科学灭菌加工成超细微粉末有效地保存其营养成分所制成的产品。该产品含有人体必需的氨基酸和微量元素等营养成分,经功能试验证实,具有免疫调节和调节血脂的保健作用,可增强机体抵抗力;经人体试验证明本产品还具有美容(祛痤疮)的功效。

二、问题与要求

1. 根据上述内容并运用公关调研知识为"隆力奇"公司设计一份调查问卷。

2. 使用自己所设计的问卷在课堂上开展模拟调研活动,并对各组的问卷设计以及模拟调研的同学在访问方法与技巧方面的表现进行分析与评比。

三、提示与建议

课外收集各类调查问卷,结合课堂理论知识进行分析思考;可以主动接受生活中某些商家开展的调研活动,以获取亲身体验。

【分组讨论】

我抒我见

——公关个案的分析与思考

一、背景资料

请在本章第二节的前两个案例中任选其一。

二、问题与要求

请结合本章第一节中关于公关工作程序的基础理论知识,对所选案例中各环节的公关工作及成效展开分组学习与讨论。

第八章　公共关系活动(一)

第一节　基础理论知识

一、公共关系活动简介

公共关系实务中的专题活动是社会组织对公众施加影响,扩大公共关系活动效果的重要方式。专题活动具有耗资少、生动形象、见效快的特点,因而被社会组织广泛运用。

公共关系专题活动是社会组织围绕某一明确的目的而开展的活动,是一项操作性、应用性和技术性很强的工作。为了确保公共关系专题活动的效果,开展公共关系专题活动必须讲究基本的活动策略,掌握基本技巧,注意工作方法。

(一)确定专题活动的目标

目标是公共关系实务专题活动的灵魂和统帅。目标直接影响着公共关系实务专题活动的整个发展过程,明确的目标不仅可以提高专题活动的工作效率,而且可以增强专题活动对公众的影响,扩大专题活动的效果。社会组织的一切公共关系活动的目标,都是为了塑造组织的良好形象,使组织形象深受广大公众的喜爱。专题活动从长远来看,是为了塑造组织的形象;从近期来看,就是围绕这一主题开展活动,并通过这项主题活动吸引公众、赢得公众。

筹办专题活动,首先要选择好明确而具体的公共关系实务目标,然后才能根据工作目标确定专题活动的主题、内容和范围。公共关系实务专题活动的工作目标不能过于抽象,更不能含糊其词。一般来说,专题只有一个基本的工作目标,这个目标必须具体、明确。常见的专题活动工作目标主要有:让公众接受某个信息;消除公众对社会组织的误解和偏见;让公众知晓社会组织的发展(如技术革新、管理创新、新产品问世等);加强内部公众的了解及相互信任;巩固社会组织与社区公众的友好关系,促成新闻界对社会组织的关注;鼓动公众支持社会组织的某项决策;收集公众对社会组织的意见和建议等。

杭州的胡庆余堂药店是一家拥有400多年创业史的老子号名店,随着社会经济发展,面对西药行业对国药冲击影响,胡庆余堂药店依然秉承"养生济世,治病救人"的组织形象目标定位,围绕着这个目标,展开了以"德、诚、信"的服务宗旨一系列公共关系活动:德即修德,以"养生济世"为己任,不为不义之财所动。在"非典"流行的时候,每天到胡庆余堂拉药的车排成了长队,但胡庆余堂依然打出决不涨价的承诺,把治病救人放在第一位。诚即诚实,要诚信为本,信誉第一,要确保药品的质效,严把质量关。在生产成药的过程中,都严格遵循"炮制虽繁,必不敢省人工;品味昂贵,必不敢减物力"的祖训行事。信即立信,坚持为公众提供很多的便民服务,从诊病问医到代客制药,无不体贴入微。经过"修德、立诚、立信"三步曲,杭州胡庆余堂药店的人气骤升,使这个享誉海内外的老字号,迈入了新的发展阶段,这就是公共关系目标定位正确的结果。

(二)明确专题活动的主题

公共关系专题活动的主题是公共关系专题活动目标的具体体现。

公共关系专题活动要有明确的主题,并且围绕这一主题开展特殊方式的活动。它通过引起舆论和公众的关注,引发他们浓厚的兴趣,使组织在公众心目中留下印象。明确的主题可让公众与舆论更好地知晓组织行为目的及其活动的意义,加强对组织的了解。

选择专题活动主题应掌握以下原则:

主题与目标一致。专题活动的主题要与组织的公共关系目标相一致。任何有悖于目标实现的专题活动,无论其设计如何精彩,都应当放弃。

主题与公众心理、社会发展一致。任何一项专题活动的主题,首先必须符合公众的心理要求;其次必须符合社会发展的要求,符合时代的特征。

主题必须个性鲜明。鲜明的个性,是有别于其他活动的特性。个性是提高知名度的重要因素,没有个性,主题千篇一律,专题活动就不会有满意的效果。

主题应言简意赅,易于传播。主题的表现形式是多种多样的,可以是一次赞助活动、一次庆典活动,也可以是一种公益性活动,而主题的表达只能是一句话或一段精辟的文字或一首歌等。无论是一句话、一首歌或一段文字,都要求容易传播,朗朗上口,要具有震撼力、冲击力。

(三)精心筹备专题活动的各项工作

公共关系专题活动工作量大、涉及面广,需要精心准备和系统规划。一个专题活动往往是多个活动的组合。例如,一个庆典活动,可能要涉及到宴请、仪式、联欢、新闻发布会等多项活动。

在公共关系专题活动的筹备工作中,主要做好以下几件事:

——确定名称。名称是公共关系实务专题活动的窗口。一个好的名称,可以增强公共关系专题活动的吸引力。理想的名称,既要简明准确地体现专题活动的主题内容,又要有丰富的文化艺术色彩。

——选择日期地点。开张吉庆、周年纪念、节假日以及某些社会活动时期都是开展公共关系实务专题活动的黄金时间,但公共关系实务专题活动的时间安排不能与重大事件或重大节日相冲突。开展专题活动,一般应选择社会组织所在地或社会组织熟悉的地方,因为在熟悉的地域内,对公众比较了解,容易满足公众的心理需求。此外,也可以选择交通方便或公众集中的地方。公共关系实务专题活动的时间和地点确定后,应提前一周左右通知公众,以便让公众及早作出安排。

——准备接待。公关接待人员应当穿着醒目的制服,并有明确的分工,同时要做到热情主动、彬彬有礼、洒脱大方。

(四)积极策划媒介宣传专题活动

为了扩大公共关系专题活动的影响范围,造成公共关系专题活动的轰动效应,使公共关系专题活动取得更大程度的成功,社会组织必须策动媒介宣传,利用传播媒介增加公共关系专题活动的辐射力。

在公共关系实务专题活动过程中,为了充分发挥传播媒介的作用,策动媒介宣传时应做到以下几点:

力求使公共关系实务专题活动充满特色、富有魅力、规模适中,以引起新闻媒介的关注,争取新闻媒介进行必要的报道。

开展公共关系实务专题活动时,应事先召开记者招待会,把有关的背景资料寄给新闻单位,争取电台、电视台、报刊杂志为公共关系专题活动进行报道、宣传。

积极制作社会组织的媒介刊物,如厂报、厂刊、宣传材料、画册、书籍、广播稿、黑板报等,及时向公众发布有关信息,使公众充分知晓公共关系实务专题活动的内容。

自觉做好公共关系实务专题活动摄影工作和访问工作,主动为新闻记者和电台报刊提供宣传材料和新闻稿。

(五)及时应对专题活动中的突发事件

社会组织在制定公共关系实务专题活动的计划和方案时,不可能预见到所有可能发生的问题。因此,公共关系专题活动的主持人必须具备较强的组织能力和驾驭能力,既能使专题活动按照基本程序进行,又能及时处理各种突发事件;同时,还能利用专题活动过程中出现的各种机会,机智幽默地活跃专题活动现场的气氛,使整个公共关系实务专题活动盎然有趣、轻松活泼而又井然有序,提高专题活动的艺术感染力。

周总理就是一位非常具有公共关系智慧的总理,在他主持的公共关系专题活动中,他通常能驾驭全局,而且还能随机应变,机智幽默地应付一些突发事件。如在一次记者招待会上,外国记者不怀好意问周恩来总理:"在你们中国,明明是人走的路为什么却要叫'马路'呢?"周总理不假思索地答道:"我们走的是马克思主义道路,简称马路。"又有一个外国记者问:"中国人很喜欢低着头走路,而我们美国人却总是抬着头走路。"此语一出,话惊四座。周总理不慌不忙,脸带微笑地说:"这并不奇怪。因为我们中国人喜欢走上坡路,而你们美国人喜欢走下坡路。"

二、庆典活动

庆典活动是社会组织围绕自身重大事件、活动所开展的典礼、庆祝和仪式等公共关系专题活动的总称。常见的庆典有开业庆典、开工典礼、落成典礼、开幕式典礼、奠基仪式典礼、签字仪式典礼等。社会组织不同,涉及的相关公众范围不一样,其庆典活动的规模和方式也不一样。各社会组织的庆典活动尽管类型各异、规模不同,但都有一个共性,即盛大、隆重、热烈、喜庆和丰富多彩。庆典活动不是一般的庆祝活动,它凝聚着对组织诞生的喜悦和欢庆,是通向美好发展历程的隆重而热烈的形象展示,所以庆典活动是社会组织最为重要的公共关系专题活动。作为公共关系专题活动,社会组织需尽全力精心筹划,力争在新的起始点上扩大对社会普遍而深刻的影响,从而为建立良好的公共关系做好最佳的铺垫。庆典活动属社会组织,要符合公共关系专题活动计划、检核、宣传和细节处理的内容要求。组织开业或庆典活动,应遵循"热烈、隆重和节约"的原则,作为组织的工作人员,应做好如下安排。

(一)庆典的准备工作

首先要拟出宾客的名单,名单经领导审定后,印制成精美的请柬,并提前2周左右的时间寄送给宾客。活动前3天再电话核实,看有无变动;贵宾在活动前一天再核实一次。一般邀请宾客的范围:本企业、公司和商场的主管部门领导及各界领导、朋友;广播、电视及报刊新闻记者;同行部门和直属部门领导及朋友。

其次要拟定程序表和布置场地。程序包括确定主持人、介绍重要来宾、组织负责人或重要来宾致词、剪彩或安排等。此外,还要印制一些材料,如庆典活动的主要内容、意义,来宾名单和致词,组织经营项目和政策等。举行仪式的现场可以设在铺面或商店的门口,应在场地悬挂开业或庆典会标、庆祝或欢迎词语。因为开业活动一般是站立举行的,所以要在来宾站立处和剪彩处铺设红色地毯,以示尊敬和庄重。会场两边可放置来宾赠送的花篮,四周悬挂彩带和宫灯,还要准备好音响、照明设备,使整个场地气氛显得隆重、热烈。

再次要安排接待工作。这一工作要事先指派专人负责。重要来宾的接待应由组织负责人亲自完成。

礼仪小姐的人数应比剪彩领导人数多1人。礼仪小姐一般应身着礼服,最好是穿红色旗袍,身披绶带,绶带上要有开业或庆典标志及组织名称等;发式可以是齐直发,也可梳古老典雅的发髻;无论冬夏,只要是身着旗袍,脚下就应穿高跟鞋,还应穿连裤袜。一般情况下,礼仪小姐要化淡妆。

贵宾留言册不要用普通签字本,要用红色或金色锦缎面高级留言册,应准备好毛笔、砚墨或碳素笔,还要准备好来宾签到处和来宾休息室。

最后还要调试音响。了解无线麦克风电磁波的方向性、频率高低、音量大小、不要出现"吱吱"的噪音或间断噪音。线路距离与麦克风连线长短要适中,不要使讲话者无法进行必要的移动。有时一个麦克风在讲话者间传递使用,电线太短不方便,电线太长又显得很杂乱。因此,事先应设计好讲话、演示、产品介绍时表演者的路线。如果可能,移动的演讲者、表演者最好使用无线麦克风,或尽可能将线的一部分藏在地毯下面,以免绊倒人。

(二)庆典仪式过程

宾客来到后,有专人请他们签到。签到簿封面以红色、内部纸张以装饰美观的宣纸为宜。如组织有关于产品经营项目及公司全方位说明的资料,此时均可发给到来的宾客,以扩大组织的知名度。此外,还可以准备两个盒子,一个装单位领导或公关部经理的名片,另一个装来宾的名片,这样便于今后联系或制作通讯录。

宾客签名后,由接待人员引到备有茶水、饮料的接待室,让他们稍事休息并相互认识。本组织人员应在此陪同宾客进行交流,可以谈一些本组织的事情,或者说些对宾客到来表示感谢的话语。

如果是大型工程破土动工奠基仪式、工程竣工仪式、公司成立、商场开业等庆典活动,活动开始时都需要进行剪彩。这时,礼仪小组手托托盘,将用彩带扎成的花朵相互连着放在托盘上,可以放置红色方口布,方口布上面放花朵及剪刀,同时配以热烈的音乐。当主持人出场时,音乐停止,主持人进行简单致词后,宣读到会来宾名单并对他们的到来表示谢意。

剪彩仪式正式开始后,由主持人宣布剪彩人员的单位、职务、姓名,主席台上的人员一般要立于剪彩者后1~2米外。剪彩者应穿着端庄整齐的服饰,并保持稳重的姿态,走向彩带,步履稳健,全神贯注。拿剪刀时应向服务人员礼仪小姐表示谢意。剪彩时,向手拉绸带或托彩花的左右礼仪小姐微笑点头,然后神态庄严地一刀剪断彩带,剪彩完毕,转身向四周观礼者鼓掌致意。

然后由主客双方领导或代表致辞。无论是开幕词、贺词、答谢词,均应言简意赅、热烈庄重,切忌长篇大论。

典礼完毕,最好安排一些气氛热烈的节目,如舞狮子、播放喜庆音乐等。在允许燃放鞭炮的地区,还可燃放鞭炮、礼花、礼炮等,营造喜庆气氛。此外,还可以请军乐队演奏,等等。

主持人宣布仪式结束,即可引导客人参观工程、组织、公司或商店,可介绍主要设施或特色商品,以融洽与同行的关系,也可以举行短时间的座谈或请来宾在留言簿上签字。之后,还可以安排舞会、宴会答谢来宾。如果是企业、公司或商场周年的庆祝活动,可以准备纪念品赠送给自己的员工和来宾,使员工感到主人翁的优越意识,使来宾们有受到尊重的感觉,以此达到感情的交流;还可以进行职工文艺表演,以示庆祝;也可以举行大型促销活动。

三、演讲活动

当众演讲是一种很有公共关系价值的技能活动。掌握演讲的基本技能与要求,是公共关系人员的基本素质。根据演讲活动的时间顺序,演讲可以划分为两个基本阶段,即事先准备和发表演讲。

(一)演讲准备

演讲活动准备阶段应注意以下几个方面:

选择合适的演讲主题。如果演讲的主题不适合公众的心理需要,演讲活动对公众就不可能有吸引力。通常,把社会组织最近的信息决策,尤其是直接关系公众利益的信息,作为演讲主题比较妥当。此外,公共关系人员选择主题时,还要注意自己的感受与要求,选择自己深有感触的内容,对要讲的内容了如指掌,对要阐明的主题胸有成竹,演讲内容容易感动公众。

精心构思演讲稿。演讲内容和组织直接影响演讲活动的效果。演讲一般分为开头、中间和结尾三段。开场白简述演讲涉及的问题,中间列举问题的要点,结尾则对全部内容进行总结。演讲内容组织得精彩生动、条理分明、逻辑严谨,对加强演讲说服力是十分重要的。演讲开头要形象生动,紧紧抓住公众的注意力;中间阐述部分应注意逻辑性和条理性,层层推进;结尾部分要简明扼要而富有鼓动性,以强化演讲对公众的印象。此外,为了调节演讲过程中可能出现的沉闷现象,设计演讲稿时要事先准备一些轻松、幽默的话题,穿插在演讲内容之中。

注意设计演讲者的个人形象。演讲者如果很有口才,演讲技能很高,个人形象很有魅力,并善于恰当地运用动作和表情配合演讲的内容,那么,演讲活动就容易给公众留下深刻的印象,并能使公众接受演讲者发布的信息、倡导的价值观念或提出的建议。

认真预演试讲,这也是演讲活动准备阶段的重要内容。演讲活动具有一定的技巧。演讲者事先反复预演试讲,不仅可以熟悉演讲的内容,而且可以发现准备工作中存在的问题,例如,内容安排是否严谨,动作表情设计是否妥当,能否引起公众的积极反应等。

(二)发表演讲

演讲者在发表演说的过程中,为了增强演讲的影响力,必须注意以下几个方面。

力求与公众融为一体。演讲活动的效果在很大程度上取决于公众的互动反应。如果公众对演讲者给予积极的反应,那表明他们对演讲内容感兴趣,并正在接受演讲者的思想;如果公众不可能产生积极反应,那就需要演讲者进行正确引导。演讲者在演讲过程中要力求与公众打成一片,融为一体,赢得公众的支持和理解。

注意演讲技巧。演讲对讲话技巧要求特别高。一般说来,发表演讲时应吐字清晰、语调平和、声调适中、速度不宜太快;要注意声调的抑扬顿挫,重要的地方应声音洪亮,但不能大喊大叫,否则就会给公众一种哗众取宠的感觉。

善于使用肢体语言。在发表演讲的过程中,影响演讲效果的人体语言主要有面部表情(尤其是眼睛)、姿态和手势。演讲者要做到姿态端正大方,动作轻松自如、干脆利索,幅度和频率适中,并注意与演讲内容相配合。否则,公众就会感到生硬做作,影响演讲的效果。

沉着冷静,保持自信。演讲态度具有圈套的感染力,影响着公众对演讲内容的态度。在演讲过程中,保持沉着冷静,有意流露出自信的态度,是极其重要的。

四、参观与游览

参观游览活动是社会组织款待公众的一种公共关系专题活动。参观游览活动不是一般的游山玩水,而是社会组织与公众之间联络感情、融洽关系的一种重要方式。一般说来,这种类型的公共关系专题活动主要包括两个方面:内部参观、外出参观游览。

(一)组织内部参观

参观是指邀请外部公众或内部公众参观本组织的工作现场、设施等,是颇为流行的一种公关活动。参观的目的要突出,不能要求一次参观达到多种目的,贪多求快反而会使公众摸不着头脑,影响参观的效果。组织内部参观的操作程序如下。

准备宣传小册子。这类小册子以简明扼要、深入浅出的语言介绍参观内容,要注意配有一定的图表或数据,尽量不涉及深奥的专业术语,要考虑一般公众的文化水平、接受能力。这种小册子宜在参观一开始时就分发给公众,使公众快速阅读后对参观内容有大致的了解,参观时还可边看实物边对照,能集中注意观看,免去记录的麻烦,并可供公众日后查考。

放映视听材料和观看模型。有些组织结构复杂、技术尖端,为了帮助公众理解,观摩实物前可放映有关录像片、幻灯片或电视片,作简洁的介绍。有的组织规模庞大、设施分布广,公众不可能每处都去、每物都看,或者有些设施不便于公众进入,可以事先制作模型,让公众观看。公众观看后,可选择几处认为重要的地方实地观看。

引导观看实物。由专人引导公众沿着一定路线参观,逐一观摩实物。在重要的实物前,引导者要作讲解,或配备专门的讲解员讲解,讲解时要抓住公众关心的或不易理解的重点,避免长篇大论、滔滔不绝,给人以吹嘘之感而使参观者产生逆反心理。参观主要是以物来传递信息,以公众目击为主、讲解为辅,不能本末倒置。

分发纪念品和征求意见。参观过程中可向公众分发一些小型纪念品,最好是本组织制造的或刻印有本组织名称的纪念物,让公众一见到它就想起本组织,引起美好的回忆。观摩实物结束,宜在出口处设置公众留言簿或意见簿,有条件的话,最好请参观者座谈观感、提出意见,以便于组织改进工作。

(二)外出参观游览

要事先确定好参观游览路线。游览路线的好坏将直接影响游览活动的进行,游览路线要安排得有张有弛,要充分注意游览者的兴趣。

要注意做好参观游览前的准备工作。如游览期间的交通工具的安排,游览者的吃饭问题、住宿问题、讲解员的安排等;是否要作一些特殊的准备,如准备一些常用药,针线等小生活用品等,如果有这些周到的准备,一定可以收到不可低估的效果。还要注意游览过程中的一些细节。如果在特定的时候忽视了某些细节,将会给一次本来非常好的参观游览活动蒙上一层阴影。如对于一些特殊团体(宗教团体、少数民族)的招待,如果不注意、不尊重他们在饮食、生活等方面的习惯,将会出现很严重的公共关系危机。

要注意参观游览活动中的经费开支。这当中一个很重要的原则就是"节约为本,公众为先",该省的地方则省,不该省的地方则不省,否则也会造成不必要的误会和麻烦。

五、举办展览

展览会是社会组织通过实物的展示和示范表演,来宣传社会组织形象的一种公共关系实务专题活动。展览会直观形象、图文并茂、说服力强,并且具有特殊的轰动效应,能够利用公众的感染心理和从众心理,强化展览会的公共关系实务效果。

根据划分依据的不同,展览会可以分出几种不同的类型。按展览会的形式划分,有固定展览会和流动展览会;按展览会的场地划分,有室内展览会和露天展览会;按展览会的展品类别划分,有同类商品展览会和综合商品展览会;按展览会的性质划分,有贸易展览会和宣传展览会。社会组织确定展览会的类型时,应根据社会组织的具体情况和公共关系实务活动的具体目标灵活选择。

(一)展览会的准备

举办展览会是社会组织开展公共关系活动的一个重要方面,应注意处理好以下问题:

明确举办、参加展览会的目的和任务。要加强展览会的目的性与针对性,并以此为依据确定展出的产品,选择合适的宣传方式。要成立专门的新闻发布机构,自觉地策划新闻事件。积极为新闻媒介提供具有新闻价值的新闻稿,主动邀请新闻记者进行采访。

确定合理的时间、地点。展览会时间依据展览会内容和规模而确定,展览会地点可以在室内或露天。室内展览显得较为隆重,且不受天气影响,时间相对也不受限制,但布置较为复杂,所需的费用较大。通常在露天举办展览的可以是大型机械、农产品、花卉等。

认真培训展览会的工作人员,提高展览会的服务水平和工作水平,尤其是要加强对介绍人员和礼仪迎宾小姐的培训。介绍人员应对展览产品的性能、构造、使用方法、同类产品的市场价格情况、组织经济实力和产品信誉、组织发展远景等,有全面的了解,还要有一定的语言表达能力,在服务中应着装整齐、仪容端庄、面带微笑、尊重每一位顾客,可以挂绶带,绶带上印有厂家名称,也可佩戴标签;礼仪小姐则既要热情迎客,也要做引导工作。如果是独家举办的展览会,礼仪小姐身上披戴的绶带可以标上独自厂家(企业)名称;如果是多家联合举办,则只写"欢迎光临"即可;如果是由一个部门主办,其他部门参与合办,那么可标有主办部门名称。礼仪小姐还可以为展览会的参与部门、主办单位散发产品宣传单。

搞好展览会总体设计与布局。要根据展览会主题、类型等要求,设计制作总体设计图与各个展区的展品、展板布置的小样,力求布局新颖美观,富有特色,从而增强参展展品的醒目程度。要适时地运用展览技巧，例如，实施让利措施、邀请社会知名人士出席展览会活动等，来活跃展览会的气氛。应准确地预算展览会的经费，包括场地、设计、工作人员酬金、传播媒介、交际联络、交通运输等费用。

（二）展览会的效果检测

举办一个展览会的效果如何，是举办者最关心的问题，也是根本的问题。检测展览会效果的主要方法有：设置留言簿，主动征询公众的意见；举行有奖测验，举办者根据展览内容设计试题，组织参观者当场答卷，并当场发奖；召开座谈会，了解公众参展后对展览内容的评价，或对展览组织工作的评价；开展调查，调查对象不仅是参观的公众，而且还包括其他公众。通过调查，了解展览会的传播效果，了解公众对展览内容的知晓程度。如果展出的是单一商品，不仅要了解公众对商品的感受程度，还要了解公众对商品的需求状况、消费状况。

六、宴会

宴会是外事交往中最常见的交际活动形式之一，各个国家和民族往往根据自己的特点与习惯，活动的目的、对象以及经费开支等因素举办不同形式的宴会。

（一）宴会的工作程序

宴会根据内容可分为冷餐会、招待会、酒会、茶会等；根据礼宾规格通常分为国宴、正式宴会、便宴和工作餐、家宴等；根据时间可分为早宴（早餐）、午宴、晚宴等，以晚宴最为隆重。

由于宴会的种类不同，宴请组织工作的难易也有较大差别。工作餐较简单；而正式宴会，尤其是国宴，组织工作则相当复杂，有很多国际惯例、礼仪要求，是外事活动中的重要项目之一，有许多具体工作要进行认真的筹划。

宴会的目的多种多样，可用于欢迎代表团、外交官员到、离任，也可为庆祝某纪念日搞某项活动和工作交流等。

宴会名义和对象的确定主要依据主客身份对等的原则。通常如果请主宾携夫人赴宴，主人一般以夫妇名义发出邀请。我国大型正式活动一般以领导人的名义发出邀请。日常交往小型宴会则根据情况以个人名义或以夫妇名义发出邀请。至于请什么人、请多少、请到哪一级别、谁来作陪，则要依据包括宴会的性质、主宾身份、国际惯例、与我方关系及政治气候等多重因素来考虑。一般正式的、规格高的、人数少的进餐以办宴会为宜，人数较多的以冷餐会或酒会更为合适，妇女界则多用茶会。此外，还应考虑宴会目的与经费情况。

宴会的时间应于主、客双方都合适。为此事前应与客方商定。注意不要选在对方的重大节假日、重要活动和禁忌的日子或期间内。如宴请信奉基督教的国家的人士不要选13日、星期五；伊斯兰教在斋月内白天禁食，宴会宜在日落后举行。宴会的地点要按活动性质、规模、形式、主人意愿及实际可能而择定。官方正式隆重活动一般安排在政府、议会大厦或宾馆内。举行小型正式宴会在可能条件下，通常另设休息厅供宴会前简短交谈用，待主宾到达后一起进入宴会厅。民间的宴会可以设在酒店、宾馆，也可以在有独特风味的餐馆。

各种宴会活动一般均应提前发请帖，这既是礼貌，亦可对客人起提醒、备忘的作用。便宴若口头约妥，亦可不发邀请。工作餐一般不发请帖。

宴会的酒菜根据活动形式和规格，在预算标准内安排。选菜主要考虑主宾的喜好与禁忌，如个别人有特殊需要，也可单独为其上菜。菜肴道数与分量要适当，以有地方特色的食品为佳，事前应开列菜单征得主管负责人同意。

正式宴会一般均排桌次和席位；也可只排部分主要宾客的席位，其他人只排桌次或自由入座。排席位的主要依据是礼宾次序，除此以外还应考虑客人间的政治关系、语言沟通和专业志趣等因素。桌次高低以离主桌远近而定，右高左低。同一桌上，席位高低以离主人座位远近而定。排座次的宴会应放置桌次牌、座位卡。我国举办宴会时牌卡的中文在上，外文在下。不排座次的宴会对座位也要有个大致安排。

宴会时，主人一般在门口迎接客人，如规格较高，可由少数主要官员陪同主人排列成迎宾线。相互握手后，由工作人员引进休息厅。如无休息厅，则直接进宴会厅，但不入座。有些国家官方隆重场合，客人（包括本国客人）到达时，有专职人员唱名。

主人陪同主宾进入宴会厅，全体客人就座，宴会即开始。如休息厅较小，宴请规模较大，也可请主桌以外的客人先入座，主桌人员最后入座。

如有正式讲话，一般正式宴会场合安排在热菜之后、甜食之前，主人先讲，宾客后讲，也有一入席即讲话的。

外国日常宴会以女主人为第一主人时，以她的行动为准。入席时她先坐下，然后招呼大家开始。餐毕，女主人起立，邀请全体女宾与之共同退出宴会，男宾尾随在后。主宾告辞，主人送至门口，主宾离去后，原迎宾人员按顺序排列，与其他客人握别。

(二)赴宴的注意事项

随着对外交往的发展，我们出席涉外宴会的机会越来越多。涉外宴会涉及外交、文化、习俗礼仪等许多方面，特别吃西餐时有很多讲究，与中餐大相径庭。我们应该适应这种形势发展与用餐方式的变化，掌握必要的礼仪要求，做得得体、大方,不要闹出笑话。

如果接到宴会邀请(无论何种形式),能否出席都应尽早回复。如已有口头约定,再发来的请柬,上面一般注有"To remind"(备忘)字样,只起提示作用,可不答复。一旦接受邀请,不要随意改动。万一遇特殊情况不能出席,应尽早向主人解释、道歉,乃至亲自登门表示歉意。

赴宴时间的迟早,逗留时间的长短,在一定程度上反映了对主人的尊重,应根据活动的性质和当地习惯来掌握。有的国家是正点或晚一两分钟抵达,我国是正点或提前两分钟到达。如确实有事需提前退席,应向主人说明,然后悄悄离去;也可事先打招呼,届时离席。

进入宴会厅之前应先了解自己的桌次和席位,入坐时进行核对,不要随意乱坐。如邻座是长者或妇女,应主动为他们拉开椅子,协助他们先坐下。取菜时不要盛得过多,也不要一看不喜欢就一点儿都不拿,如是招待员分菜,需增添时,应等招待员送上时再取。当有人敬上自己不能吃或不爱吃的菜肴时,不要拒绝,可取少量放在盘内,并表示"谢谢,够了",不要露出难堪的表情。

进餐要文雅。吃东西不要发出声音,闭嘴咀嚼,喝汤时不要以嘴就碗去啜,也不要出声。如汤、菜太热,勿用嘴吹,可等稍凉后再吃。

宴会中遇意外情况,如碰倒酒水、碰掉餐具等,应沉着冷静,可轻轻向邻座(或主人)说声"对不起",餐具掉落后可请招待员另送一副。酒水溅到邻座身上,应致歉协助擦干,如对方是妇女,则只要把干净餐巾或手帕递上即可,由她自己擦干。

吃西餐时,不能吸烟,不能离席,如必须离席应请主人原谅。

在用筷子吃饭时,必须要根据当地的风俗,注意筷子的摆放,免得造成误会。

七、签字仪式

签字仪式也是一种常见的公关仪式,它主要是两个组织会谈或谈判后,要进行的一项公关活动,一般是要签署十分重要的协议或文件。签字仪式应该注意以下几个方面:

应该选择一个恰当的地点,该地点应该是比较富丽堂皇,能够营造一种宏大的气势和庄重的气氛。

应该布置好签字仪式的会场,一般说来签字仪式的会场需要准备横幅、大桌子、椅子、鲜花等,如果是两个国家间的签字仪式还应悬挂双方国旗。还应准备好文件和签字笔,以确保签字仪式的顺利进行。

在之后的双方的致辞(发言)当中要确保翻译的到位,尤其是在一些国际性的签字仪式上,准备翻译的语种可能还要多一些。

　　签字仪式结束后,一般要组织合影留念或开酒庆祝,应该事先安排人准备好酒和照相机。

第二节　阅读资料

一、福祥阁西餐厅开业庆典策划方案

一、策划理念

序(文案一)

是一个春后的正午

阳光如圣水轻泻洒满抚河

孺子桥上的少男少女

中山桥上的名绅名淑

姗姗款款地

横溯那线铺满阳光与音符的抚河

斜徜那条铺满花影与欢笑的绿茵

赶赴一场浪漫的都市盛典

双桥之间　绿波之前　正是福祥阁

她与滕王阁亲密相望

西方浪漫与东方古典激情对话

关于伤感快感　关于友情爱情

都交付给她吧

享一顿西餐　啜一壶茗茶

品一杯咖啡　赏一幅名画

听一段心曲　唱一阕雅歌

让你的味觉挑战考验

让你的感觉神游列国

相信吧

这里就是心情天堂

开业宣言(文案二)

因为气度的开放,我们包容了世界;因为文化的底蕴,我们化解了世界。是一个民族的力量,将我们推向时代变革的风口,我们以同步世界的速度,海量地吞吐异域文化,从容地兼并异己观念。于是我们开始理解,一日三餐原来还可以有另一种境界的享受;于是我们开始厌倦,餐桌之间的人群穿梭原来是如此地伤雅败兴;于是我们开始自省,并不是所有的时候自己都喜欢高谈阔论、劝酒划拳;于是我们开始怀念,宁静高雅的环境原来还可以是我们精神气质的一种追求。终于,我们找到了这种境界,这就是福祥阁西餐厅。前卫与传统,时尚与怀旧,高雅与质朴,浪漫与世俗,在一个东西方文化交融、唐装与西服摩肩接踵的时代,我们没有理由和力量去拒绝,我们必须正视异域文化植根中国市场的趋势,欢迎她的到来。福祥阁西餐厅作为南昌首家专业性西餐厅,为推广西餐经营理念,架起东西方餐饮文化桥梁,肩负着时代赋予的神圣使命,福祥阁西餐厅于4月×日全面开张,激情奉献! 让您感受那多彩的人生,感受时代的辉煌,许许多多的快乐我们大家共同分享。

消费理念(文案三)

1. 西餐　　绅士的格调厅

秉承西方经典餐饮文化精髓,为您提供最为时尚前卫的身心享受,法式小牛扒、意大利通心粉、水果沙拉、俄式罗宋汤,轮番考验你的味蕾。

2. 咖啡　　情侣的私语厢

两杯浓浓的咖啡,一对依依的情侣,香气在升腾,情愫在暗涨,忘记了身世,悠扬的旋律中,幸福和甜蜜,泻满指尖。

3. 酒吧　　激情的出走口

灯光在闪烁,音符在跳腾,您的激情到位了吗? OK! 我们这就跟着感觉一起出走。

4. 茶茗　　知己的亿言堂

二三同窗,四五老友,几载人海沉浮后,一朝相见,许多离愁与思念,泡入茶水,晃荡一壶事关友情的永恒话题,浅啜慢饮,无醉也无归。

5. 会所　　商务的后战场

没有办公室里缭绕的烟雾,没有谈判桌上锋利的对峙,离争执远一些,离沟通近一些,将锐气化入轻缓的乐曲,蹙眉棘手的商务,成就在您的谈笑间。

二、环境布置及庆典程序

环境布置

室内

用进口梦幻彩球编制现代各种艺术造型。

POP 卡通吊挂旗,营造现代的消费视觉理念。

室外

餐厅东、西两侧布置 10 米高的充气宫灯柱 4 只,上面各书标语"福地洞天"、"祥瑞百年"、"高朋满座"、"阁苑凯歌"。

跨度 28 米彩虹门一道;

10 个祝贺高空卡通彩球;

鲜花篮若干只;

签到台及文房四宝;

主楼悬挂 12 条 20 米长的巨型条幅。

条幅广告语

"热烈庆祝福祥阁西餐厅隆重开业";

"热烈欢迎四海宾朋大驾光临";

"福祥阁西餐,绅士的格调厅";

"福祥阁茶茗,知己的亿言堂";

"福祥阁咖啡,情侣的私语厢";

"福祥阁酒吧,激情的出走口";

"福祥阁会所,商务的后战场";

"福祥阁,您的心情栖地";

"借问休闲何处去,沿江河畔福祥阁";

"妙会情晤,最佳去处";

"弥漫欧陆情怀气派展现";

"欧陆风情,玉韵醉人"。

现场气氛营造

(1)南狮一对,为开业进行现场采青(金)点睛(金)程序表演;

(2)12 名青春小姐现场进行迎宾、签到、挂胸花、领位、剪彩等礼仪工作;

(3)2002 只绿色小气球,放飞;

(4)喜庆鞭炮 8 万响;

(5)喜庆礼花彩弹 8 枚;

(6)进口音响一套;

(7)剪彩用品 8 套(金剪、花结、彩带、绣布、托盘);

(8)贵宾花 30 朵(洋兰、玫瑰、三星草、满天星,金箔纸);

(9)嘉宾花 100 朵(玫瑰、三星草、满天星);

(10)男女节目主持人各一名。

庆典程序

商业活动安排

(1)西厨现场做菜表演(详案另立);

(2)108 金钥匙寻找(详案另立);

(3)西式餐饮文化节(详案另立);

(4)快乐转转转(详案另立) ;

(5)长短期经营决策(详案另立);

利用国庆、元旦、圣诞节、情人节、万圣节、感恩节等中西方文化节日,因节造势。

三、广告媒体宣传计划

广告媒体投放计划之一

南昌电视台都市频道《玩家俱乐部》第×期——福祥阁西餐厅专题

拍摄地点:福祥阁西餐厅

拍摄日期:×月×日

播出日期:首播×月×日 19:35～19:55(重播 4 次)

主　　题:城市快乐大赢家

参加人数:100 人

内容:

(1)真假厨师大战福祥阁;

(2)寻找熊丽娟"阿姨";

(3)108 金钥匙大起底;

(4)调酒师模仿秀。

广告媒体投放计划之二

(1)4 月 13 日～5 月 12 日(一个月)

南昌电台《音乐之声》每天 5 次 1 分钟广告

(2)4 月 16 日～4 月 17 日

《南昌晚报》报眼 2 期	B 叠	11.5cm×7.0cm
《江南都市报》报眼 2 期	B 叠	7.0cm×5.0cm
《信息日报》报眼 2 期	头版	7.0cm×5.0cm

(3)4 月 18 日

《江南都市报》1/2 版套红	B 叠	广告 1 次
《南昌晚报》报眼 1 期	B 叠	7.0cm×5.0cm
《信息日报》报眼 1 期	头版	7.0cm×5.0cm

点评

这是一份餐厅开业庆典策划方案,从理念到策划都具体可行且非常富有特色,公关效果应该非常不错。更值得一提的是,这份策划书的广告媒体宣传不拘泥于简单的作广告,而是和一些综艺节目结合起来,不仅增加了趣味性和可看性,而且很好地把中西方饮食文化进行了融合、推广。因此,这是一份比较优秀的开业庆典策划书。

(资料来源:创意中国网)

二、展览中的精品:乐高国际大展

如今在香港,乐高国际大展已经成为每年举办的大型玩具展览活动。这一展览活动在每年的复活节与儿童节举行,每次都能吸引成千上万的小朋友和他们的父母前来参观。然而,在 1982 年,乐高玩具积木的总代理在香港举办第一次展览活动时,还有些信心不足呢。

当时,乐高玩具虽然已是家喻户晓,但举办展览活动的场地——香港展览中心,位于湾仔海旁的新填地,不但地理位置偏僻,交通不便,而且很少有人知道它的正确位置,尤其是居住在九龙和新界的人。还有一个更大的难题是,香港展览中心位于交通繁忙的海旁大道,过路天桥少,小朋友们过马路非常不方便,如果是由老人领着小朋友前来,更是困难,这一点令主办者大伤脑筋。主办者认为,要吸引人前来参观,首先要解决好这样两个难题:一是使不便陪同孩子前来的父母,能放心地让他们前来;带着孩子前来的父母,则不用为寻找场地或交通上的烦恼而操心。主办者深信,乐高是一种很受欢迎的益智玩具,只要能够解决好上述两个问题,一定会吸引很多的小朋友和他们的父母前来参观。

乐高玩具积木的总代理将此事全权委托给了公关顾问公司。公关顾问公司把这次公关活动的目标对象除了定位于父母及子女外,更重要的是照顾到了各种机构的参与者,尤其是学校、慈善团体、儿童活动中心及青少年活动中心等。因为这些机构要经常为服务对象策划活动,特别是在儿童节前,让他们参观玩具展览无疑是最佳的活动之一。

为了帮助想参观的人找到展览中心的正确位置及了解相关交通情况,公关顾问公司特别设计印制了一张简单的地图,以供参观者备查。所有请柬都附有这张地图,无论是驾车还是乘坐公交车前来,都有明确指示。

一切方便参观者的措施落实之后,展览现场的宣传活动就变得极为关键。为了搞活展览现场的气氛,提高参观者的兴趣,根据公关顾问公司的建议,展览现场主要搞了四项公关活动。一是除了以乐高玩具为主题的展览外,增设与乐高玩具有关的有奖竞赛活动。如用乐高积木制成了一个天星小轮,举办了一个积木数量竞猜大赛,头奖是全家(按一家 4 口人计)往返丹麦的机票及礼物。二是设每日抽奖,在当日的入场券存根中抽出 10 名幸运奖,各奖乐高积木玩具一份。现场特设"幼儿天地",提供乐高积木给他们玩耍;设搭模型比赛,为参加比赛的儿童提供样本及积木组合元件,要他们在规定的时间内照图样拼积,最快完成者便可得奖。三是为了增加本次活动的新闻价值,公关顾问公司建议乐高总代理免费接待社会福利机构的儿童,除了不收入场券以外,还送给每位儿童一份礼物,包括福利院和孤儿院的儿童,并提议把开幕式当天上午定为"儿童嘉宾时间",特别开放给上述儿童参观。四是为便于记者在现场采访,公关顾问公司提供在开幕典礼前两个小时特设"新闻界预展",招待新闻界的代表参观,给他们最大的摄影方便,安排他们访问主办者等。

以上所有这些措施都实行得非常顺利,加上天公作美,展览期间风和日丽,使这次展览获得了空前的成功。开幕式的当天下午,参观者就超过了 1 万人,使原来担心门可罗雀者,转而担心参观的人太多,不知如何维持现场的秩序了。

在 5 天的展期内,参观者超过 12 万人次,平均每天有 2.4 万多人次,这对于当时的香港展览中心是一个空前的纪录。参与现场活动的人数也很多,组织者收到的参加竞猜的表格有数万份,可参加抽奖的有效表格 2 万多份。各大报刊或展前或展后都有报道,事后汇集的剪报计 60 多份。有两家电视台先后派出摄影队采访,安排在他们的儿童节目中播出,大大提高了乐高的知名度,增加了大众对乐高新产品优良品质与安全性的认识。

（节选自张岩松:《公共关系案例精选》,经济管理出版社 2000 年版）

点评

从乐高国际大展一例可以看出,展览活动综合运用了各种文字、图片、实物、模型、讲解、幻灯、录像、音响、环境布置、现场示范、现场咨询等传播手段,具有较高的知识性、趣味性、实用性,能广泛吸引公众的注意力和兴趣,并为公众提供一个详细了解、咨询、交流的机会。无论是推广产品还是宣传形象,均是一种常用的传播方式。要搞好展览活动,除了要有一个良好的客观基础,即企业的优秀成果、优质产品及良好的服务素质,如本案例中的乐高是一种很受欢迎的益智玩具,还要注意把握展览会的目标公众,分析目标公众的特点和需求,有针对性地设计布展,加强展会的宣传,乐高国际大展的成功正是一个极好的说明。

三、中国入世议定书签字仪式

时间:11 月 10 日 18:20 至 20:20(北京时间 10 日 23:20 至 11 日 01:20)

地点:卡塔尔首都多哈喜来登饭店,WTO 第四届部长级会议全会大厅,即AL SALWA 大厅(萨尔瓦大厅)

会场情况：

会场将悬挂中英文"中国加入世界贸易组织签字仪式"横幅；会场中间设签字台。签字台上摆放中国国旗，签字笔，签字文本，鲜花等。

会议具体程序：

(1)18:20，会议主席、卡塔尔财政、经济和贸易大臣卡迈尔宣布大会转入第2项议题"部长行动"，并开始该议题下第1分议题，中国加入WTO问题。会议主席将就与本议题有关的程序等作相关介绍；

(2)WTO中国工作组主席、瑞士驻WTO大使吉拉德向大会报告工作组的工作，并向大会提交《中国加入WTO议定书》(草案)，和工作组代拟的部长级会议《关于中国加入WTO的决定》(草案)，提请大会审议和通过；

(3)会议主席请大会通过关于中国加入WTO的决定；

(4)关于中国加入WTO的决定将以协商一致方式通过，无需表决。决定通过时，会议主席将敲槌。中国代表团和与会成员代表鼓掌；

(5)会议主席随后请中国政府代表团团长、外经贸部部长石广生发言。石广生部长在外经贸部国际司副司长张向晨引导下，走上讲台。石部长发言时间约10分钟，他将在发言中使用中文、英语、法语三种语言；

(6)会议主席随后请各成员代表发言祝贺。

另外，中国加入世贸组织议定书的签字仪式程序也已经确定。签字仪式前，中国代表团已向WTO秘书处提交了朱镕基总理授权石广生部长签署中国加入世贸组织议定书的全权证书。

出席人员：

(1)中方44人：中国代表团全体成员。

(2)外方7人：会议主席、卡塔尔财政、经济和贸易大臣卡迈尔，WTO总干事穆尔，WTO现任总理事会主席、香港常驻WTO代表哈宾森，WTO副总干事拉维耶，中国工作组主席吉拉德，WTO秘书处加入司司长侯赛因，法律司司长凯普。

签字仪式具体程序：

19:20，石广生部长、会议主席、WTO总干事入场；石广生在文本最后一页签名，签日期，并标注中文"须经批准"字样；石广生离席先作简短发言，后请总干事简短发言；中国加入WTO议定书签署后，石广生部长将约见WTO总干事穆尔，向其提交由中国国家主席江泽民签署的中国加入世贸组织批准书。30天以后，中国将正式成为世贸组织成员。

(资料来源：人民网)

点评

这是一个非常正式的官方签字仪式,准备充分,安排得当,符合国际惯例。

第三节　案例与实践

【模拟训练】

历史重现演讲会

一、背景

1919 年爆发了震惊中外的五四运动,在五四运动当中,许多爱国青年纷纷走向校园、工厂、农村,进行爱国演讲,发动人民共同投身到救国救亡的洪流当中。假如让历史回溯,我们也刚好出生在那个激情岁月,你刚好也是爱国青年,那么又将如何进行演讲,发动国人。

二、要求

1. 演讲时间不超过 10 分钟。

2. 演讲同学要有身临其境的感觉,进行演讲的语言、动作要符合当时特定的历史条件和特定的演讲对象。

3. 演讲结束后,可以组织场内的观众进行自由评论参加演讲的每一位的同学的表现。

三、指导

1. 布置演讲场地,要营造一种五四氛围,要尽量让现场观众和演讲者有一个真实的感受。

2. 要注意控制演讲者的演讲时间。

【实践操作】

家居超市试营业推广方案

一、背景

世纪英祥家居大世界是本市一家准备开张的家居商场,商场地理位置优越,交通方便,主楼目前签约家具商家 25 家,签约面积 8512.28 平方米;目前正在装修阶段的共 16 家,其中三楼有中山、帝王、天马、龙凤、韩邦、菲妮兰、超富豪等 7家,二楼有玮阑、香榭树、思美、特莱威、鱼梦、先锋、豪迈等 7 家,一楼有博登、深港等 2 家;其中,已商定参与试营业活动的商家 16 家,名单如下:中山、帝王、天马、龙凤、韩邦、菲妮兰、超富豪、玮阑、香榭树、思美、特莱威、鱼梦、先锋、豪迈、博登、深港。世纪英祥家居大世界发展目标是要打造本市最大的家居超市。在即将开业之际,它向全市征求试营业与开业期间的推广方案。

二、指导

1. 要先了解本市家具市场行情,寻找宣传方案突破口。

2. 要注意方案的周密性和可行性。

3. 要注意方案中媒介宣传的重要性。

4. 策划书中必须有较为精确的预算。

5. 一定要多考虑几个开业推广方案。

三、目的

基本掌握开业庆典活动策划书的编写,培养职业公关人员思维的整体性和开拓性。

【角色扮演】

我们都是公关人

一、目的

熟悉在开业典礼、参观等特定公关活动中的各种工作岗位要求,培养在这些特定公关活动当中的业务能力。

二、步骤

可以把全班的同学分成若干组,必须男女适当搭配,让他们在组内完成分工,然后事先把场景给定,给每一个小组一定的准备时间,在进行模拟时,教师应该在旁边给予一定的点评,如果能够评比,这样效果更好。

三、场景

1. 某商场开业,你作为迎宾组的负责人,将如何组织开展工作(不是工作计划,要能模拟出实施场面)。

2. 某车展开幕,本次车展来了许多知名宾客进行参观,你作为本次车展的解说员,将为这些知名宾客进行解说,你将如何开展工作(这些知名宾客以演员、歌手为主,可以让一些同学扮演宾客)。

3. 假如你是一位某大型企业在杭州疗养院的导游,你将接待一批客人,在杭州度假,你将如何进行安排(不是制订游览安排,而是要营造出一种游览、参观的氛围,你要带领客人完成西湖之行,可以让一些同学扮演游客)。

第九章 公共关系活动（二）

第一节 基础理论知识

公共关系的系列化活动是公共关系理论的实践，也是公共关系的重要组成部分。通过本章的学习，要掌握新闻发布会、赞助活动、公益活动、公共关系谈判、公共关系广告、新闻事件的涵义，及举办新闻发布会等活动的基本原则，理解新闻发布会等活动的重要作用，理解其特征。

一、新闻发布会

（一）新闻发布会的涵义

新闻发布会，是社会组织为公布重大的新闻或解释重要的方针政策而邀请新闻记者参加的一种公共关系专题活动，也是组织与公众沟通的例行方式。

新闻发布会作为一种传播方式，其实质是贯彻了美国传播学家拉扎斯菲尔德的二级传播理论，先将之告知记者，再通过记者所属的大众媒介告知公众。其中记者在传播过程中实际上是充当了"舆论领袖"的作用。其传播模式如下：

信息传播者——→"舆论领袖"（记者）——→受众

（二）新闻发布会的特点

1. 形式比较正规、隆重，规格比较高。这主要是和其他一些公关活动相比较而言。作为社会组织，要召开新闻发布会，一般应比较慎重，在召开之前需精心地作准备。如1999年，联合利华公司在资产重级顺利完成的前提下，决定推出两款新奥妙洗衣粉，并对原有价格作大幅度调整，结果引起舆论哗然。有人认为奥妙降价是以牺牲质量为代价；有人担心降价会冲击国有品牌。为此该公司请公关公司策划，准备召开新闻发布会，并作了精心的准备。

2. 在深度与广度上比其他新闻发布方式更具有优越性。记者可以根据自己感兴趣的方面或所侧重的角度发问，从而更深入地挖掘新闻。如上例中联合利华公司在策划方案中,为了引导记者形成有利于"奥妙"的报道思路,从四个方面撰写新闻稿:新奥妙闪亮登场;新奥妙降价不降质;奥妙降价给国有企业的启示;国内洗衣粉市场发展与潜力。比其他新闻发布方式占用记者和组织更多的时间;除了举办方要进行旨在宣传自身的发言和介绍以外,还要有针对性地回答记者的提问。如上例中针对记者可能提出的"降价如何保证质量"、"降价冲击中资品牌"等敏感问题,都提出了周密的处理意见。

3. 与一般的公关活动相比,耗费成本要高得多。

4. 对发言人和主持人的要求很高,要求其机智、敏感、反应迅速、从容自若。

(三)新闻发布会的作用

新闻发布会是组织传播各类信息,吸引新闻界客观报道,处理好与媒介关系的重要途径。奥妙降价风波后,通过公关公司精心策划的新闻发布会,在降价一个月后,其销售量大幅度上升。经调查,50%以上消费者的信息来源是有关的新闻报道,同时,绝大多数消费者认为降价是因为市场竞争,不会影响产品质量。说明围绕降价事件展开的媒介关系协调工作最终取得了成功。

(四)新闻发布会的要求

1. 角色搭配,亦庄亦谐

这主要是针对会议的发言人、主持人的要求。主持人的职能主要是调节会场气氛,因此,作为新闻发布会的主持人要善于辞令,语言机智幽默,以消除过分紧张的现场气氛。而发言人是代表主办方出面的,因此,其态度要庄重,须注意措辞的准确恰当,可适当穿插幽默风趣的话语,但切忌过度。

2. 温文尔雅,镇静自若

特别是遇到一些记者提出的问题比较尖锐时,主持人、发言人更要从容应对。这样既能显示组织良好的公关形象,又能借助记者起到较好的宣传作用。

二、赞助活动

(一)赞助活动的涵义

赞助活动是社会组织无偿地提供资金或物质,支持某一项社会事业或社会活动,以获得一定形象传播效益的公共关系专题活动。

(二)赞助活动的特点

1. 双方得益。在为赞助项目提供赞助的同时,赞助者自身也功成名就。

2. 信誉投资。信誉,是社会组织向公众提供优质产品或服务,讲求信用而获得的美誉。它由社会组织的活动和公众的评价两部分构成,包括两个层次的涵义,即商品信誉和组织信誉。按照现代公共关系的观点,商品信誉是较低层次的信誉,只是部分公众,即消费者对商品生产者和经营者的信赖关系。它是在多次的商品交换过程中形成的,是企业技术和经济素质的综合反映,一种商品,在质量、价格、创新等方面优于同类商品,就能获得这种信誉。组织信誉则是较高层次的信誉。它是包括消费者在内的,组织外部公众对组织生产者和经营者的信赖关系,是组织良好的和全面的公共关系的反映。它是在公众与组织的经济、技术和社会交往过程中产生的,因而不仅是组织技术和经济素质的综合反映,还是组织作为社会的一个组成部分,履行其社会责任的一种体现。对于社会组织而言,信誉是谋求生存争取发展的极其重要的条件和手段。

3.情感投资。社会组织要获得最佳效益,除了必须培养组织内部员工的团队精神和献身精神,重视与他们的情感交流以外,还要与外部组织保持经常性的情感联络与交流,以便获得他们的支持。

(三)赞助活动的步骤

1.明确目的

通常赞助活动有以下几种目的:

(1)获取新闻效应,扩大社会知名度。

(2)强化广告宣传,提高经济效益。

(3)维系公众情感,改善社会关系。

(4)树立良好形象,提高社会效益。

2.选准对象

社会组织与被赞助对象之间是双向选择的关系。通常社会组织会选择下面这些作为自己的赞助对象。

(1)体育活动:如各种大型的体育比赛等。

(2)文化活动:如社区文化活动。

(3)教育事业:如投资冠名权,兴建学校的场馆等教学设施。

(4)社会慈善事业或福利事业:如对福利院提供必要的生活设施。

(5)各种展览、宣传品的制作,某一项奖励基金、学术活动、节日庆典、社会培训、社区活动等。

3.制定计划与具体实施

提供赞助的社会组织要由赞助委员会根据赞助方向和政策,根据组织的经济实力等,提出年度赞助计划,写明赞助对象的范围、费用预算、赞助形式、组织管理方法等,以做到有计划、有控制地进行活动。计划制定好以后,要派出专门的公共关系人员负责各项赞助方案的具体实施,运用公共关系技巧去扩大自身在社会上的影响。如果遇到不正当的赞助要求和硬性摊派,应当坚决予以拒绝,必要的时候还可诉诸社会舆论和国家法律。

4.检测赞助效果

赞助活动结束以后,社会组织应对赞助活动的效果进行调查与检测,可以对照计划检测指标完成情况,可以收集社会公众、新闻媒介和受赞助者的看法,从中找出差距,评定效果,写出检测报告,存档备查。

各类社会组织尤其是企业举办赞助活动的形式可以是多种多样的,公共关系人员应善于设计出别出心裁的赞助形式,不要墨守成规,也不要一味地模仿别人的做法,要敢于创新,使组织在赞助活动中获得最佳的信誉投资效益,改善和发展公共关系。

三、公益活动

(一)公益活动的涵义

公益活动指社会组织对公益事业的资助、赞助及捐赠等资金或人力、物力上的扶持。公益活动形式多样,主要是以表示自己对社会的责任感为前提,以促进社会对组织的了解,从而增进社会对组织的好感为目的,是一种重要的公关活动。公益活动的形式主要有:支持举办各种体育比赛,支持文化出版事业,设置各种奖学金、助学金或发明基金,捐赠或资助慈善机构,支持修建各种对社会有益的公共场所等。

(二)公益活动的特点

1.社会效益与经济效益的结合

要将社会公益事业资助与公共关系宣传结合起来,避免把社会公益事业资助活动看成单纯的"单向输出",即一种奉献,一种自我牺牲精神。因为一般的社会组织都要讲求经济效益,只讲社会效益,不讲经济效益的公益活动,既不能长久地持续,也会因组织得不到实惠而影响了本组织员工的积极性。因此,公益活动要把社会效益和组织自身的经济效益有机地结合起来,实现双向输出。如杭州卷烟厂发起的旨在帮助贫困生实现理想、完成学业的"2002 利群阳光·助学行动",该公益活动从 2002 年 6 月 25 日启动,到 10 月 6 日前后结束,历时四个月,找到了适合利群企业性质、特点的准确切入点,将目光投注到社会效益上。著名社会学家艾宝良在评价这项活动时说:"企业赞助社会公益活动并不就是想实现其商业标准,实现赢利,因为企业和媒体对大学生不计报酬的赞助,就是一种实现自我价值的最终表现。"

2.长期性与有效性的统一

一个组织对社会承担的责任不是一朝一夕的事情,而是必须长期坚持的一种自觉行为。这种长期性对于组织自身的发展也大有裨益,它能够长时间地维护组织在社会公众心目中的良好形象。如杭州卷烟厂在 1999 年 50 周年厂庆曾向杭州市教育基金捐资 50 万元的基础上,2002 年又发起了"只要追求,就有阳光"的"2002 利群阳光·助学行动"。体现了成熟企业热心公益事业的坚持精神。

(三)公益活动的准备

1.事前对资助项目进行详细的调查论证

资助项目应该是对社会的宏观需要有利的事情,而且要受到社会公众,尤其是新闻媒介的注意。

2.严格财务审计制度

公益活动在财务上要严格进行管理,避免资金被挪用,或被私人非法侵吞,并杜绝资金流向社会公益活动以外的其他活动中去。

3.成立基金会或类似的组织

基金会可以向社会公益事业提供稳定的长期性资助,以取得长期的公共关系效益。

(四)公益活动的实施

1.目的应十分明确。有助于增进公众对组织的了解和产生好感。

2.范围选择恰当。要以最有利于达到目的为活动宗旨。

3.考虑到被资助者的声誉。应考虑被资助者或被资助项目是否纯正,并有良好的声誉。

4.考虑组织自身的经济承受能力。要以自己的经济实力和可能达到的目标为依据。

5.考虑形式上的别具一格。应努力设计出富有创意的资助活动的形式,以达到信誉投资的效益最大化。

四、公共关系谈判

(一)公共关系谈判的涵义

公共关系谈判是社会组织间对共同关心的问题进行磋商,寻求共识以达成协议的一种活动。公共关系谈判的实质在于协调和改善组织与公众的关系,避免或消除组织与公众的误会和纠纷,促使参与谈判的各方利益共享,从而塑造和维护组织的良好形象,进一步优化组织的生存条件。

(二)公共关系谈判的特点

1.平等和双赢的基本形态

公关谈判强调从各自的需求出发,去寻求双方需求的结合点。谈判者要采取下面一些措施来力争做到双赢:把人和事区分开来,即把对方谈判者的个性和谈判中需要具体解决的问题区分开来;开阔自己的眼界,不要认为只有一种解决问题的方案;寻找解决问题的方法,而不是寻找对抗与战争;提出的解决办法是建设性的。最终的结果是促使谈判双方达成稳定的协议,在谈判中彼此所表现出的良好信誉,也为相互间今后的友好合作打下基础。它有助于问题的圆满解决,做到皆大欢喜。

2.互惠互重的谈判模式

对于公关谈判者来说,达成"互惠"的前提有三个:

(1)谈判内容对你十分重要。

(2)你重视与谈判对方的关系。

(3)你有足够的时间找出能满足各方需求的解决办法。

(三)公共关系谈判的原则

1.客观真实原则

充分、全面收集谈判双方的信息资料,依据准确的数据,使用科学的方法,寻求客观标准,任何一种谈判都是双方及多方的协商。对可能入选的谈判对象的信誉、市场地位、现实经营状况及发展趋势要弄清楚。还要弄清对方对你的信任程度如何。掌握对方主要谈判代表个人的情况。包括主谈人的资格、地位、工作作风、决策权的大小、文化素质的高低、年龄、性别、性格特点、爱好等。除此之外,还要对自身的实力有一个清醒的认识。正确评估自身的实力是谈判前一项重要的准备工作。

2.平等互利原则

从法律上讲,谈判双方享有平等的权利和义务。

3.求同存异原则

在分歧中寻求双方的共同之处或互补之处,适当作出一些让步,或让对方保留意见以待日后再寻找时机解决。

4.依法办事原则

既不侵犯他人的合法权益,又要保护自身的合法权益不受侵害。

(四)公关谈判的基本策略及技巧

1.公关谈判的基本策略

(1)知己知彼策略。了解对方的情况可以从下面几种途径进行:收集并研究对方的文字、音像信息资料,特别是本人的著作、自传、谈话记录等。通过熟悉对方、特别是与对方打过交道的人来进行间接了解。在谈判过程中通过亲自观察和交谈来了解。

(2)感情投资策略。谈判是一种具有丰富的感情色彩的公关专题活动方式,利用情感来营造良好的气氛,是赢得谈判成功的重要条件。在谈判的准备时间、谈判的间隙及谈判后的休息时间,都要有意识地同谈判对手进行私下的接触,通过这种方式来增进双方的了解和友谊,融洽彼此的关系,以促使谈判取得成功。

(3)避免僵局策略。在谈判过程中,陷入僵局是常有的事情,如何扭转局面呢? 方法有很多,如规定谈判的最后期限,即下"最后通牒",给对手造成一种"过了这个村就没这个店"的感觉,从而展开心理攻势再配以让步措施,多管齐下,使对方改变原来的主张,打破僵局也可以采取"以退为进"的方法,索性退而不谈,吊起对方的胃口,让对方来主动交谈。还可以用"留有余地"的做法,先满足对方的部分要求,等双方继续交谈时再对其余部分进一步讨价还价。当然,有时候适当地"假装糊涂"也是一种不错的方法。如日本人和美国人谈判时就成功地采用过这种方法:说自己没听清楚,要求美国方面重新表述一遍。

(4)取信对手策略。取得谈判对手信任的四种效应:

①军令状效应。谈判者作出对自己不利的承诺而赢得对手信任的一种方法,它能使对手相信你的诚意和决心。例:关于交货期限的谈判:"如不能于×月×日前交货,我公司将赔偿所有损失,并希望将这一保证写入合同。"

②利他效应。成功的谈判应该是双赢的,但有时为了自己赢,不妨先让对方赢,说一些对对方有利的话,使对方感到你是在为对方着想,将会给对方带来利益。

③三点式效应。要求谈判者把自己的观点、意见、理由归纳成三点加以阐述,这点非常符合中国传统的文化习惯。

④小数点效应。通过运用精确的数字来争取对手信任的方法。

(5)妥协让步策略。不作无谓的让步,每次让步都应换取对方在其他方面的相应优惠或让步;妥协恰到好处,以较小让步换取对方较大的满足;不承诺做同样幅度的让步;让对方感觉到我方让步的艰难,珍惜每一次所得到的让步;让步后如发现不妥,应立即采取补救措施,以免给本方造成不应有的损失;让步幅度要控制,宜慢不宜快,要步步为营,稳扎稳打。

2.谈判的基本技巧

在谈判过程中,如何与对方进行较量,此时技巧就显得非常重要了。下面我们从谈判的时机和谈判的方位这两个方面来作些介绍。

(1)谈判中时机技巧的运用

后发制人　要善于听清对方的陈述和提问,注意其措辞、语气、声调、手势、姿态等表达方式,以窥探其用意,或者不露声色地来对付对方的咄咄逼人之势,避其锐气,攻其弱点,以做到后发制人。

等待时机　在谈判中受到挫折时,往往会影响自己的情绪和心理,这时最好的办法是克制自己,忍耐焦虑,以等待时机的出现。尽量避免在不良情绪下针锋相对,以牙还牙,否则极有可能导致谈判的破裂。

休会调整 当谈判出现僵局时,可以提出休会,充分利用这一宝贵的时间来调整自己的对策,或私下进行有效的沟通,也可借机作些休整。等紧张的气氛得到某种程度的缓和以后,再重新以积极的态度投入到谈判当中去。

突然袭击 在交锋中,出其不意地突然改变本方原有的观点与方法,使对方措手不及,无法进行深思熟虑,以达到自己所期望的结果。

借故拖延 在谈判的关键时刻,如果对方实力雄厚而且态度强硬,自己明显地处于劣势,这时适时地找一些借口以拖延时间,以便本方理清思路、思考对策、调整方案就是一种最明智的选择。如接听电话、请示问题、上洗手间等。

(2)谈判中的方位性技巧

反客为主 这是在谈判中改变主体地位的一种技巧,是处于被动的一方通过心理战术来转移对峙。如帮助对方重新构思方案,变被动为主动,让对方尽情地宣泄情绪甚至听任对方的攻击,然后再针对其错误指出实质,掌握谈判的主动权。

以攻为守 这是对谈判的重点和主攻方向进行定位的技巧。当需要对多个问题进行交锋时,可以在某个非关键问题上作出让步,从而获得主要问题上的胜利。

一唱一和 这是对谈判的成员在角色上的一种分工。先由一个人持强硬立场出面交锋,扮演"红脸",再由其他人持友善立场,扮演"白脸",一唱一和,使对方既感到一定的压力又仿佛看到一丝希望。

居中周旋 当双方谈判陷入僵局又不想使谈判破裂时,可以对主体地位作出调整,利用中间人来调解缓冲,使双方暂时不用出面,以减少尴尬和避免不必要的正面冲突。通过中间人对信息的传递来交换双方的意见,在最后正式签订协议时,双方再坐在一起签字言欢。

在实践中所运用的策略和技巧丰富复杂,因此需要不断进行探索、总结和提高。

五、公共关系广告

(一)公共关系广告的涵义

公共关系广告是以广告的形式为社会组织开展公共关系的一种活动方式。这种广告利用媒介广告有组织、有偿的形式达到公共关系的目的。通常是由企业的公关部策划进行。如长虹集团在中央电视台上做的公共关系广告:"长虹,以产业报国,民族昌盛为己任。"

(二)公共关系广告的特点

将公关广告与一般直接推销商品的广告放在一起加以比较和分析,会发现它们之间既有相同点又有区别,从中我们可以去了解和把握公关广告的特点。

1. 公关广告与商业广告的共同点

公关广告与商业广告的共同点主要表现在以下几个方面。

(1)广而告之,扩大知名度。广告本身是一种宣传方式或手段,广告的目的就是为了扩大宣传的范围,以便让更多的公众成为广告所传达的信息的知晓公众。

(2)重复信息,强化记忆。为了加深公众对广告信息的印象,这两类广告都注重运用信息重复传达的技巧,增强受传者的记忆,从而提高传播的效果。

(3)积极促销,促进组织发展。商业广告是直接的促销,而公关广告也要为促销服务,通过积极的、间接的促销,达到促进组织发展的目的。

(4)语言凝练,富有魅力。广告语言在广告中是至关重要的,要求也是相当高的。要写出一则优秀的广告语绝不是一件容易的事,正如英国诗人、小说家赫胥黎所说的那样:"写一首过得去的十四行诗比写一则过得去的广告要容易得多。"一则好的广告语是人类智慧的结晶。广告语言都是经过反复琢磨、推敲、提炼,最后保留其中最精彩的。

(5)注重创意,吸引公众。两类广告都十分注重创意,通过制作新颖独特、别具一格的广告吸引公众的注意。我们生活在一个信息时代里,每天都会接触到大量的信息,一个人不可能注意到所有的信息,只有制作与众不同、独辟蹊径的广告信息才能引人注目,才能使公众对这则广告信息刺激作出反应。

2. 公关广告与商业广告的区别

公关广告与商业广告有共同点,同时它们之间也有许多不同点。了解它们的区别有利于准确地掌握公关广告的特征,也有利于卓有成效地策划和制作公关广告。它们的主要区别有以下几点:

(1)目的不同。商业广告的目的在于推销某一商品或某一服务,引起公众的购买行为或接受某种有偿服务。公关广告的目的在于宣传与推销组织的整体形象,以赢得公众的理解与信赖。如,"雀巢咖啡"的广告"味道好极了!"是一则商业广告。而"可口可乐"赞助了世界154个国家奥运健儿,其中包括中国。"奥运不朽精神长存我心中。"这则广告就是一则公关广告,其目的在于宣传可口可乐公司良好的企业形象。

(2)内容不同。商业广告的内容以介绍商品的具体特点为主,包括商品的功能、规格、品牌、款式、重量、使用或饮用说明等。公关广告的内容以介绍组织(企业、公司)整体特点为主,包括组织所属的级别、实力、服务宗旨、经营项目、企业精神、员工素质、获奖情况等。

(3)效益不同。商业广告侧重于追求经济效益,追求短、平、快,希望在最短的时间里,最快地向广大消费者直接宣传推销某种商品或服务。商业广告是一种短期行为。公关广告侧重于追求社会效益,追求长远效益,希望通过对组织的全面宣传,获得公众对组织的了解与支持,使组织与公众之间建立长期的友好关系。公关广告是一种长期行为。

(4)表达方式不同。表达,在这里指的是广告语言表达的问题。商业广告语言表达直截了当,明确地向公众宣传推销某一商品或服务,不加掩饰,甚至常用催促消费者购买的语言,如"速来购买""欲购从速"等,商业气息非常浓厚。公关广告语言表达比较含蓄,注重组织与公众的感情联络,商业味道较淡。从广告语言表达上可以反映出两类广告对公众引导的重点不同。商业广告重点引导公众了解商品,其次是了解组织。而公关广告重点引导公众了解组织,然后再了解该组织的产品(商品)。如维维集团的商业广告:"维维豆奶,欢乐开怀,维维集团"。而太阳神集团公司的公关广告:"当太阳升起的时候,我们的爱天长地久"。

(5)效果不同。商业广告扩大了商品的知名度,引起消费者购买行为,直接为组织促销服务,增加销售额。公关广告扩大了组织的知名度和美誉度,在公众心目中树立组织良好的形象,为组织创造良好的社会舆论环境,促进组织的发展。

因此,公关广告的特征可以概括为:以推销组织的整体形象、扩大组织知名度、提高组织美誉度为目的;侧重介绍组织的总体特点、追求社会效益;重在让公众先了解并记住组织;极力争取公众的理解、信任与支持;语言表达含蓄、商业味较淡。

(三)公关广告的类型

1. 形象广告

形象广告,主要介绍组织的整体特点,宣传组织的形象,让公众比较全面地了解组织情况。它一般介绍下面一些内容:组织归属的级别、组织经营宗旨、组织价值观念(企业精神)、组织实力、组织产品质量、组织营销范围、组织对公共事业的关心程度及行动。

2. 祝贺广告

当某企事业单位新开张、开业,或建筑物落成典礼,或新的生产线投入使用等,其他的一些企事业单位联名通过新闻媒介登广告表示祝贺;或在节假日、企事业单位周年庆典,本组织刊登广告表示庆贺等,这类广告均属于祝贺广告。祝贺广告的目的在于加强企事业单位之间的友好往来,密切双方的关系,增进组织与公众之间的情感交流,使组织的社会关系融洽、和谐。因此它对祝贺者与被祝贺者双方都有利。

3. 致谢广告

这类广告主要用于当一个社会组织取得巨大成功或升级、获奖时,通过广告向曾经支持和帮助过自己的其他社会组织或广大公众表示诚挚的谢意。同时,也借机提高了自身的知名度和美誉度。

4. 致歉广告

当社会组织在工作中出现失误,或它的产品质量、服务质量出现问题可以通过致歉广告这种形式向公众赔礼道歉。它以诚实的、对公众负责的态度,不隐瞒事实真相、不推卸责任,而是用积极主动的态度和行动来纠正错误,从而最终获得公众的谅解和支持,并挽回以前本组织造成的不良影响。

5. 创意广告

创意广告即一个社会组织为倡导并发起有利于社会良好风气形成的新观念、新行为所做的宣传活动。如某市的公交公司,为提高市民的文明素质,在各路公交车车身上写上了诸如"微笑在 X 市,满意在公交"的文明服务标语。

6. 公益广告

这是最具公关意识的一种广告类型。它是对社会良好风气、公众的良好言行给予热情的赞美,而对社会上的一些陈规陋习、公众中存在的一些错误言行给予批评和规劝的广告。如在中央电视台播放的《广而告之》栏目,有对吸烟危害健康的警告;有对文明礼貌、尊老爱幼行为的赞扬;有对破坏公物不良行为的谴责;也有对家长要重视独生子女教育的提醒。这类广告,目的是在社会上弘扬正气,压制不正之风,净化社会空气,促进精神文明建设,提高全民族的素质。

7. 解释广告

通过广告的形式为对本组织有偏见、误解、产生了不信任的公众进行解释、说明,从而在一定程度上消除误解,增进其对本组织的信任度。

8. 赞助广告

赞助广告是对组织举办的各种社会公益事业、开展的各种社会赞助活动进行宣传报道的一种广告形式。它有助于扩大组织自身在社会上的影响力,获得公众的好感,有利于树立组织良好的形象。

除此之外,公关广告还有倡议广告、记事广告、响应广告、实力广告、招聘广告、观念广告等形式。

(四)公关广告的原则

在设计公关广告的过程中,应遵循下列基本原则。

1. 遵守法规原则

任何一条广告的制作都不能违反一个国家的、法律、法令及有关法规,公关广告也不例外。它作为一种体现组织信誉的广告,更要自觉地维护国家的法律,严格遵守行政法规,遵守《中华人民共和国广告法》。

2. 诚实守信原则

公共关系必须以事实为基础,同样,公关广告也必须以事实为依据,用诚实的态度来宣传组织的情况,做到既不夸大,也不造假。只有诚实守信,才能真正赢得广大公众对自己的真诚拥护和全力支持,实现公关广告的目的。

3. 注重效益原则

公关广告不追求急功近利,而是看重未来的发展,因此注重长远的社会效益是公关广告与一般商业广告的最大不同。

4. 相互协作原则

公关广告的策划、设计和制作过程是非常复杂的过程,要投入一定的人力、物力、财力。从收集相关的广告资料到策划方案、确定主题、选择传播媒介、具体设计制作直到广告效果的检测等,需要组织内外各方面互相配合,通力协作才能完成。只有这样,才能高质量、高效率地制作出优秀的公关广告。

六、策划新闻事件

(一)新闻事件的涵义

新闻事件又称"媒介事件",指社会组织为吸引新闻媒介关注,并扩散自身希望传播出去的信息而专门策划的活动。如许多企业利用本企业成立周年纪念日、厂庆等活动,邀请或吸引新闻媒介报道他们各方面情况,借机宣传自己。

社会组织策划的新闻事件,从某种意义上说,是如何与新闻媒介打交道的问题。公共关系活动与新闻媒介的交往,通常有两种情形:一种是主动型。社会组织自身积极寻求扩大自身影响的传播途径,要求最适宜的新闻媒介给予协助;另一种是被动型。社会组织中出现的某些情况引起了新闻媒介的注意或兴趣,新闻媒介主动要求社会组织提供相关的事实或给予协助,以便向社会宣传、推广、解释、澄清。媒介事件是主动型的活动,它建立在社会组织与新闻媒介保持经常性的密切联系的基础上。

(二)策划新闻事件的原则

1. "五 W"原则。即 what(什么事件)、where(什么地点)、when(什么时候)、who(什么人)和 why(为什么)。

2. 客观报道原则。要求实事求是,不造假。

3. 新闻典型原则。抓住能引起较大社会效应的事件。

4. 时效性原则。"今天的新闻,就是明天的历史。"策划新闻事件也必须有时间观念,否则将大大影响传播效果。

(三)新闻事件与媒介选择

公共关系人员要同新闻媒介保持经常性的接触,具体可从以下几个方面入手。

及时了解新闻媒介的报道动向。特别是要掌握一个时期新闻媒介宣传报道的重点所在,从而找到自己希望传播出去的信息与新闻媒介宣传重点之间的契合点。

积极参加新闻媒介组织的活动,充分利用新闻媒介的信息渠道。如某些地区由新闻媒介牵头组织的"企业家俱乐部"、"联谊会"、"协会"等团体。这些组织建立的目的就是"沟通信息联系,促进交流发展"。除此之外,新闻媒介一般都建立了庞大的通讯员网络,利用这些信息源,可以及时获取最具时效性的信息。

根据信息的特点选择适宜的新闻媒介,有针对性地进行传播。新闻媒介,包括报纸、杂志、广播、电视、网络等,每一种媒介都各有擅长,作为公共关系从业人员必须了解它们的特点,充分发挥其长处。

第二节　阅读资料

一、公益活动:谁与争锋

支持社会公益活动是树立企业形象的重要手段之一,更是众多跨国公司在中国的"必修课"。通过关注区域发展、资助慈善事业,支持中国教育事业,时刻关注中国洪水肆虐的灾区等公益举措,可以使企业的社会责任感和诚信度得以彰显。

柯达一贯热衷于在中国开展公益活动,多次赞助中国的医疗、教育、环保、体育、文化等事业。

柯达公司曾向无锡市政府捐款 66 万元人民币,建设"柯达园",配合无锡市以"打太湖牌,唱运河歌,建山水城"为主题加强城市美化、绿化和现代化建设的工作。

2002 年 12 月,柯达还设立"柯达科学家"奖励基金,以奖励中国优秀的中学生。

(节选自《公关世界》2003 年第 12 期)

点评

作为一家在世界上享有极高知名度的跨国企业,柯达公司无疑目光看得比同行远:不仅立足当前,而且展望未来,把眼光放到了中国未来的生力军身上,以期赢得新一代中国人的认同,在激烈的市场中占据主动。

二、赞助活动：阳光工程——洒向贫困的爱

农夫山泉股份有限公司原名浙江千岛湖养生堂饮用水有限公司，成立于1996年9月26日，2001年6月27日改制成股份有限公司。1997年至2002年，农夫山泉相继在国家一级水资源保护区千岛湖、吉林长白山矿泉水保护区建成三座现代化的饮用水生产基地，成为国内规模最大的专业饮用水公司。农夫山泉公司拥有专业的实验室，长期从事水与健康的研究。因此，农夫山泉一上市，即以先进的健康理念，高品质的产品，迅速占领市场，连续三年国内饮用水的市场份额名列三甲。据国家内贸部商业信息中心发布的报告，农夫山泉品牌中，品牌综合得分已经牢牢地占据了一席之地。

农夫山泉与体育这个健康媒介的长期合作，使农夫山泉的品牌持续增值并发扬光大。自1999年起，农夫山泉连续四年赞助中国乒乓球国家队，并成为2000年悉尼奥运会中国代表团训练、比赛专用水。2001年1月1日至7月30日，公司代表消费者捐款支持北京申奥，赢得了很高的社会效益。北京申办2008年夏季奥运会成功，势必使体育成为万众瞩目的焦点，而我国贫困地区的中小学体育设施还十分落后，在这种情况下，公司决定于2002年与国家体育总局联合发起"2008阳光工程"。

项目策划

公关目标

(1)进一步提高公司的知名度和美誉度，维护企业的良好社会形象。

(2)争取广泛的媒介覆盖率，扩大活动的影响。

公关策划

(1)阳光工程旨在掀起一场支持体育事业的社会热潮，激发全国各界利用一些社会资源来扶持贫困地区的体育基础教育，并有效传播公司"关注健康"的理念。因此，这一工程要能产生较大的社会影响和号召力。

(2)这次工程为了产生预期的传播效应，策划了广告语"从现在开始每喝一瓶农夫山泉，你就为孩子们的渴望捐出了一分钱"。同时，公司派出了宣传队到浙赣偏远的小山村制作宣传片，意欲造成强烈的视觉效果。在广东和浙江等省举行了捐赠仪式，邀请媒体进行直播报道。

项目实施

"2008阳光工程"活动由国家体育总局和农夫山泉股份有限公司联合发起，面向基层中小学校，关注基础体育设施的建设和基础体育运动的发展，为中国体育的未来培养一批生力军。阳光工程希望体育的阳光洒满每一个本应是充满希望的角落。

"2008 阳光工程"总跨度为 7 年,计划从 2002 年起到 2008 年北京奥运会开幕止。2002 年度的阳光工程从 4 月 1 日开始,到 12 月 31 日告一段落。

活动形式

(1)农夫山泉继续推出"一瓶水,一分钱"活动。每销售一瓶农夫山泉饮用水,公司就捐出一分钱,2002 年 4 月到 12 月,公司将把 500 万元左右的体育器械捐助给贫困地区的中小学校。

(2)该活动由农夫山泉股份有限公司和各省市自治区体育局协作捐款,国家体育总局负责监督。

实施方案以年度为单位,下一年度方案视当年实施情况做具体调整,内容由公司和国家体育总局协商确定。

活动进程:

(1)2002 年 3 月 28 日,农夫山泉阳光工程北京新闻发布会召开,到会嘉宾有国家体育总局对外联络司司长屠铭德、农夫山泉公司董事长钟睒睒、国家体育总局办公厅副主任王路、中国奥委会主任许增武与副主任连秋利、农夫山泉公司广告总监以及广东羊城报业体育发展有限公司总经理等。出席新闻发布会的新闻媒体有中央电视台、北京电视台、中国体育报道、新华社、浙江电视台、《人民日报》、《中国日报》、《中国青年报》、《北京日报》、《北京晚报》、《北京青年报》、《北京晨报》、《体育快报》、《生活时报》、《北京信报》、《青年体育》、《京华时报》、《瞭望周刊》、《财经》、《科技智囊团》、《光明日报》、《中国经济时报》、《财经时报》、《经济参考报》、《千龙新闻网》、《经济观察报》、《中华工商时报》、《21 世纪经济报道》、《中国经营报》。驻京媒体有《新民晚报》、《羊城晚报》、《文汇报》、《体坛周报》。网络媒体有 sohu. com、tom. com、sina. com 和 china. com。

(2)4 月 1 日起,中央电视台阳光工程活动宣传片开始播出。

(3)4 月 21 日,首批捐赠器材从杭州送出,共有 16 所学校接受了首批捐赠。每个学校无偿获得用于基础教育的全套体育器材,每套价值人民币 13264 元,首批器材共计价值 212224 元。与此同时,广东省捐赠仪式于 21 日在广州市中山广场举行,也有 16 所学校获得价值 212224 元的体育器材。

项目评估

随着北京新闻发布会的召开和中央电视台活动宣传片的播出,阳光工程引起了全国各地和群众的广泛关注。新闻发布会有 40 家媒体参加,仅浙江省捐赠仪式就有 9 家媒体参与报道。

这些活动有效地确立和输出了公司的形象,充分体现了公司关心下一代,不断回报消费者的高度社会责任感,使公司关注健康的理念更加深入人心,增强了公司在公众中的亲和力,为公司的长远发展创造了更为良好的环境。

　　这次的阳光工程给贫困地区的中小学生送去了温馨,乒乓球台、篮球、足球……这些我们看起来很平常的东西对他们来说却意义重大。瘦小的方诚明是来自建德下涯中学初二的学生代表,他说:"我平时很喜欢打乒乓球,也喜欢踢足球,可惜学校的条件不太好,所以锻炼的机会不多,如果我多练习练习,相信我的乒乓球会有进步的。"下涯中学的校长唐在明说,他们学校的体育器材的确比较缺乏,只有一个篮球架,没有乒乓球台,所以当他接过捐赠时特别激动,"这正是我们广大师生的呼声,使我们贫困地区的小孩子也能享受城里孩子的健身条件,真是为推进素质教育做了件大好事"。

　　(节选自何春晖编著:《中国公关案例宝典》,浙江大学出版社 2003 年版)

点评

　　此案例是提高公司美誉度的成功个案。它使公司的品牌进一步增值,在取得社会效益的同时取得了经济效益,其可资借鉴之处有:

　　1. 以公众利益为出发点。这次阳光工程有效地增强了公司在公众中的亲和力,体现了公司与社会同呼吸共命运的精神,也弘扬了公司关心社会、关心下一代的爱心。

　　2. 善于把农夫山泉的公共关系活动与社会重大事件联系起来,采取了"借冕传播"的策略,以进一步提高自己的知名度和美誉度。

　　3. 创意新颖,定位准确。选择体育活动可以借助名人效应和体育效应达到公关宣传的目的,但是并不新颖,而赞助贫困地区中小学校的体育事业则是一个创举。

　　4. 在传播沟通方面,策划者也做得较为成功。在新闻发布会上,公司请记者们看了精心制作的宣传片,发放了详细的资料。阳光工程受瞩目的程度越高,农夫山泉受到的关注也就越多。

　　5. 从农夫山泉公司总经理的话中我们不难得知,这项工程并不只是追求一时的轰动效应,而是一项长期的举动,并且每年的活动形式多有创新。

三、策划新闻事件:巧借公关,老窖飘香

　　1987 年 9 月 13 日,四川泸州曲酒厂生产的中国名酒——泸州老窖特曲,在泰国曼谷举办的第二届国际饮料食品展览会上荣获该会设立的唯一金奖——金鹰杯奖,这是继 1915 年获国际巴拿马金奖后,70 年后再次获此殊荣。

　　该厂公关部接到来自泰国发回的获奖电文后,立即意识到这是一次千载难逢的极好的宣传自身的机会,为此精心策划了庆祝获奖的专题活动。整个庆祝活动的宣传主题是:"400 年泸州老窖飘香,70 年国际金牌不倒"。为了有效地发挥获奖的新闻价值,进一步扩大获奖的影响,该厂公关部策划刮起了一阵"老窖

旋风",内容包括:彩车迎奖、向省市领导报喜和在人民大会堂召开庆祝大会。后者是此次公关活动的高潮。国家领导人、四川省、泸州市的有关领导及各界知名人士,连同记者300余人参加了庆祝大会。会后,包括中央电视台、中央人民广播电台、中国国际广播电台、人民日报、光明日报、经济日报在内的50多家新闻单位播发了专稿,新华社、中新社专门发了通稿,活动取得了圆满成功。

(节选自《演讲与口才》1995年第1期)

点评

从这则案例中,可以看出,作为一家国内知名、在国际上也享有盛誉的酒厂,泸州曲酒厂很擅长和新闻媒介打交道。在获知得奖消息后的第一时间里,该厂的公关部就敏感地意识到它对自身发展的价值,及时策划了有针对性的专题活动,主动与新闻媒介和社会各方面取得联系,最终取得了极好的宣传效应。

四、整合公关活动:传承一脉,人文关怀

海南养生堂药业有限公司成立于1993年,生产地在海南省海口市金盘工业区,总部设在浙江省杭州市,现有员工1700多人,是一家生产和经营药品和保健品的现代化高科技公司。公司的目标是确立在药品和保健品领域的领先地位,创造优异的经济效益和社会效益,并在此基础上,创建一个"平等、友善、富裕的养生堂乐园"。它以"诚信、高效、务实、奋进"的精神训导员工,以市场为导向,以消费者为中心,为人类的健康事业造福。

项目实施

公益活动树形象:养生堂公司对自己的品牌有深刻的理解,并赋予了它独特的内涵。他们以消费者的需求为导向,非常注重公司在公众心目中的形象。公司自创办以来,发动和开展了一系列具有社会公益性的活动,以期营造企业良好的公众形象。例如:

(1)赞助中央电视台"'98法国世界杯足球赛"演播。

(2)设立"谈家桢生命科学养生堂奖学金"。

(3)"助考大行动"和"雄鹰计划"。

(4)千岛湖大自然观光夏令营。

(5)农夫山泉杯"水与健康"知识竞赛。

(6)农夫山泉千岛湖"寻源"活动。

(7)"100%野生龟鳖九海南寻真"大行动。

(8)朵而杯"我心目中的好妻子"征文大赛。

(9)朵而女性新主持人大赛。

(10)"女人什么时候最美"朵而设问征答活动。

(11)"健康中年"体质检测活动。

(12)邀请诺贝尔医学奖得主穆拉德博士来访讲学。

(13)炎热的夏季为高考考场外守候的家长们撑遮阳伞。

(14)关爱知识分子健康,关注健康人生的媒介策划。

以消费者为中心:我们在提及养生堂公司时,第一个印象也许是它的产品龟鳖丸。养生堂公司从1993年开始生产龟鳖丸,首创全龟全鳖合用,以其高品质和显著功效赢得了广泛的赞誉。

九年来,养生堂为病友提供了赠药、优惠、义诊和上门服务等多种形式的活动,让众多的消费者真正感受到养生堂带来的实惠。"关心最需要关心的人,帮助最需要帮助的人"、"像对待自己家人一样对待消费者",养生堂把它的以消费者为中心的思想落到了实处。

以人情味、文化味的广告感染人:人们不会忘记养生堂龟鳖丸的那个广告作品:画面上是一位略显憔悴的父亲,画外音是一个孩子稚嫩的声音:

"这是我平生挣得的第一份工资,就去给爸爸买了几盒龟鳖丸……"广告以一句意味深长的"养育之恩,无以为报"结束,留给人们无限的回味和警醒——人世间的孝心善意也许就是这样一代代地感染着,延续着。

一个短短的广告,让我们在几秒钟内就领略到了一种浓浓的暖人心的温情,在中国这个传统环境的大背景下,这个广告可以说是极其成功的。养生堂充分地利用了电视广告这样一个大众传播手段,来为其树立企业形象服务。

项目评估

养生堂做的都是"美好"的事情:朵而使女人更美丽,龟鳖丸使亲情、人情更浓郁,农夫山泉使日常生活更纯净,清嘴含片使年轻女子更可爱,还有成长快乐使儿童更健康……这一切都是因为有了公关上的正确策划和组织,而使企业有了良好的形象。形象至关重要,养生堂的成功就在于营造了这样一个个美好形象,从而使企业有发展的美好前景。

(节选自何春晖编著:《中国公关案例宝典》,浙江大学出版社2003年版)

点评

1. 社会公益活动和奖项,使公司在人们的心目中树立了良好的"关心人,注重人"的"亲善大使"的形象。不但提高了产品知名度,而且使人们在不知不觉中参与进来,为人们了解自身需求、促进产品消费提供了一个良好的平台。

2. 重视公众"反馈"意见。在公共关系中,公众的反馈意见是必不可少的,它能使一个企业或组织发现自身存在的问题,及时解决矛盾,推动企业向良性方向发展。

3. 养生堂整个营销思路都展现了一种新的思维形态,如以人情味、文化味的广告感染人。

4. 良好的媒介资源产生了良好的社会效应。养生堂不仅做活了企业的文章,也做活了行业的文章。有了行业的整体利益,才会有企业的利润。

5. 综合运用多种公关手段,多管齐下,以达到整合传播的效果。

第三节　案例与实践

【谈判技能训练】

唇枪舌剑,尽展公关风采

情景设置:假设你是某公司公关部的一位职员,现在要与本地一家电视台就本公司近期准备播出的一则广告进行一次商务谈判。

一、训练目标

通过模拟训练,使学生掌握公关谈判的基本技巧。

二、训练步骤和方法

谈判场地的布置:将教室中的学生课桌围成长方形,并配备椅子、茶杯等谈判用品,营造出谈判所需要的现场气氛。

根据班级人数,进行分组:5 人一组,两组一场,进行组间的对抗。

谈判前的热身活动:在正式谈判之前,先进行语言方面的辩论比赛,作为正式谈判前的热身,可以任选一些平时比较感兴趣的话题,如关于理想、时尚与流行文化等。

谈判原则:通过合法的公平竞争来达成利益均沾的一种合作。

谈判分六个阶段进行。

(一)导入阶段

目的:让参与人通过介绍与对方相互认识一下,创造一种轻松、愉快和谐的气氛。

要求:掌握一些常用的寒暄技巧,如谈天气、互致问候等。

注意事项:

1. 热情、友好,让对方感觉到你的真诚。

2. 既不冷场,也不宜多说话,俗语说:“言多必失。”

3. 不涉及他人隐私。

(二)概说阶段

目的:明确表达本方的谈判目的及谈判的基本原则和态度。如希望本公司制作的广告在电台的黄金时段播出(继续巩固前面营造的和谐气氛;表现谋求协调、争取互谅互让的积极合作的态度)。

注意事项:

1. 语言简洁、态度明朗、诚恳。这是获得对方信任的重要条件。

2. 原则上的问题宜粗不宜细,多用抽象性的词语,从而为本方留下较大的回旋余地。

3. 尽可能设身处地,站在对方的立场看问题,替对方算账,给对方留下通情达理、豁达大度的良好印象。

4. 尊重对方,凡事均用商量的口气提出,在非原则性的问题上主动作出谦让,以获取在谈判中的主动。

5. 忌相互询问、猜测相互的意向,以免影响、延缓整个谈判的进程。

(三)明示阶段

明示阶段,这是整个谈判进程的第二个回合,也是技术性很强的一个环节。

在这个阶段需明确如下问题:(1)自己所要求的播出时段,尽可能低的广告价位;(2)对方所求的广告价位;(3)彼此较一致的意向;(4)各自真正的目的。

(四)交锋阶段

交锋阶段,这是整场谈判的高峰期。

注意事项:

1. 善问。具体的问法有:无疑而问,如"能否问一下报价3%的计算根据是什么"等。有疑而问,如证实一些细节上的问题。

2. 善答。冷静洞察对方问题的用意,可以有选择地作答;也可以用抽象的方式作答。如,"贵公司提出的问题、要求,我们完全可以理解,会适当考虑。不过有些因素也不能完全忽略,如物价上涨,只要能通盘考虑,相信我们双方一定能达成充分的共识的。"也可以选择延缓回答法。如,"抱歉,因为没想到贵方会提出这个问题。我们要去查找有关资料,再回复你,可以吗?"

3. 善强。在对方即将得到的最大利益上"将"他一军,以强硬的态度,迫使对方决策让步。

4. 善弱。适当示弱,等待"强弩之末"的到来。

(五)妥协阶段

这也是谈判过程中最重要的一个阶段。因为谈判不以胜负作定论,其根本目的是利用施与受的原理,找到双方妥协的范围。

(六)协议阶段

谈判双方经过交锋和妥协,求同存异或求同去异,基本或一定程度达到自己的目的,使拟定双方均可接受的协议书,由双方领导或代表在协议书上签字,握手言欢,谈判宣告结束。

【广告技能训练】

绿化家园,从你我做起

一、训练目标

通过训练,使学生掌握公关广告策划、制作的有关技巧。

训练步骤与方法

情景设置:假设你所在的某城市要进行一次宣传爱护城市绿化的活动。你是该市政府公关办公室的一名工作人员,承担此次活动的公关广告的策划和制作业务。

(一)公关广告的策划技巧

1.公关广告主题的确立

从以下几个方面对此次公关活动的主题予以确立:

(1)明确组织的公关目标。主题:要有利于公关目标的实现。

本次公关活动的目标是改变市民原有的对城市绿化的不正确态度和行为,从而引起他们自觉地爱护花草树木的行为。

(2)明确本次公关广告的对象。

(3)明确市政府的自身条件与特点。根据政府的财力情况选择适当的公关广告类型。

2.公关广告的媒介选择

通过比较,让学生从下列几种广告媒介中选取最合适的一种,作为本次公关活动的宣传媒介。

(1)印刷媒介。主要是一些印刷品广告,分为单页、复页、广告册等形式,更多的主要是以报纸、杂志、书籍等为主。

(2)电子媒介。主要包括广播、电视、电影、录音、录像等,是通过电子机械运作传播信息的媒介,其中广播和电视选择的可能性较大。

(3)实物媒介。主要指可以灵活利用的物品媒介,包括建筑物、交通工具、产品、衣物饰品以及展览品等,如高大的楼房、公共汽车上的广告、T恤衫、遮阳篷、雨伞、提包、办公用品、工艺品等,还有可悬挂的布招、霓虹灯、灯箱等。

3.公关广告时机的掌握

公关广告在确定了传播媒介以后,还要注意选择恰当的传播时机。公关广告的最佳时机一般是:与公关活动具有同步性或者适当超前,这样做可以围绕公关活动制造一定的声势。

另外,公关广告的传播还要善于抓住一些特殊的时机。如一些重大的事件发生时,或报刊的读者群扩大,广播的收听率、电视(有好的电视节目或热点赛事、文艺晚会等)的收视率都比较高时,这个时候及时地推出公关广告可以收到理想的传播效果。

(二)公关广告的制作技巧

为扩大本次公益活动的社会影响,引导广大市民做城市绿化的保护者,首要任务是吸引市民的注意力。而这一目标能否实现关键要看公关广告的制作水平如何。

方案一:借助社会名流、权威人士的声誉和信誉来制作公关广告,可以邀请当地有名望的社会人士来为本次活动做宣传。

方案二:发挥创造性想像力,制作高品质的公关广告。广告的形式要出奇制胜,可以要求学生集思广益,通过集体的智慧设计出优秀的广告词。

方案三:灵活运用广告信息的刺激强度、对比度和重复频率技巧。

(三)公关广告的语言要求

1. 语言简练,字句工整

简明精练的广告语可强化公众的记忆,达到耳熟能详的效果。

2. 体现爱心,以情动人

公关广告与公众间进行情感上的交流,在广告语的设计中要充分考虑到这一点,才能真正打动公众。

3. 幽默风趣,一语双关

幽默风趣可以增添喜剧效果,而一语双关,又给人长久的回味。

4. 诗情画意,形象生动

中国是诗的国度,有悠久的诗歌传统。借助诗的翅膀,达到教育市民,引导市民的目的。

【新闻发布】

环保空调,横空出世

一、训练目标

采用模拟法,主要训练学生组织新闻发布会的基本技能。

二、训练步骤与方法

情景设置:假设你是当地某知名空调企业公关部的一位职员,你所在的公司想要召开一次宣传本公司新近准备上市的新产品的新闻发布会。

说明:召开新闻发布会,需考虑许多因素,时间、地点及参与人员都要选定,另外相关细节更须注意,否则,一着不慎,则全盘皆输。因此,开好新闻发布会,要充分做好会议的前、中、后各个环节的工作。

(一)会前的准备工作

1. 新闻发布会的主题确定

环保空调,横空出世

2. 新闻发布会人员的分配(要求班级全员参与)

主持人、新闻发言人各 1 名:由班委或有较丰富的组织经验并有一定的现场控制能力的学生担任。

技术专家 2 名:由对环保技术和空调技术有比较多的了解的学生担任。

法律顾问 1 名:由对法律较熟悉的学生担任。

专业摄影师 1 名:由学生中摄影爱好者担任。

记者群 10~12 人:由学生中表达能力强,有独立思考能力,并具备一定辩论水平的学生担任。

会议期间的后勤服务人员若干:包括有一定写作水平的学生,主要为发布会写作新闻通稿和背景材料等文字材料,及有平面设计特长的学生设计制作本公司的标志。

3. 新闻发布会的经费预算

费用项目一般包括:场租、会场布置、印刷品、茶点、礼品、文书用品、音响器材、电话费、邮寄费、交通费、宣传费,以及需要用餐时的餐费等,除此以外,新闻发布会结束后的一些接待工作的相关费用,如会后组织记者实地参观采访专人接待,安排线路等。

4. 会议地点的选择

在地点选择上主要是考虑为记者创造各种方便采访的条件,如录像拍摄的辅助灯光,视听辅助工具、幻灯或电影的播放设备,适合记者使用的桌椅、电话机、传真机等均应根据会议的实际情况来确立,同时,交通是否方便,地点是否安静也应考虑周全,令所有参会者专心开会,并激发其兴趣,从而对企业产生正面影响。

5. 时间的确定

时间上应该尽量避开假日和重大社会活动,以免记者不能来参加,而且在选择会议时间时,必须明确会议的起止时间,以提高会议的质量、效率。

6. 筹划与准备中的"彩排"

决不打无准备之仗,为此务必要先期实施培训与排练。

一般一两次系统化培训是必要的。这样,可以预见到发言人是否称职、哪些方面还欠缺。但也不要训练得过多,否则出现在记者、电视面前时就会像一台机械的"录音机"。

7. 选择合适的主持人和新闻发言人

主持人一般由组织公共关系机构的负责人担任,首先介绍会议的基本情况和议程,先由发言人作详细发言,发言人应由组织的高层领导担任,原因是他们熟悉本组织的整体情况和方针政策,发布消息和回答问题都具有权威性。

而代表公司形象的新闻发言人对公众认知则会对新闻发布会的效果产生重大影响。如其表现不佳,公司形象无疑也会令人不悦。此外,新闻发布会也是公司要员同媒介打交道的一次好机会,值得珍惜。

主持人和发言人形象的设计,包括服饰、仪表、言谈举止应该给人以礼貌、真诚的感受,使本组织的整体形象在公众中被认可。

8.邀请

确定会议邀请的对象:新闻发布会是一种整体的会议,参与人员即组成一个群体,并相互影响,因此应根据新闻发布会的主题,有选择地邀请有关新闻记者参加,如经济类、文化教育类、体育类、社会生活类、法制类等。不同的媒介工具有不同的媒介记者。另外,选择报纸、杂志广播、电视等媒介的记者参与,还要求考虑该媒介是地方性、区域性还是全国性的。邀请的对象一经确定,应提前7～10天发出邀请。不要用电话邀请。带有公司标志的邀请信函表明新闻发布会是很正规的。邀请函的内容应简单明了,把开会时间、地点、会议主题,以及参会者事先须准备的事项,其他参会者的姓名内容逐一列出。

9.新闻通稿与背景材料

会议上发言和报道提纲以及相关宣传的辅助材料要准备充分,组织者在开会前应根据会议的主题收集有关信息,写出有关资料。每次发布会都应提供新闻通稿和背景介绍,以便记者能在会议涉及的问题之外挖掘新闻事件、扩大报道范围。新闻通稿最好提前发给记者,这意味着当记者一来签到时就能拿到它,这样就可以一边听一边翻看。

背景材料一般应包括以下内容:如主持人讲话的提纲,发言人的发言稿,答记者问的备忘提纲,新闻统发稿,会议报道提纲,所发新闻的有关背景材料和论据材料,以及有关的图片、实物、影像等辅助材料。有一点应特别注意,在会议前应将会议主题,发言稿和报道提纲在组织内部通报,以防会上由于发言者口径不一而引起记者的猜疑和混乱,有损企业形象。

10.场地设置

新闻发布会所用的场地大小主要取决于与会的摄影记者。电视摄影记者比报刊摄影记者所占的空间要大。如果电视摄像机在场地后排,那么公司发言人应在场地前排就座;如只有报刊记者与会,发言人就可以坐在记者中,当有人提问时走到前排。越随便,离记者的空间距离越近,越容易营造出一种友好气氛。场地大小要多加留心,空间大、人员少,给人的印象是新闻发布会的内容新闻价值不大。与其这样,还不如在一个小点儿的场地里好:满屋座无虚席,还有一些人站在过道里,给人的印象是肯定有很重要的消息! 不要让新闻发言人坐在镜子、窗户或其他反射光线的背景之前,以防镜头效果受损。

(二)新闻发布会的召开

要求:人员到位,各司其职。

新闻发布会中应注意的事项:

第一,新闻发布会是许多媒介朋友聚集的会议,在会议过程中,主持人有很大的重任,不仅要充分发挥主持和组织作用,以言谈和感染力活跃会议气氛,引导记者踊跃提问,而且当记者的提问离开会议主题太远时,要善于巧妙地将话题引向主题,能够及时调节缓和会议出现的紧张气氛,掌握好会议预定时间,不能拖延太长,而且对各个媒体记者均要一视同仁,不能厚此薄彼,尽力防止不必要的有损组织形象的事情发生。

第二,所发布的信息要准确无误,一旦发现错误信息要及时纠正,对不愿发表或透露的信息应委婉地向记者做出解释。一般情况下,记者都会尊重组织者的意见,如果吞吞吐吐,闪烁不定,会引起记者追根问底,造成尴尬局面,甚至使某些记者发表会对本组织产生负面影响的报道。

第三,在会议过程中,不能随便打断记者的提问或用各种语言、表情、动作表示对记者的不满,即使记者的提问带有很强的偏见或挑衅性,也不能激动发怒,要表现出深厚的涵养,用冷静的态度和缓和的话语陈述事实予以纠正和反驳。遇到回答不了的问题,不能简单地说:"不知道"、"不清楚",或者"我不能告诉你"等,应尽可能采取灵活而又通情达理的办法予以回答,以免引起记者的反感。

(三)新闻发布会后的工作

由于时间的关系,会后应尽快整理出会上的记录材料,对会议组织、布置、主持和回答问题等方面工作的成功经验和存在的不足进行评价和总结,归档备查。同时收集记者在报刊、电视、电台等媒体上发表的新闻报道,对这些报道内容及倾向性做定性、定量的分析,检测是否达到了召开新闻发布会的目的,是否有由于失误而造成的谬误等负面问题。如果出现不利组织的报道,是组织自身行为引起的,应虚心接受并致歉意;是媒介记者方面的问题,则应采取行动说明原因及真相,要求媒介更正,对于检查出的问题要及时分析并设法弥补。此外,还要注意收集记者及其他与会代表对该次新闻发布会的反应,了解接待、安排、提供的方便等方面的工作是否欠妥,并对照签字本,看哪些记者作了报道,以作为以后举行同样会议时邀请记者范围的参考依据。

第十章　主体公共关系活动

第一节　基础理论知识

主体公共关系活动指的是公共关系的一般原理在不同主体即社会组织的公共关系活动中的发展和应用。在公共关系学中,一般把开展公共关系活动的社会组织分为两大类,一类为营利性社会组织,主要指从事生产或经营类的企业或商业服务业组织;一类为非营利性的社会组织,如政府、军队、事业单位和社会团体等。社会组织是公共关系的主体,是公共关系的承担者、实施者和行为者。主体的特性不同,与之相对应的公众也不同,相互之间的期望和要求也不尽一致。研究不同社会组织的共同点,同时准确地把握其不同点,采取相应的对策和手段,有的放矢,才能保证主体公共关系活动发挥特定的作用。

一、工业企业公共关系活动

工业企业是指向社会提供生活、工业实物产品的营利性组织。它包括对工业品原料、农产品原料进行加工的工业企业,也包括采掘自然资源的各种企业。工业企业是现代公共关系发展和应用最广泛的一个领域。工业企业开展公共关系活动的特点如下。

(一)提高产品质量是工业企业公共关系活动的基础

公共关系的主要功能之一是塑造良好的组织形象。对工业企业来说,它的组织形象是由产品及其质量、员工的精神面貌、厂容环境和机器设备等一系列因素构成的,其中产品质量是整个企业形象的基础。用户购买了劣质产品,自然就会对生产该产品的企业不满甚至愤怒。成功的企业正是从创立名牌产品入手,生产高质量的产品,塑造名牌企业形象。"质量好才是硬道理",生产名牌产品的企业,比较容易在各种公众心目中树立良好形象。

产品质量包括客观和主观两个方面。客观质量包括产品的性能、尺寸、外观、材料、可靠性和使用寿命等,它主要靠设计、技术和工艺来保证。企业必须加强全面质量管理,从设计到检验,各个环节都要严格把关。从这个意义上说,企业及其员工的质量意识是公共关系意识的一种具体表现,是企业公共关系活动的前提。因此,强化员工的质量意识,在生产过程中为提高产品质量而努力,是工业企业公共关系活动中必须重视和强调的一项工作,要制度化和经常化。

产品的主观质量主要是指满足用户公众的心理和精神需要的程度。影响产品主观质量的因素,一是产品自身的某些物理特性如产品的花色、式样等;二是环境与社会因素,比如风俗、传统、习惯、文化、时尚和舆论等;三是用户公众自身的某些特性如需要、嗜好和价值观念等。产品的主观质量常常随着这些因素的变化而变化,企业必须全面考虑这三种因素的影响,努力提高产品的主观质量。

产品的主观质量,主要靠企业公共关系活动来取得。首先,企业有关部门及公关人员应善于运用社会学、心理学的有关知识,根据社会环境及用户心理等因素,设计与产品相适应的语言符号或实物符号,使产品含有用户喜爱的某些意义或象征。例如,李宁公司的广告标语"一切皆有可能"就很好地满足了公众追求成功的需要。其次,利用一些具有极大影响、积极意义的大事件,开展企业公关活动,让自己的产品赋予非凡的意义。1972年,美国总统尼克松访华前夕,要寻找能代表中美友谊的珍贵礼品。美国经营瓷雕艺术品的保业姆公司获悉后及时地将一尊巨大的瓷天鹅赠送给当选总统不久的尼克松——这真是一件绝妙的赠品:瓷器在英语中与中国是同一个单词,寓意双关。借尼克松访华形成的中国热,保业姆公司瓷器艺术品的精湛绝妙被大肆渲染,一家本来规模很小、鲜为人知的企业,很快令人刮目相看。其产品不仅驰名全国,而且畅销全世界。中国健力宝公司多次捐助中国奥运代表队,使"健力宝"饮料几乎成了体育与奥运的"魔水"。

(二)促销是工业企业公共关系活动的主要目标

在市场经济条件下,企业的生存和发展取决于其产品的销售情况。因此,企业必须树立市场观念,在根据市场需要合理地组织生产的同时,开展各种促销活动。而运用公共关系活动推动市场营销,是工业企业及其他营利性组织的重要特点,也是企业公共关系活动的生命力所在。

以促销为目标的企业公共关系活动,通常可以在以下几个环节展开工作:①企业推出新产品之前,让用户和经销商对新产品有足够的了解。②产品进入新市场时,谋求公众对本企业的声誉、产品的了解,提高企业的知名度和美誉度。③企业转入新的生产领域时,改变公众原有的印象,使企业形象与新产品相适应。④吸引新闻媒介对本企业销售活动的关注。⑤安排市场营销人员发表公开演说。⑥与广告推销、人员推销和营业推广等促销手段相互配合,使已进入市场的产品家喻户晓。⑦产品出了问题,在社会上造成了不良影响,在找出原因和承担责任以后,使公众了解企业为解决问题所作的努力,重新争取公众的信任。⑧在产品脱销或供不应求时,承担与用户之间的沟通任务。⑨巩固企业及产品在市场竞争中的地位,增加用户的信心及忠诚度。

(三)销售服务是工业企业公共关系活动的核心环节

销售服务,包括售前、售中和售后服务。消费者始终是企业最重要的公众,只有树立以顾客为上帝、全心全意为用户服务的思想,才能从根本上为产品销售开创良好局面。紧紧抓住销售服务这个环节,就能使工业企业的公共关系活动落在实处,带动企业公共关系工作的全面开展。

1.售前服务

售前服务是购买行为发生之前企业向潜在用户提供的服务,如主动提供样品、商品目录、说明书、现场操作表演、设计制造等。售前服务是一种交流信息、沟通感情、改善态度的过程,是谋求用户合作的前提。这就要求售前服务要全面、仔细、准确、实际。售前服务又是产品和企业赢得良好第一印象的重要公关活动,必须热情、主动、诚实、耐心、充满人情味,以赢得公众的信任和喜爱。

2.售中服务

售中服务是企业在用户购买过程中提供的服务,如回答用户提问、提供和推荐商品、介绍产品性能特点、调试、封装等。如果说售前服务使潜在用户发生购买意向,初步做出购买决定,那么售中服务则使这种意向和决定变为购买行为。售中服务对象明确,因此,提高服务的针对性尤为重要。热情友善、态度真诚、有问必答、有求必应,能有效地帮助顾客克服疑虑和困难,不仅使交易活动顺利进行,而且使公众感受到愉快和温馨。

3.售后服务

售后服务是企业对已购买产品的用户提供的服务,这是最富有公共关系色彩的活动。它可以有效沟通与用户的感情,获取用户的宝贵意见。用户是产品的最终使用者,对产品最有发言权,以用户的亲身经历来宣传产品及企业,公关效果尤为明显。这是因为满意的顾客是企业产品的"活广告"。售后服务的方式很多。如技术培训,代包装代运输,提供配件和备用件,安装调试,维修,定期走访用户,邀请用户参加企业的活动,在重要场合和时间向用户赠送礼物,建立用户档案,等等。售后服务贵在主动、守信、坚持、周到、实在、及时,售后服务的形式更注重人情味,为企业赢取忠诚、稳定的公众。

二、商业、服务业公共关系活动

商业、服务行业等是从事服务产品的生产和经营的营利性组织。它通过向顾客提供各种形式的服务,来满足社会需要和获取经济效益。因此,商业、服务

行业的公共关系活动与工业企业的公共关系活动既有相似之处,又有自己的
特点。

(一)商业公共关系活动

商业企业专门从事商品流通和交换工作,为实现商品销售提供各种服务。
广义地说,商业企业包括在国内市场上组织消费品、生产资料流通和交换的各种
企业,也包括从事进出口贸易的各种企业。根据具体分工,商业企业又可以分为
批发商、代理商和零售商。顾客是商业企业最重要的公共关系对象之一。

商业企业作为商品的经营者,其基本活动是为卖而买。经营的商品或提供
的服务只有适合市场需要、顾客乐意,才能保证企业目标的实现。商业企业公共
关系活动,要围绕这一目标来开展。

1.明确公共关系活动对象

企业有关部门应明确服务对象,即准确辨别哪一部分顾客与企业关系最密
切,确定自己的公众群体,弄清他们需要什么,怎样满足他们。商业企业的类型
很多,各有经营范围和服务特色,顾客的要求也不一致。顾客走进百货大楼,与
走进蔬菜水果商店需求就不一样;批发公司的顾客,与零售市场的顾客也不尽相
同。每个企业应当根据自己的市场,收集顾客信息,明确服务对象及其他公众的
期望。这是商业企业与顾客公众建立融洽关系的前提。

2.争取公众的信任和好感

企业公共关系部门要促进顾客对企业宗旨、政策、经营范围和特色的了解,
同时还要通过各种活动和传播方式,经常、及时与全面地向社会传递有关信息,
增进公众对企业的了解。有了充分的了解才能争取信任和好感,从而建立企业
声誉,提高知名度。

3.实行必要的公众管理

管理出效益,公共关系公众同样需要进行管理。在顾客调查的基础上,通过
消费教育和引导,培养与顾客之间的感情和友谊,形成相对稳定的顾客群。尤其
要重视那些对所属群体成员有影响的"意见领袖",把他们作为特殊公众,增进各
种经常性的交流,与之建立牢固的合作关系。

4.切实维护关心公众利益

公关人员应切实维护顾客利益,站在顾客的立场为企业提供参谋和决策意
见。同时,与社会上的消费者权益组织合作,为公众提供信息,指导他们识别商
品质量的优劣,根据自身的需要选择合适的商品。接受与处理顾客投诉,分析投
诉的内容和原因,督促企业领导和有关部门认真对待,改进工作,答复顾客提出
的一切问题,调整企业的公关活动。

(二)服务业的公共关系活动

服务业包括的范围很广,主要有运输业、旅游业、金融业、餐饮业、娱乐业等。它的基本任务是以优质服务为手段,满足顾客各种物质和精神的需求,从而实现企业的经营管理目标。随着科学技术的进步,现代社会经济、文化生活的质量不断提高,生活需求内容越来越丰富多彩,社会公众对于服务业的要求也越来越高,这就对服务业的公共关系工作不断提出新的要求。

1. 提高服务质量,改善服务态度

提高服务质量,改善服务态度是服务业树立和改善企业形象,赢得社会好感的关键,是服务业公共关系工作的总纲。服务质量,在顾客而言,就要求服务货真价实,要求到位、安全、准点、保质保量、童叟无欺,不搞虚假欺诈;服务态度虽然因人因事有所不同,但人们的要求也无非是亲切、友善,使人满意,全心全意为顾客服务。

2. 树立公关意识,"顾客就是上帝"

顾客是服务业公共关系最重要的公众。服务业分布极广,涵盖了社会上很多行业部门,而每一个行业部门都有自己的特殊公众群体,因此,服务业的公众人群极其复杂,三教九流各色人等都有。每一个具体的服务行业的公共关系工作,首先就要深入研究本行业所面对的特殊公众群体,研究其各不相同的物质和精神需求,树立真正为顾客着想、把顾客当成上帝的公关意识。这是服务业公共关系的第一步,也是服务业公共关系的依归。

3. 钻研业务,及时妥善为顾客服务

服务质量是公共关系的基础。服务业的员工不仅应该熟悉自己本岗位的服务运作,而且应该熟悉相关岗位甚至整个企业、整个行业的运作,这样才能提高自己的服务质量,确保服务到位。

4. 开展微笑服务,树立良好企业形象

服务业与其说是满足顾客的硬性物质需求,不如说是为了满足顾客的软性的心理精神需求。对每一位顾客开展微笑服务,不仅能满足顾客的心理需求,也直接关系着企业的整体形象。尊重每一位顾客,尊重每一位顾客的要求,在服务业术语里,顾客的要求没有"过分"和"不合理"一类的词,而处理顾客投诉或解决冲突的时候,则正是展现服务业公共关系的爱心、耐心、诚心的绝佳时机,是赢取公众支持与信任的最佳时机。

三、政府公共关系活动

政府,即国家行政机关,是国家权力执行机构,它对国家各方面事务行使着指导、管理、服务、协调、监督、保卫等基本职能。政府是一类特殊的社会组织,政府公共关系面向广泛而复杂的社会公众,必须采用特殊的协调手段来调节各种社会关系,维持社会关系的平衡与稳定。政府形象是公众及舆论对政府的评价,从公众及舆论的客观社会效果来看,政府形象可以用认知度、美誉度与和谐度作为其基本的评价标准。加强政府管理的民主化、增加政府工作的透明度是政府公共关系活动的重要内容。政府公共关系活动的首要任务是提高政府的美誉度,基本目标是树立起"创新、务实、廉洁、高效"的政府形象。

(一)完善沟通机制,疏通沟通渠道

树立良好的政府形象,增加政府的公众认知度,必须要完善的沟通机制和畅通的沟通渠道来作保证。

在2003年的"非典"疫情危机中,信息传播的失真现象普遍存在。以广州的情况为例:2002年11月广东出现第一例"非典"病人,直到2003年2月8日,"广州发生致命流感,春节以来在几家医院有数位患者死亡"的消息开始悄悄传播,手机短信和口耳相授是这个消息的主要传播渠道,此时恐惧开始爆发:一时间,大半个广州都动起来了。"买药了吗?"和"买醋了吗?"成了广州人的见面语。板蓝根和抗病毒病药物成为人们哄抢对象。从2月10起,北京、武汉、长沙、海口等地板蓝根、抗病毒药物、白醋热销。

2月11日,广州市政府和广东省卫生厅针对"非典"恐慌分别召开新闻发布会。会上主要是说明的确有一种病毒引起了"非典型肺炎",并且公布了患病人数,总共有305例,其中广州226例,医务人员感染发病的有105例。在新闻发布会上,政府官员和传染病专家承认,病原和病因还没有分离出来,病原鉴定工作尚未能作出确切的结论,而且到目前为止,还没有特效药可以治疗,临床上采纳的主要是对症治疗,另外专家还介绍了一些预防措施和患病的特征表现等等。尽管这些情况并不算是好消息,但是通过这次电视直播的新闻发布会,广州市民对非典型肺炎的认识逐渐清晰起来。

"政府有义务向他的人民报告自己的决策和行为,有效的行政管理需要公众的参与和支持。"在现代民主制度下,人民有对社会生活及政府作为的知情权。上述案例,展示了典型危机中主流信息缺失的症状:公共媒体信息沟通不畅,导致市民不了解病情,才使得非正常途径的信息在私下传播、交流,其中难免产生错误的诠释,甚至以讹传讹,造成社会秩序混乱乃至失控。市政府利用新闻发布会,进行及时充分的信息处理,对危机可以起到明显的化解作用。

1.及时传播有关信息

政府机构应加强对外信息的发布工作,及时向社会大众传播有关的信息。通过各种正常的途径和形式,尽可能地把政府的各项活动情况及本地区发生的重大事件向社会各界传播。其主要内容包括各级政府领导人的选举,法律的制定,法院的审判,国家预算计划的制定及执行情况,有关机构的重大人事变动,重大建设工程的立项及其他有关经济、财政、贸易方面的重大决策,各地发生的重大事件及政府采取的措施,国防、外交方面的重大决策等。政府机构发布信息的途径和方式有很多,目前采用较多的是新闻发布会和记者招待会。

2. 建立和健全社会协商对话制度

社会协商对话制度,是强化沟通的有效形式之一,它对增加政府管理的民主化,提高政府机构的办事效率有着重要作用。一方面,通过协商对话,可以使政府机构吸收和集中广大民众的智慧和力量,做出符合实际的科学决策,避免和减少决策的失误;另一方面,通过协商对话,可以增加广大民众参政、议政意识,明确自己的社会责任和义务,提高民众参与社会工作的积极性、主动性,增进社会稳定和凝聚力。

(二)多办实事,取信于民

树立政府良好形象的主要途径有二:一是"说",二是"做",两者密切联系,缺一不可。"说",指沟通信息,相互了解;"做",指为人民办实事,办好事,注重社会效益。一个政府形象的好坏,主要就是看它是否务实,能否为人民切实解决一些实际问题。在政府公共关系活动中,应注意:①领导干部首先要树立为人民服务的思想,并在各项工作中体现出来。②要善于选择开展工作的突破口,把群众意见最大、反映最强烈、最急需解决的问题,作为办实事的重点。急人民之所急,想人民之所想。③讲信誉,言必行,行必果。政府的美誉度与信任度直接相关。

(三)加强廉政建设,纠正不正之风

廉洁是政府形象的一个重要方面,是沟通政府与民众关系的基本条件。政府工作人员,特别是政府领导干部是否廉洁,直接关系到政府的形象和声誉。好事不出名,坏事传千里。个别领导干部的贪污腐败,能毁坏一届政府的形象。2001年上半年,沈阳市"一府两院"的"一把手"即原市长慕绥新、原法院院长贾永祥、原检察院院长刘实同落法网,这一案中竟有16人是"一把手"。领导干部的腐败,严重地破坏了人们对政府、对司法的信任。因此,政府机构必须加强廉政建设,克服官僚主义作风,清除腐败现象,纠正不正之风。在我国政治、经济体制改革,社会转型的历史时期,廉政是政府形象的关键。

廉政与勤政是相辅相成的,在保持廉洁的前提下,政府工作人员应该保持高度的责任感和强烈的事业心,努力提高工作效率,形成良好的工作作风。

四、学校公共关系活动

学校等事业单位,其资金主要来源于国家财政拨款,有较正式人员编制。这类组织的行为有如下特点:一是主要不以营利为目的,而旨在通过自己的努力,推动某项事业的发展,做出一定贡献;二是宣传普及某种观念、知识、信仰,完成一种社会工作;三是解决人类面临的某些共同社会问题,唤起人们对某种形象、事物的普遍关心等。

学校是培养人才的社会组织。教育事业的发展需要政府、社会各界和全体公民的关心与支持。"教育要面向世界、面向未来、面向现代化",教育要发展,必须得到社会公众的广泛关注和支持。学校充分开展公共关系活动,使得公众对本组织及其所从事的工作有所了解、理解,提高知名度和美誉度,也为筹资创造了一个好的社会关系环境。学校公共关系活动的目标是:唤起公众对教育的认识、理解、支持,争取办学经费,扩大生源,提高教学质量,"推销学生",提高教师的社会地位,稳定师资队伍等。学校面临的公众很多,其中最主要的内部公众有教师、学生和行政后勤职工,重要的外部公众有家长、校友、政府、社区公众和工商业界等。

(一)教师关系

教师处于能够与学生、家长和其他有关人员进行有效联系的位置,往往成为学校公共关系的重要兼职公关人员,而且,教师是提高教学质量的关键因素。所以,学校必须与教师保持和谐的关系。

(二)学生关系

学生是学校中影响力最大的公众,他们在学校外是对于学校这一社会组织最有权威的解释者和传播者;他们毕业后成为校友,演变为重要的外部公众。因此,让学生充当信息传递的中介人具有战略意义。另外,学生也是提高教学质量的关键因素之一。学校公共关系实质上是从教室开始的。

(三)行政、后勤员工关系

行政、后勤员工从事教学的服务工作,他们的工作态度、效率、质量直接影响到学校与师生的关系,有时甚至影响到与外部公众的关系。

(四)家长关系

家长是支持学校工作的重要力量,是学校形象的重要评价者和宣传者。家长关系操作的关键就是通过学生准确地将学校信息传递给家长。除了通过学生来协调家长关系外,还有一些方式值得借鉴:开家长会,举办教师与家长的联谊活动,开办家长学校,安排家长接待日,设立家长热线电话等。

(五)校友关系

获得校友支持的关键是经常请他们参加学校活动,并定期把母校的情况告诉他们,让他们经常与学校保持联系。具体的公关活动有:校友在校刊上发表文章;请校友回学校作报告;组织校友会;利用校庆开展校友公共关系专题活动;举办校友学术研讨会等。

(六)政府关系

政府作为地方的管理者,是学校最重要的公众之一。政府的教育行政管理部门是学校的直接领导部门,学校的资金来源、教育用地、招生与就业(升学)、人事等教育资源的配置等方面都与政府有着千丝万缕的关系,甚至直接受其管理,学校担负着首先为本地区培养人才的责任。学校要经常性地向当地政府尤其是上级教育行政管理部门汇报自己的工作,建立良好的公共关系,取得信任与支持。除了一些经常性的公共关系活动外,学校要善于利用招生、就业(升学)、开学、毕业、校庆等各种庆典活动,邀请政府有关领导出席、演讲、题词、剪彩等,在日常教学活动中,也可以邀请政府各部门有关专家来校进行课外辅导与讲座。

(七)社区关系

对学校的许多支持取决于社区,许多学生来自于社区,许多学生就业于社区,学校与社区的相互关系影响着学校的发展。如何利用社区资源发展教育事业是学校公共关系的重要课题。作为学校,要为社区物质文明和精神文明建设做出贡献,这是社区公共关系的基础。为使社区了解自己,学校要向社区开放,并通过各种联谊活动加深他们对学校的感情,组织学生积极参加社区活动,为社区做好事。请社区公众中的知名人士做学校的校外辅导员、顾问、特聘教师等。

(八)企业界关系

学校与各种企业的关系日益密切,相互之间的合作范围不断扩大,尤其是各类高校。与企业界建立良好公共关系,有利于学校得到经济上、物质上的援助,有利于双方进行多种内容的合作,有利于教师建立社会实践、实验场所,有利于学生就业。学校与企业关系的操作方式有:合作开发项目,相互成为顾问;为企业办各种培训班;输送优秀人才;建立各种校企联合组织,为企业发展出谋划策等。

第二节　阅读资料

一、北京申奥:政府公关的典范

2001 年 7 月 13 日,是全国人民永远难忘的日子。随着国际奥委会主席萨马兰奇的一声"Beijing",全中国都沸腾了。举国上下一片欢呼的海洋,中央电视台随即在屏幕上打出了四个大字"我们赢了",各地也举办了多种多样的庆祝活动。可以说北京申奥的胜利也是中国政府公关的胜利,北京申奥过程是典型的公关活动过程。

李岚清副总理在申奥报告陈述时说:"在过去的 20 年改革开放的过程中,中国已成为世界上经济发展最快的国家之一。我们将继续保持政治稳定、社会进步和经济繁荣。"国际奥委会执委何振梁则说:"选择北京,你们将把奥运会第一次带到世界上拥有五分之一人口的国家,让十几亿人民的创造力和奉献精神为奥林匹克服务。"任职国际奥委会主席长达 21 年之久的萨马兰奇卸任时最大的心愿就是把奥运会带到世界人口最多、又有巨大经济潜力的中国。正如刘琪市长在申奥成功报告会上所说:"北京申奥成功是因为有了日益强大繁荣的祖国作后盾。"由此可见,中国已经成为受世人关注、有重要影响的社会组织。这是公共关系的主体要素。

挪威籍国际奥委会委员乔恩·奥拉夫感慨万分地说:"北京申奥给我印象最深的是来自中国民众的支持。就我个人来说,我从北京得到的申奥信息是其他 4 个城市之和的 2 倍。所有这些信息都包含着同一个主题,那就是给正在腾飞的中国再一个全面腾飞的机会吧!"北京申奥成功的一个重要原因是具有最高的民众支持率。95% 支持北京申奥的民众和受中国奥运情结感染的国际奥委会委员是北京申奥最重要的目标公众,是公共关系的客体要素。

北京奥申委确定了"新北京,新奥运"的申办口号。提出了"绿色奥运,科技奥运,人文奥运"的申办理念。提供了一部长达 500 页、涉及 17 个主题的申办报告,并把"95%的公众支持率"的调查结果写进其中,还制作了精美的北京申奥宣传片。投票前夕的新闻发布会上,北京奥申委秘书长王伟慷慨陈词:"我们有信心创造历史。这将是奥运会第一次来到有近十三亿人口和五千年文明史的东方古国。"王伟还庄严承诺:"在 2008 年奥运会期间,各国媒体可以享受百分之百的自由。"这就是传播沟通,是公共关系的媒介要素。

2001 年 4 月 4 日,是申奥揭晓倒计时 100 天,北京奥申委提出了 4 月 4 日为全国支持北京申奥统一行动日的倡议。这个倡议得到了全球华人的积极响应。申奥热潮风起云涌。5 月 8 日,全球华人支持北京申奥联合委员会在德国杜塞尔多夫市举办了以"全球华人心连心,齐心协力申奥运"为主题系列活动。6 月 16 日,中华全国体育总会和中国台北田协共同举办了"北京奥运·炎黄之光"海峡两岸长跑活动。6 月 23 日,美国西部华人在雄伟的居庸关举办了祝北京申奥成功的"奥运龙——大地艺术作品展示"活动。所有这些都是加强内部公共关系行为的体现。

2001 年 6 月 12 日,北京奥申委派代表参加了在肯尼亚举行的非洲国家奥委会联合会第九次大会。6 月 23 日晚上,古老的紫禁城飘荡起世界三大男高音帕瓦罗蒂、多明戈和卡雷拉斯激昂高亢的歌声,全世界都为这种中西文化合璧之美而赞叹,这是一个难眠的"6·23"奥林匹克之夜。作为国际奥委会副主席、北京申奥代表团的何振梁,从 2001 年 2 月以来的 5 个多月里,他就有 69 天在国外和飞机上,出访 11 次,走访了 20 多个国家地区。所以这些都是为发展外部公共关系而做的努力。

北京奥申委吸取了悉尼申奥的成功经验,"不要光自己说,更要让人家看"。为此,北京奥申委主动与西方媒体广泛接触,邀请外国记者来华访问,让世界了解中国、了解北京。2001 年 2 月 21 日,以海因·维尔布鲁根为主席的国际奥委会评估团一行 17 人,对北京进行为期 4 天的考察。维尔布鲁根说:"评估团看到了一个真实的北京,北京申办奥运会得到了政府和民众的大力支持,北京奥申委的工作是积极有效的。"7 月 13 日北京申奥团陈述报告一结束,立刻就有各国奥委会委员轮番提问,涉及环境、场地、语言、运动设施、反兴奋剂、交通、资金盈余等问题,代表团成员用英语一一作答,列出了令人信服的事实和数据。正如北京申奥代表助理魏纪中所说:"提问多是一件好事,说明大家对北京特别关注,很想知道详细情况。"这是公共关系的双向沟通。

北京申奥团的陈述与众不同,它包含了三个基本方面:一是坚实的保证,二是明确的优势,三是调动国际奥委会委员的情感。在看似平淡中隐含着"玄机",那就是中国人民的真诚、朴实和实在。难怪美籍国际奥委会委员德弗郎茨女士在投票结束后说:"很多委员都被何先生的真诚所感动。"这说明北京奥申团准备充分,工作扎实,管理有序,体现了公共关系的管理职能。

2000 年 9 月 9 日,国家主席江泽民致信国际奥委会主席萨马兰奇,表明中国政府完全支持北京申办 2008 年奥运会。2001 年 7 月 13 日,北京申奥代表团第一个出场陈述的李岚清副总理庄严承诺:"如果此次奥运会发生赢余,我们将用它来建立一个奥林匹克友谊基金,来帮助发展中国家的体育事业。如果发生赤字,将由中国政府承担。"这不仅增强了国际奥委会委员对北京办好 2008 年奥运会的信心,而且激发了国际奥委会委员对中国的好感和敬意。这为中国塑造了良好的公众形象。

北京成功申办 2008 年奥运会的艰苦历程,是一起非常典型的公共关系活动过程。它说明公共关系是一种"公众关系",是一种传播活动,是一种管理职能的本质特征。它揭示了公共关系的目标是建立社会组织与公众之间相互理解、相互适应直至相互信任的协调关系,从而为社会组织树立良好的公众形象。

北京申奥成功体现了公共关系的本质特征,具体可概括为以下四点。

一、公共关系是一种"公众关系"

公共关系是社会组织与相关公众的相互关系，即是一种群体之间的社会关系，而不是个人与个人的私人关系。公共关系的双方，一方是社会组织，另一方是与它相关的公众。北京市副市长刘敬民在申奥成功报告会上作了题为《伟大的祖国和人民是我们坚强的后盾》的发言，就说明了公共关系是由主体和客体所构成的一种"公众关系"。

1. 公共关系的行为主体是社会组织

公共关系是一种组织的关系、组织的活动、组织的职能。而组织是一个特定的社会群体组合。它大到一个国家或一个地区，小到一个单位或一个部门，它可以发起和从事公共关系活动，是公共关系活动的具体实施者，即公共关系的行为主体。中国作为一个社会组织，是北京申办奥运会这项公共关系活动的主体，正是中国的稳定、繁荣和进步，为北京申奥成功奠定了基础。正如何振梁所说："北京申奥成功形成了三赢局面，中国、世界体育和奥林匹克运动是三个赢家。"

2. 公共关系的对象是相关公众

"公众"构成组织的一种特定环境，任何组织的发展和成功都有依赖于良好的公众环境，都需要得到公众和舆论的认可和支持。北京奥申委秘书长王伟在奥申投票前的新闻发布会上，陈述了北京能够申办成功的六点理由：第一，北京市民对申办的支持率达到95%，北京奥运会的确代表"人文奥运"；第二，近年来，越来越多的北京市民参与到文化与体育交流中，渴望成为国际体育大家庭中的一员……北京在奥申投票第二轮就以56票的绝对优势胜出，其中很多票源来自亚非拉国家。因为中国政府力所能及的帮助，使这些国家中的部分国家的体育基础设施状况有了极大的改善，虽然这些国家不大，影响力有限，但在国际奥委会大家庭中却享有平等投票权，所以他们支持北京申奥也就理所当然。正由于中国有这种良好的公众关系，才确保了北京申奥的成功。

二、公共关系是一种传播活动

公共关系是通过传播媒介的信息沟通建立起来的，公共关系借助各种传播手段实现组织与公众之间的双向沟通，在双向沟通中达到双向的信息传递。例如由著名导演张艺谋执导的北京申奥宣传片《新北京新奥运》，该片成功地在短时间内把北京辉煌的成就、迷人的风采和中国人民对奥运的期盼表现得淋漓尽致。由于国际奥委会委员至少有一半未来过中国，该片除从运动员、运动会角度展现外，还从历史的角度——中国的历史和现状、北京的历史和现状来展示，满足了国际奥委会委员对中国、对北京的浓厚的心理文化需求，使他们对中国、对北京更加了解，为中国、北京的变化所惊叹，深深地被中国、被北京所吸引，起到了很好的宣传效果。正如澳大利亚籍国际奥委会委员高斯帕说："和中国申办

2000 年奥运会相比,中国的变化真是太大了,这种变化将会带动体育的发展。"高斯帕毫不讳言自己的一票投给了北京。

三、公共关系具有管理职能

公共关系作为一种科学的管理方法,在许多环节上显示它的管理职能。北京奥申委的陈述报告,首先是由国务院副总理李岚清代表中国政府表明态度:全力支持北京申办 2008 年奥运会。接着北京奥申委主席刘澄、执行主席袁伟民作了具体承诺。然后体育部长楼大鹏、秘书长王伟介绍了完备的体育设施。最后由形象大使邓亚萍、杨澜及何振梁作了富有深情的诉说,深深打动了国际奥委会委员的心。整个过程简朴平实、层次分明、井井有条,说明了中国申奥的组织管理是过硬的,预示着中国有能力举办一届出色的奥运会。

四、公共关系以树立良好的组织形象为基本目标

在公众中树立良好的形象是公共关系活动的出发点,是公共关系活动追求的目标。回想起悉尼奥运会的辉煌战绩,至今还让我们激动万分。28 枚金牌的光芒似在眼前,这不仅是史无前例,更塑造了中国体育的美好形象,这为北京申奥创造了极为有利的条件。

(选自姚建平、胡立和主编:《实用公共关系》,重庆大学出版社)

点评

北京申奥的案例,可以让我们从多个角度去把握公共关系的内涵。北京市奥申委很好地利用我国举国办奥运这个无与伦比的巨大优势,充分发挥中国这个经济快速发展、社会稳定的大国的公共关系主体优势,完善沟通机制,疏通沟通渠道,多办实事,取信于民,取信于世界,完美地成就了一次政府公共关系的巨构。

二、百威巧选媒体圈占领日本年轻人市场

被誉为世界"啤酒之王"的百威啤酒,几十年来,一直雄踞美国及世界最畅销和畅销量最大的啤酒业霸主之位。百威啤酒的巨大成功,除了它确实拥有美国首屈一指的高品质外,与其卓越的广告营销策略有着重要关系。

百威啤酒在进入日本市场之前,首先对日本的啤酒市场、社会结构、不同年龄和阶层的消费者状况进行了细致的调查。日本经济的调整发展,使日本居民的消费水平空前高涨,特别是年轻的一代有很强的购买欲望和购买潜力。百威啤酒在随后的广告策略中,就充分考虑了日本青年的特殊心理,首先圈占年轻人的市场。

百威啤酒把广告对象进一步缩小范围,设定在 25~35 岁的男性之间。这个对象的设定,与百威啤酒原来就具有的"年轻人的"和"酒味清淡"的形象十分吻

合。在广告媒介的选择上,百威把重点放在杂志广告上,专攻年轻人市场,并推出特别精印的海报加以配合。由于日本青年的受教育程度普遍较高,爱看各种行业和社会事业相应的杂志。也就是说,某一种杂志都有其特定的、较为固定的年轻读者群。而且日本男青年在一天工作结束后,晚间喜欢与朋友一起在外喝酒娱乐,更突出群体性消费的特点,而相对来说,看电视时间要少很多,个人性消费要少一些。所以,百威啤酒首先攻占日本年轻人的文化阵地,并以独特的、扣人心弦的海报激发他们的视觉器官,先打进"圈里",使之成为一种时尚消费和身份地位的象征。在杂志上获得成功之后,百威向海报、报纸和促销活动进军,三年后才开始运用电视媒介。而在这三年中,日本年轻人早已把百威啤酒作为自己生活的一部分来接受。他们从过去的追逐时尚的新颖满足感转换为超前领先,引导了全日本的啤酒市场。百威是我们的,是我们这个"圈子"的一部分,我们有责任让所有的人了解它、热爱它——因为它属于我们。这就是百威啤酒的成功之处。这不仅让你享受了高品质的啤酒,还让你在心理上得到某种程度的满足和尊重。

百威啤酒广告的诉求重心是极力强化品牌的知名度,以突出美国最佳啤酒的高品质形象。在广告文案的背景图画创意中,将百威啤酒融于美洲或美国的气氛中,如辽阔的大地、沸腾的海洋或宽广的荒漠,使受众面对奇特的视觉效果,产生一种震撼感,留下深刻的印象。它的广告文案写作属于突出自己领导地位的遏制性广告定位策略。

(选自中国企业国际化管理课题组著:《企业公共关系国际化管理案例》,中国财政经济出版社)

点评

商业公共关系首先就要研究消费者市场。在经济全球化的今天,进入国际市场之前,首先要进行细致深入的市场调研分析。这早已成为营销界的一条"金科玉律"。调研的深入程度和分析的精辟与否,直接决定了产品上市后的"待遇",切不可掉以轻心。

商业公共关系活动,它的目标自然是促销,消费者群体应该成为它研究的重要公众。

作为商业公共关系主体的百威清醒认识到这一基本准则,对日本的啤酒市场、社会结构、不同年龄和阶层的消费者状况进行了细致的调查,将广告主要受众设定在25～35岁的年轻人群体上。这样细分市场,细分广告的目标受众,圈占年轻人的市场,通过在年轻人的心目中树立品牌和时尚来打开崭新的日本市场,确实有独到之处。百威在广告手段的选择上,敢于打破"电视宣传"的旧框框,将重点放在更适宜目标受众的杂志领域,将公共关系活动中的主体、媒介、受众(对象)三者完美结合起来。

三、精工表的公关活动

1964 年东京奥运会结束后不久,曾有日本人访问罗马。在一家餐厅里,当侍者看到这位日本人手里的表是瑞士产品时,竟疑惑地问:"您真的是日本人吗?"侍者对这位日本人竟然没戴在东京奥运会上叱咤风云的国粹——精工表表示万分惊诧。侍者的态度不仅反映了公众对精工表的评价,实际上也说明精工计时公司在 1964 年东京奥运会上开展公关活动的成功。

一、缜密筹措

精工表饮誉东京奥运会后,其公共关系战略却要追溯到 4 年前。当奥运会一经宣布将在东京举行时,日本主办单位决定的第一件事项,就是大会的计时装置要使用日本的国产表。而在这以前奥运会所使用的计时装置几乎全部都是瑞士产品。当东京奥运会决定首次使用日本国产表后,奥委会的有些人士曾深感不安,惟恐发生故障使大会难堪。

日本精工计时公司制定了"让全世界的人都了解精工的计时装置是世界上一流的技术产品"的公共关系计划,确立"荣获全世界的信赖"为公共关系目标,以"世界的计时——精工表"作为公共关系活动的主题。为此,精工计时公司着手制定并实施了一项长达四年之久的整体计划,并开始了一场史无前例的公共关系活动。

二、系统实施

首先,精工计时公司派遣本企业的公关人员到罗马奥运会进行"奥米茄"计时装置的现状及设施使用情况的调查,根据调查结果,决定产品开发的程序,拟定全盘公共关系计划。同时,各公司也开始进行多种多样的计时装置技术开发工作。随着计时装置开发工作的顺利进行,精工计时公司的公共关系计划也策划成熟。调查研究工作结束之后,整个公共关系计划分为三个阶段进行实施。

第一阶段,主要是全力以赴地开发计时装置技术,同时说服主办单位使用该企业的产品。另外,会场的布置也需征得国立竞技场和东京政府的认可。精工计时公司一方面积极从事游说工作,另一方面将新开发的计时装置提供给日本国内举办的各种运动会作为实验之用,其目的是为了向各委员会证明精工技术的可信度。真诚努力终结硕果,奥运会于 1963 年 5 月正式决定东京奥运会全部使用精工计时装置。

第二阶段,在改进技术的同时,展开了以"精工的竞技计时表将被用于东京奥运会"为主题的公共关系活动。为了在世界范围内大造舆论,精工准备了奥运会预备会上所需的宣传手册,广告宣传也紧锣密鼓地开展。

第三阶段,公共关系的各种计划先后付诸实施,报纸、广播、电视等在报道与奥运会有关的消息时,都或多或少地涉及到精工表,从而造成了"东京奥运会必须使用精工计时装置"的舆论。

(选自中国企业国际化管理课题组著:《企业公共关系国际化管理案例》,中国财政经济出版社)

点评

作为制造工业企业,它的公共关系活动,以产品质量为基础,以促销为目标。日本精工不仅制定了大胆而精细的公共关系企划,而且围绕这些目标扎扎实实地进行了实施。概括起来,精工计时公司的公共关系活动有以下几点特点:

第一,周密、准确的调查研究;

第二,逐层实施公关计划;

第三,多媒介、立体式的传播沟通手段。

精工计时公司的公关企划从调查研究到分析公众,从媒介传播到计划目标实现的每一步骤、每一环节都实施得十分精细,十分到位,为借助大型体育盛会开展公共关系活动的企业树立了成功的样板。由于精工与奥运会完善结合,公共关系活动收到了奇效。当东京体育馆室内比赛大厅的竞技计时装置完成后举行盛大的落成典礼时,精工的技术被夸耀为日本科学的精华、无与伦比的结晶,终于实现了"精工——世界的计时表"这一目标。最好例证便是开篇的故事,在罗马人眼里,精工表可以和瑞士表媲美,这足以说明精工计时公司此项公共关系活动的效果。

四、"肯德基"风靡世界的秘诀

"肯德基"店门口站着一位笑盈盈的白发老人雕像,他就是"肯德基"快餐业创始人——哈兰·山德士上校。"肯德基"公司的商标就是山德士上校的头像。你在餐厅外墙上、玻璃上、餐桌上、工作人员服装上、名片上都会看到这个白胡子老头像,使你想逃脱对他的注视都不可能。

"肯德基"规定了自己的经营方针。

一、品质(QUALITY)

我们所提供的产品,品质绝对优良。

二、服务(SERVICE)

我们的服务要让顾客感到舒适、迅速、亲切,满足顾客的要求。

三、清洁(CLEANLINESS)

我们的仪容与餐厅保持清洁、卫生,让顾客留下美好的肯德基经历。

食品的清洁卫生要比食品的色、香、味显得更为重要。美国"肯德基"炸鸡公司的公关人员充分意识到了这一点,所以每年举行一次"白手套奖"的评选活动。这个奖是一块闪闪发光的牌子,上面写着:"本店是全国最清洁卫生的商店。"全美国有 4000 余家"肯德基"炸鸡零售店参加竞争,每家炸鸡店必须接受两次严格的卫生检验,两次检验的间隔要超过 60 天;卫生程度须高达 95% 以上,并且一些主要食物,如鸡与色拉的样品还要送交具有权威性的独立实验室去化验,以确定细菌的含量。可见,荣获"白手套奖"绝非一件容易的事。为了确保"白手套奖"的质量和其在顾客心目中的良好形象,公司还经常派代表检查各地的炸鸡店,如果发现获奖的店在抽查或顾客反映中低于"白手套奖"标准,公司立即收回奖牌。每次"白手套奖"的颁奖典礼都异常隆重,公司的公关人员到处张贴海报,散发宣传品,邀请当地官员及社会名流参加。活动举办得异常盛大,一时之间,成为社会公众瞩目的焦点。

正因为"肯德基"公司时时坚持以顾客为中心的公关思想,处处替顾客着想,因而赢得了顾客的信赖与回报,创下了令人瞩目的经济效益。

质优价廉、优质服务和优雅的就餐环境无疑是赢得顾客青睐的法宝。除此之外,"肯德基"公司还抓住顾客追求食品清洁卫生的心理要求。"肯德基"炸鸡公司总经理说:"没有什么比清洁更重要的了。这是我们对顾客应负的责任。颁发'白手套奖'的目的就是要让全国所有的'肯德基'炸鸡店变成当地最干净的食品店,而且要成为顾客公认的最卫生的食品店。"这话表达出"白手套奖"设计者的用心,也正是其高明之处,即巧妙地抓住了顾客的共同心理,突出宣传产品制作和销售过程中的清洁卫生。特别是选取了"白手套"作为自己的形象,能自然地唤起顾客的清新洁净的感觉。于是,"白手套奖"也就成为清洁卫生的标志,深入人心。这就是风靡全世界的"肯德基"炸鸡成功的秘密。

(选自中国企业国际化管理课题组著:《企业公共关系国际化管理案例》,中国财政经济出版社)

点评

只要提到炸鸡,人们脑海中马上会浮现"肯德基"这一品牌,这不能不说是"肯德基"品牌形象公关的巨大成功。

"肯德基"作为餐饮服务业,公共关系活动的基本内容就是要展现其优良的产品和优质的服务。对于炸鸡这样一种同质性极高的商品,如何突出其独特性,树立与众不同的自我形象,提高公众的识别度,是摆在众多商家面前的难题。"肯德基"给出了一套高明的解决方法,无论是品质、服务,还是经营、管理,都尽力给人以独特的印象,避免与其他品牌雷同。设立"白手套奖",突出自身清洁卫生的商品特征,获得顾客的认同甚至忠诚。在一些公众一致认同的标准上更是严格把关,博得了最大范围内顾客的认同和好感。这本身就是成功的公关过程,树立起了良好的品牌形象,其深远意义已远不止质量控制这样简单。

第三节 案例与实践

【案例分析】

杭州"西博会"策划

近年来,杭州市政府明确提出建经济强市,创文化名城,给市民们极大的振奋,大家纷纷献计献策,加以整合、提升,形成了推动杭州经济发展的大思路,取得了事半功倍的效果。其主要做法有四个。

一、找到一个载体

在众多富有创意的设想中,找到了西湖博览会这样一个很好的载体。西博会的文化内涵十分丰富,且为杭州所独有。凭借杭州得天独厚的优越地理环境,经过精心地策划、包装、宣传,把西湖博览会这一载体与经贸、旅游、招商、教育等结合起来,尤其加大文化内涵,充分利用杭州的悠久而丰富的人文资源,释放出一种巨大的能量,产生冲击力强的震撼。在世人面前,杭州的城市形象和品位很自然地跃上了一个新的平台。

二、明确一个主题

2000年西湖博览会以"千年盛会聚嘉宾,西湖博览汇精品"为主题,并贯穿于一系列的活动项目之中,给人们留下了深刻的印象。活动的设计包括三大板块,会展、会议、文化活动,并重点突出会展的展示功能和信息功能。这次西博会期间先后举办了39个会展,其中国际展14个,参展人数达到100万。其内容之广,质量之高是杭州历来所未有的,如人居环境、工艺、丝绸、锁具、汽车、电子音像、雕塑、茶叶、玩具、家具、花卉、书画、教育,为人们提供了最新和最好的产品。

在西博会期间,各类活动曾多次出现了万人空巷、欢声笑语之场面。除会展外,杭州还召开了"伊斯坦布尔+5"亚洲和太平洋地区筹备会暨城市环境与住宅开发国家研讨会;中国新经济峰会及五个主题报告和交流会等7个国际国内大型会议。这是一个很好的机会,让世界和全国了解杭州,把杭州推向全国、全世界。这次西博会的一个重要成果,就是隆重推出了杭州是中国的杭州,杭州是世界的杭州。杭州市民通过世界各国人士和国内各路人士对杭州的众多赞誉之词,进一步看到了杭州的自身价值和无限商机。全市上下对未来的杭州开发充满了自信。西博会期间所开展的各类文化活动精彩纷呈,也是文化精品的大检阅,整个杭城令人赏心悦目,流连忘返,杭州人成了最幸福的人。各地来杭州旅游的人也为杭州变化之快感到吃惊。如西博会开幕式文艺晚会,尽显江南文化。

西湖国际烟花大会吸引了几十万市民现场观看。此外还有与"梅花奖"齐名的包括国家"山花奖"首届国家民间艺术歌舞大赛等9个文化活动,西博会期间还穿插中国首届美食节,让杭州市民和众多的外地游客一饱口福。压轴戏中国旅游交易会,来自全国32个地市的景点、旅行社、宾馆都使出浑身解数,吸引杭州游客。

三、打响四个品牌

依据杭州地理资源优势,市政府不失时机地提出要在杭州人间天堂做好四篇文章,即确立四个品牌:游在杭州、住在杭州、学在杭州、创业在杭州。这次西博会一系列丰富精彩的活动无不体现出四个品牌的作用。如中国(杭州)最佳人居环境展,每一个展厅呈现文化口味,给人以丰富和美好的想像。东河岸边:灯火东河夜夜春;运河人家:古韵悠悠入梦来;西溪生活:留下西溪看芦花;湖畔胜景:平生勾留是此湖等,使人们看到人间天堂的美好生活。在中国杭州首届美食节上,中华名小吃店、新杭州名菜评选、名牌食品博览会等,使游在杭州的各路游客在人间天堂畅游的同时,品尝到各类名小吃的极致。尽管天气阴雨绵绵,但游客兴致不减,美食节参加人数150万,营业额达6.5亿。面对杭州饮食文化所带来的人气财气两旺的景象,国家国内贸易局决定明年中国美食节还在杭州办。利用杭州的人文资源,扩大教育规模,提高教学品位,是杭州市近年来重大措施之一,已先后启动滨江、小和山和下沙3个高校园区的建设,规划在校学生近20万人。这次西博会,为了使"学在杭州"的品牌能深入人心,杭州市政府亲自出面举办大型国际教育展,来自于美国、加拿大、澳大利亚、法国和本省浙大、浙工大等几十所院校参展吸引了众多的本地和外地的学生和家长近两万人前来咨询。

四、吸引众多人才

杭州经济发展现状与前景,对于国内外人才到杭州来创业很具诱惑力,杭州市政府先后出台了扶持高新技术产业发展,鼓励科技人员个人创业的一系列政策措施,已先后引进高素质科技人才、出国留学人员和外地投资者14465名来杭州创业,这次西博会又不失时机召开了"天堂硅谷"国际创业论坛,引起世人的注目,全球有8万人次点击网上直播情况。该会议信息表明,众多的专家普遍看好杭州"天堂硅谷"的发展前景,并纷纷从不同角度提出了颇具见解的建议。通过会议交流,有助于消化、吸收各路专家对高科技发展的观念、观点,促进"天堂硅谷"的健康发展。在西湖博览会结束之际,杭州又举办了2000年人才招聘会,所需招聘人才数达11000多名。许多在杭高校及外地院校学生首选之地就是要在杭州找一份工作,为杭州发展尽一份力量。

西博会的策划思路和精心实施带来巨大的效益,无论招商引资,参观游客还是经贸成交额都非常可观。总体上说,杭州市民对举办这次西博会的反映是比较满意的。据统计,西博会各项活动的参加者和客商达 400 万人次,会展成交额约 60 亿元,招商引资 143 亿元和 5.61 亿美元。更重要的是大量国内外宾客把参加这次西博会的感受带回去,扩大传播,将会进一步提升杭州城市的形象。

分组讨论

1. 西博会会展水准在杭州堪称历年来最高,但与国内、国际会展相比还有不少差距,其影响力还不够大,个性化还不明显。请收集有关国内外高水准的会展策划资料,完善与丰富西博会会展公关策划,提升杭州西博会会展水准。

2. 一个城市应该有自己的形象特色品牌。就西博会而言,它要创立的品牌是"游在杭州、住在杭州、学在杭州、创业在杭州"。请收集自己所在城市的特色品牌成功创立的有关资料,以此为借鉴,讨论杭州该如何创立"游、住、学、创"真正叫得响的品牌,策划出这样一个公关方案。

3. 除了网上宣传,报纸、电视、广播、杂志等宣传外,请再补充三种宣传手法(并稍作论证),以扩大西博会和杭州的影响。

【模拟训练】

沪上公关丽人

从事公关事业的女性能真正跻身白领一族,成为各种商业活动富有色彩和魅力的人物,这是近年来发生在上海的现代故事。有这样一批公关小姐,她们的美丽、微笑和才智,使这个金融都市风风雨雨的商业事件晕染了一层柔和与温馨,使各种新产品、信息、时尚、资讯得到了富有感染力和现代节奏的有效传播。

●杨斌　女　31 岁　伟达公关小姐

公司上海代表处总监的她瘦瘦的,秀气精干,看上去是那种理智大于感性的人。我在"飘柔之星"的活动中认识了她,而她在那么耀眼炫目的场面作为该活动的主要策划人却一点也不张扬,甚至很不显眼。但是后来通过 FAX 和她聊天,很是令我惊讶与佩服的是传真来的文字煞是好看,是那种实用而可读的叙述,一点都不比时下某些传媒从业者的文字逊色。当然她是个三句话不离本行的人,比如我通过她采访名模琦琦,她就会不失时机地说:"提一下 SK-Ⅱ。"

●凌洁　女　37 岁　法国国际公关小姐

公司上海代表处公关部经理的她其实烧得一手好菜,并且会在料理家务时让房间里弥漫着优雅的音乐。她应该是个很有情调的家庭主妇,但生活却使她成为一个看上去很事业型的女人。我曾在沪上多次有影响的新闻发布活动中见到她,并体验了她的策划和操作,我能够理解她在每一次闪亮的现场优雅姿态背后的疲惫辛劳。她说自己自从从事了公关业,即使在 Shopping 或看电视、喝咖啡时,都在捕捉新的信息,了解市场,寻找客户。那天我去她的写字间,正是下班时间,她却忙碌不停。一手在电脑屏幕前点鼠标,一手在接听电话,此间还不断地有金发碧眼前来打断,她操着流利的英文跟她们说着什么,给我的感觉是如同欣赏一个情节紧凑的广告片。

●李艳　女　25岁　欧莱雅公关小姐

化妆品有限公司公关部主任这位来自长沙的湘妹子,有着一张甜美的笑脸,上帝赋予了她从事公关事业的天资。1996年毕业于上海财经大学国际贸易专业,她完全不知道凭借自己的姿色,只是很诚恳很努力地在这个大都市里寻找着自己的位置。她诚恳的心态和纯情的笑容,使她在人才济济的竞争中频频获得好运。当我问起她从事公关工作的经验体会时,她毫无做作地谦虚,一说就忍不住说到她工作中接触到的各方面人物给予她的帮助和启迪。她这种心存感激的心情恐怕是比她掌握公关技巧更本质的成功所在。

李艳自述——

我从事公关职业完全是出于偶然,毕业后在浦东一家房地产公司工作,由于不适合自己的专业,就生了跳槽的念头。从《人才市场报》上的一则招聘广告上,我有幸成为羽西化妆品公关媒介部的公关助理,更有幸的是我的公关总监徐少英先生像对待自己的女儿一样,给予了我进入这一行最直接的经验。

我原以为公关就是和人联络打打交道,有人缘就行了。但真正操作起来,才发现此门学问深不可测,而且是很细致琐碎的,并要求你必须具备多层面的能力和广泛的适应力。比如和媒介打交道,自己就要有良好的文字功底,要了解新闻媒体真正需要什么,怎样才能把公司的产品、形象宣传同媒介的需要结合起来。每次做活动时,不光是把新闻单位请来就万事大吉,还要事先替媒介考虑好如何去报道,场地的选择,现场的布置等。同时在外资公司,还要有良好的英语,以便与公司上层及总部沟通。

在羽西公司做了一年多的公关,欧莱雅通过"猎头"公司找到我,我犹豫了很长时间,最终考虑到要在公关这一行多学点东西,做得更精一点,就需要有更大的舞台。大公司可能会有更多的实践机会,也会有更专业化的公关需求。我希望自己成为真正的公关人才,不是仅凭年轻漂亮和小聪明,而是公司业务交往中的润滑剂。

目前我在公司负责兰寇等高档化妆品的公关和形象宣传,每一次产品的宣传活动,都由我首先拿出独立策划的方案,这使我遇到不少难题,但也充满挑战和创意的兴奋。

模拟训练

1. 当众演讲,师生共同评判:我要做公关人。

主题:结合上例李艳的专业、心态及其成功的经历等材料,谈自己对于公共关系职业的打算和认识。

评判标准：

(1)PR(公关员)的服饰；

(2)PR 的工作化妆；

(3)仪表仪态；

(4)语音的和谐、动听；

(5)语言内容的思想逻辑。

2.杨斌"传真来的文字煞是好看，是那种实用而可读的叙述"，请模拟这种文字风格写一段公关词。

3.请对凌洁"那天我去她的写字间，正是下班时间，她却忙碌不停。一手在电脑屏幕前点鼠标，一手在接听电话，此间还不断地有金发碧眼前来打断，她操着流利的英文跟她们说着什么，给我的感觉是如同欣赏一个情节紧凑的广告片"，进行情境模拟。

(1)写字间的布置(办公室内景，写字台、电脑、电话等)；

(2)准备三段简短商务英语对话并背熟；

(3)人物：凌洁、我、金发碧眼的各色商务人员。

【角色扮演】

大衣怎么放？

一家公司准备聘用一名公关部长。经笔试筛选后，只剩下8名考生等待面试。面试限定每人在两分钟内，对主考官的提问作出回答。当每位考生进入考场时，主考官说的是同一句话："请您把大衣放好，在我面前坐下。"然而，在考试的房间中，除了主考官使用的一张桌子和一把椅子外，什么东西也没有了。

有两名考生听到主考官的话后，不知所措；另有两名急得直流泪；还有一名听到提问后，脱下自己的大衣，搁在主考官的桌子上，然后说了句："还有什么问题？"结果，这五名考生全部被淘汰了。

在剩下的三名考生中，一名听到主考官的发问后，先是一愣，接着立即脱下大衣，往右手一搭，躬身致礼，轻轻地说道："这里没有椅子，我可以站着回答您的问话吗？"公司对此人的评语是"守中略有攻，可先培养用于对内，然后再对外。"其中一名考生的反应是，当他听到主考官的发问后，眼睛一亮，随即出门去，把候考时坐过的椅子搬进来，放在离主考官侧前的一米处，然后脱下自己的大衣，折好后放在椅子背后，自己就在椅子上端坐着。当"时间到"的铃声一响，他马上站起来，欠身一礼，说了声谢谢，便退出考试房间，把门轻轻地关上了。公司对此人的评语："不著一词而巧妙地回答了问题，富有开拓精神，加上笔试成绩俱佳，可以录用为公关部长。"

我们完全有理由相信,这位公关部长上任后,他策划的公关活动一定具有相当程度的创新性。

角色扮演

1. 请设计自己应聘公关部长时的着装。

2. 分小组设置此场景(一间只有一桌一椅、招聘者坐在椅上的办公室,门外有应聘座椅三把),每次选取其中一人扮演公关部长应聘者,小组对其表演进行点评。

3. 假如你是主考官,请你另设一场景进行公关部长招聘,并对各位应聘者的表演进行点评(设计及评选参考资料可从电视、网上、报纸或人力资源管理杂志上收集)

【公关实施】

巧打院士牌

学校必须让公众了解的内容是多方面的,主要有:办学特色,教学质量,师资水平,校风,招生政策等。目前在全国推选的"校务公开"制度就是上述公关思想催生的产物。学校让公众了解的渠道和载体是丰富多彩的。如校内集会宣传,校内报纸,文件,广播电视传播,大众新闻媒体宣传,国际互联网传播等。请看下面案例:

1995 年 11 月,湖北襄樊四中首届毕业生、华中理工大学博士生导师熊有伦教授光荣地当选为中国科学院院士,标志着他进入了世界级科学家的行列,这是从襄樊地区走出的第一位院士。怎样利用这一契机塑造学校形象,扩大学校影响? 一位蔡先生主持策划了一个"襄樊四中巧打院士牌"的公关方案。实施情况如下:

(1)校长通过电话和礼仪电报,代表母校全校师生及校友祝贺;本地新闻媒介发布简讯。

(2)办公室主任陪同校长赴华中理工大学当面向院士道贺,邀请其回母校演讲。

(3) 办公室主任撰写反映熊院士成就和风采的长篇通讯,配院士照片和题词在《襄樊日报》、《襄樊四中报》发表。

(4)熊院士 1996 年 4 月回母校演讲,并捐赠著作,到襄樊大学讲学并被聘为客座教授,到困难企业考察并"开药方"。熊院士此行本地新闻媒体共发稿 11 条,一时成为热点人物,襄樊四中成为热点学校,成了"出院士的学校",声誉大增。

(5)将来在校园中心塑熊院士雕像,使其成为襄樊人文景观一道亮丽迷人的风景,吸引众多的青少年向往四中,也使院士形象及其精神成为一代又一代四中学子心中的楷模和丰碑,成为对学生进行入学教育和人生观教育的生动教材。

实施模拟

(1)扮演校长角色,用电话及亲身拜访,代表母校全校师生及校友向熊院士表示祝贺,并邀请其回母校演讲(预先拟好贺词及邀请辞并背熟,注意语气及表情)。

(2)扮演校办公室主任角色,撰拟祝贺礼仪电报及新闻简讯。

(3)扮演校办公室主任角色,具体策划熊院士回母校及塑像的公关方案(要求有完整、细致的策划书)。

(4)扮演校办公室主任角色,迎接、接待及陪同回母校的熊院士(先说态度及方案,再实践演练)。

再 版 后 记

现在国外的一些公共关系著作常冠以"实用"、"实务"之名,这一事实至少揭示了一个真谛:只有理论而没有实践的公共关系是毫无意义的。本书作为高等院校公共关系学的教科书,试图通过师生对称互动与"讲、读、练"一体化模式,探索一条公共关系理论与实践相结合的新路子。

本书由黄昌年教授任主编。主编确定了本书的探索方向,拟定了全书的总体纲目与统一体例,并对每一位编者的稿子提出了指导性意见;副主编协助主编作了一些细节上的技术处理及文字上的斟酌。各章节的编者为:第一章黄昌年(宁波工程学院,教授);第二章张理剑(杭州职业技术学院,硕士);第三章韩书琴(浙江东方职业技术学院,副教授);第四章陈雪军(浙江大学宁波理工学院,博士);第五章蒋庆华(宁波工程学院,硕士);第六章何镇飚(浙江大学宁波理工学院,副教授);第七章钟林巧(义乌工商职业技术学院,硕士);第八章王一丁(义乌工商职业技术学院,硕士);第九章姚江红(衢州职业技术学院,硕士);第十章龙雍生(浙江教育学院,硕士)。本书的编者在撰稿过程中,参考了大量的已经出版的公共关系著作及有关资料,难以一一胪列,在此一并表示谢忱。

这次再版,对本书作了一些修正与补充,内容上比第一版更准确、更丰富。但由于编者见识有限,其中观点阐发的偏颇,材料钩稽的失当,仍恐难免,敬祈读者指陈赐教,以求今后再作修改时正伪汰谬,加工补苴。

黄昌年

2007 年 6 月 8 日

图书在版编目（CIP）数据

公共关系学教程 / 黄昌年主编. —杭州：浙江大学出版社，2004.7（2020.9重印）

ISBN 978-7-308-03796-9

Ⅰ. 公… Ⅱ. 黄… Ⅲ. 公共关系学－高等学校－教材 Ⅳ. C912.3

中国版本图书馆 CIP 数据核字（2007）第 008099 号

公共关系学教程（第二版）

黄昌年　著

责任编辑	葛　娟	
出版发行	浙江大学出版社	
	（杭州市天目山路 148 号　邮政编码 310007）	
	（网址：http://www.zjupress.com）	
排　　版	杭州中大图文设计有限公司	
印　　刷	杭州良诸印刷有限公司	
开　　本	787mm×960mm　1/16	
印　　张	16	
字　　数	296 千	
版 印 次	2007 年 6 月第 2 版　2020 年 9 月第 15 次印刷	
书　　号	ISBN 978-7-308-03796-9	
定　　价	39.00 元	